매듭 교과서

베테랑을 위한 캠핑, 낚시, 등산
간단 매듭법

하네다 오사무 감수 | **박재영** 옮김

보누스

OUTDOOR RESCUE KATEI ZUKAI HIMO & ROPE NO MUSUBI-KATA
supervised by Osamu Haneda
Copyright © Nihonbungeisha 2013
All rights reserved.

First published in Japan by NIHONBUNGEISHA Co., Ltd., Tokyo.
This Korean edition published by arrangement with NIHONBUNGEISHA Co., Ltd., Tokyo
in care of Tuttle-Mori Agency, Inc., Tokyo through BC Agency, Seoul.

이 책의 한국어판 저작권은 BC 에이전시를 통한 저작권자와의 독점 계약으로 보누스출판사에 있습니다.
저작권법에 의해 보호를 받는 저작물이므로 무단전재와 무단복제를 금합니다.

시작하는 말

아주 먼 옛날, '매듭'은 사람들이 살아가는 데 반드시 필요한 기술 중 하나였습니다. 그로부터 새로운 매듭이 많이 고안되어 지금까지도 다양한 상황에 쓰이고 있습니다.

매듭은 매우 일상적인 상황에서도 쓰임새가 많은 기술입니다. 운동화의 끈을 묶을 때나 비닐봉지의 입구를 여밀 때도 매듭법이 필요합니다. 안의 내용물을 보호하려면 쉽사리 풀리지 않아야 하고, 필요할 때는 쉽게 풀 수 있어야 합니다. 그런데 사람에 따라서 매듭을 잘 묶는 사람이 있고, 잘 못 묶는 사람이 있습니다. 그 둘의 차이는 어떤 매듭법으로 묶느냐입니다.

특히 캠핑이나 낚시, 등산 등의 아웃도어 활동에서 이 매듭법의 중요성이 커집니다. 낚싯줄을 잘 연결하지 못하면 낚시의 성과가 좋을 리가 없습니다. 가파른 등산로에서 잘 묶은 매듭은 안전을 지켜주는 생명줄과도 같습니다. 끈을 단단하게 잘 묶어야 물건도 편하게 운반할 수 있습니다. 그러고 보면 끈과 로프를 잘 묶을 줄 안다는 것은 자신의 삶을 잘 묶고 풀 줄 아는 지혜를 배우는 것과 같다는 생각이 듭니다. 그렇기에 캠핑장에서 끈과 로프를 잘 활용하는 사람을 만나면 나도 모르게 감탄하게 되는지도 모르겠습니다. 멋진 베테랑의 면모를 유감없이 보여주니까요.

명료한 그림과 이해하기 쉬운 설명을 곁들인 이 책에서 매듭법을 서너 가지라도 꼭 익히시기 바랍니다. 모두 욕심낼 필요는 없습니다. 자신이 많이 사용하거나 필요하다고 생각하는 몇 가지 매듭법만 익혀도 꼭 필요한 순간에 전문가처럼 멋지게 매듭 기술을 구사할 수 있을 것입니다. 그것이 진정한 내공이자 베테랑의 참모습입니다.

하네다 오사무

contents

시작하는 말 · 3

(1장) 캠핑

타프 지주대 세우기 1 – 두 방향으로 잡아당기기 [이중 8자 매듭] · · · · · · · · · 14
타프 지주대 세우기 2 – 한 방향으로 잡아당기기 [풀매듭] · · · · · · · · · · · · · · · · 15
그로밋(로프 구멍)에 로프 묶기 [두 매듭] · 16
로프를 그로밋에 통과시켜 스토퍼로 사용하기 [8자 매듭] · · · · · · · · · · · · · · 17
그로밋 대신 돌 사용하기 [클로브 히치+두 매듭] · 18
펙에 로프 묶기 1 [당김 매듭] · 20
펙에 로프 묶기 2 [두 매듭] · 22
돌에 로프 묶기 1 [보라인 매듭] · 23
돌에 로프 묶기 2 [거스 히치] · 24
돌에 로프 묶기 3 [두 매듭] · 25
로프 잇기 1 [피셔맨 매듭] · 26
로프 잇기 2 [접친 매듭] · 27
나무에 로프 묶기 1 [보라인 매듭] · 28
나무에 로프 묶기 2 [비틀어 매기(팀버 히치)] · 29
나무에 로프 묶기 3 [클로브 히치+두 매듭] · 30
나무에 로프 묶기 4 [두 매듭] · 31
빨랫줄 치기 1 [트럭커스 히치] · 32
빨랫줄 치기 2 [라운드 턴+두 매듭] · 34
소품 정리하기 1 [멜빵 매듭] · 35
소품 정리하기 2 [중간자 매듭(알파인 버터플라이 매듭)] · · · · · · · · · · · · · · · 36
랜턴 걸기 [클렘하이스트 매듭] · 37
긴 물건 매달기 1 [스페인 보라인 매듭] · 38
긴 물건 매달기 2 [통나무 매듭] · 40
통나무 운반하기 [통나무 매듭] · 41

장작 나르기 [사각 매듭 + 거스 히치] · 42
냇가에서 물 긷기 1 [보라인 매듭] · 44
냇가에서 물 긷기 2 [두 매듭] · 45
수박 차갑게 식히기 [이중 8자 매듭] · 46
통나무 엮기 1 [네모 얽기] · 48
통나무 엮기 2 [맞모금 얽기] · 50
통나무 엮기 3 [나란히 얽기] · 52
통나무 엮기 4 – 이각 만들기 [나란히 얽기] · · · · · · · · · · · · · · · · · 54
통나무 엮기 5 – 삼각 만들기 [나란히 얽기] · · · · · · · · · · · · · · · · · 55
애견 묶어 놓기 1 [히칭 타이] · 56
애견 묶어 놓기 2 [두 매듭] · 57
매듭법 메모 1 [매듭 강도를 높이는 방법] · · · · · · · · · · · · · · · · · · · 58

②장 등산

신발 끈 묶기 1 [나비 매듭] · 62
신발 끈 묶기 2 [이중 나비 매듭] · 63
신발 끈 묶기 3 [나비 매듭 + 사각 매듭] · 64
소품에 끈 달기 1 [옭매듭 잇기] · 66
소품에 끈 달기 2 [거스 히치] · 67
소품에 끈 달기 3 [피셔맨 매듭] · 68
테이프 슬링 만들기 [물 매듭] · 69
간이 안전벨트 만들기 [간이 안전벨트] · 70
로프 슬링 만들기 [이중 피셔맨 매듭] · 72
몸에 로프 묶기 1 [이중 8자 매듭] · 74
몸에 로프 묶기 2 [걸상 매듭] · 76
몸에 로프 묶기 3 [변형 보라인 매듭] · 78
로프 손잡이 만들기 1 [연속 8자 매듭] · 79
로프 손잡이 만들기 2 [연속 옭매듭] · 80
로프 손잡이 만들기 3 [인라인 8자 매듭] · · · · · · · · · · · · · · · · · · · 81

위험 장소에 로프 설치하기 1 [클로브 히치+두 매듭] · · · · · · · · · · · · · · · · · · · 82

위험 장소에 로프 설치하기 2 [라운드 턴+두 매듭] · · · · · · · · · · · · · · · · · · 83

위험 장소에 로프 설치하기 3 [거스 히치] · 84

위험 장소에 로프 설치하기 4 [이중 8자 매듭] · 85

로프를 사용해서 등반 및 하강하기 1 [프루지크 매듭] · · · · · · · · · · · · · · · 86

로프를 사용해서 등반 및 하강하기 2 [클렘하이스트 매듭] · · · · · · · · · 87

현수 하강하기 [어깨걸이 현수 하강] · 88

로프 두 가닥 연결하기 [옭매듭 잇기] · 89

매듭법 메모 2 [로프 다발을 등에 메는 방법] · 90

③장 낚시

낚싯바늘에 줄 묶기 1 [바깥 돌리기] · 94

낚싯바늘에 줄 묶기 2 [안 돌리기] · 95

낚싯바늘에 줄 묶기 3 [어부 매듭 (완전 매듭)] · 96

낚싯바늘에 줄 묶기 4 [손가락 돌려 묶기(핑거 노트)] · · · · · · · · · · · · · · · 97

연결 도구 묶기 1 [클린치 노트] · 98

연결 도구 묶기 2 [더블 클린치 노트] · 99

연결 도구 묶기 3 [팔로마 노트] · 100

연결 도구 묶기 4 [도래 묶기] · 101

낚싯줄끼리 묶기 1 [유니 노트] · 102

낚싯줄끼리 묶기 2 [블러드 노트] · 103

낚싯줄끼리 묶기 3 [피셔맨 매듭] · 104

낚싯줄끼리 묶기 4 [삼중 8자 매듭] · 105

낚싯줄끼리 묶기 5 [FG 노트] · 106

낚싯줄끼리 묶기 6 [SF 노트] · 108

굵기가 다른 낚싯줄 묶기 [올브라이트 노트] · 109

낚싯줄과 목줄 직결하기 [PR 노트] · 110

드로퍼 루프 만들기 [드로퍼 루프] · 112

가짓줄 달기 1 [가짓줄+한 매듭] · 113

가짓줄 달기 2 [8자 매듭+유니 노트] · 114
드로퍼 루프를 기둥줄에 만들어서 가짓줄 달기 [클린치 노트] · · · · · · · · · · · · · · · · · 115
루어에 낚싯줄 묶기 1 [프리 노트] · 116
루어에 낚싯줄 묶기 2 [유니 노트] · 117
루어에 낚싯줄 묶기 3 [클린치 노트] · 118
루어에 낚싯줄 묶기 4 [루프 노트] · 119
릴에 원줄 감기 [클린치 노트] · 120
찌멈춤 매듭 [유니 노트] · 121
매듭법 메모 3 [낚싯줄의 종류와 특징] · 122

4장 배 [보트, 카누]

배 매어 두기 1 [말뚝 매듭] · 126
배 매어 두기 2 [클로브 히치] · 127
배 매어 두기 3 – 링 [보라인 매듭] · 128
배 매어 두기 4 – 클리트 [클리트 히치] · 129
닻에 로프 묶기 1 [닻 매듭] · 130
닻에 로프 묶기 2 [변형 보라인 매듭] · 131
배 견인하기 1 [접친 매듭] · 132
배 견인하기 2 [이중 접친 매듭] · 133
배 견인하기 3 [보라인 매듭] · 134
드로우백 고정하기 [이중 8자 매듭] · 135
로프 던지기 1 [더블 오버핸드 노트] · 136
로프 던지기 2 [히빙라인 매듭] · 137
매듭법 메모 4 [단단하게 묶인 로프를 푸는 방법] · 138

5장 일상생활

로프로 통나무 울타리 만들기 [더블 오버핸드 노트] · 142
가느다란 나무로 울타리 만들기 [울타리 매듭] · 143
작은 지주대 만들기 [네모 얽기] · 144
큰 지주대 만들기 [맞모금 얽기] · 146
신문지나 잡지 묶기 1 [가마니 매듭] · 148
신문지나 잡지 묶기 2 [외과 매듭] · 149
상자 묶기 [이중 십자 묶기 + 외과의 매듭] · 150
봉지 묶기 1 [끈으로 입구 묶기] · 152
봉지 묶기 2 [비닐봉지 묶기] · 153
병 묶기 [사각 매듭 + 한쪽 나비 매듭] · 154
전선 정리하기 1 [사슬 매듭] · 156
전선 정리하기 2 [줄임 매듭] · 157
옷장 옮기기 [이중 보라인 매듭] · 158
보자기로 포장하기 1 [선물 상자 싸기] · 159
보자기로 포장하기 2 [감아 싸기] · 160
보자기로 포장하기 3 [와인병 감싸기 (1병)] · 161
보자기로 포장하기 4 [와인병 감싸기 (2병)] · 162
보자기로 포장하기 5 [수박 싸기] · 163
보자기로 포장하기 6 [가방 만들기] · 164
매듭법 메모 5 [세로 매듭에 주의하자!] · 165
매듭법 메모 6 [매듭의 유형과 메커니즘] · 166

6장 구조 상황

줄사다리 만들기 [지레 매듭] · 170
손상된 로프를 임시로 사용하기 [고리 옭매듭] · 172
무거운 짐 운반하기 1 [거스 히치] · 173
무거운 짐 운반하기 2 [멜빵 매듭] · 174
무거운 짐 운반하기 3 [변형 보라인 매듭 + 한 매듭] · · · · · · · · · · · · · · · · · · · 175
짐칸에 화물 고정하기 [웨거너스 히치] · 176
로프 두가닥 연결하기 [이중 피셔맨 매듭] · 178
굵기가 다른 로프 연결하기 [이중 접친 매듭] · 180
시트를 로프 대용으로 사용하기 [사각 매듭 + 옭매듭] · · · · · · · · · · · · · · · · 181
붕대 감기 1 [시작 감기] · 182
붕대 감기 2 [마무리 감기] · 183
붕대 감기 3 [손가락] · 184
붕대 감기 4 [손바닥, 손등] · 185
붕대 감기 5 [관절] · 186
붕대 감기 6 [다리] · 187
삼각건 사용하기 1 [사용 전 처리 방법] · 188
삼각건 사용하기 2 [머리, 뺨, 턱 부분] · 190
삼각건 사용하기 3 [손바닥, 손등, 발바닥, 발등] · 191
삼각건 사용하기 4 [발목] · 192
삼각건 사용하기 5 [팔 매달기] · 193
삼각건 사용하기 6 [팔 고정하기] · 194
삼각건 사용하기 7 [다리 고정하기] · 195
부상자 업기 1 [슬링 사용하기] · 196
부상자 업기 2 [로프 다발 사용하기] · 197
매듭법 메모 7 [스톡을 목발로 사용하는 방법] · 198

SPECIAL CONTENTS :
기본 매듭법 정리

한 매듭, 두 매듭 · 200

보라인 매듭 · 201

클로브 히치 · 202

8자 매듭, 이중 8자 매듭 · 203

피셔맨 매듭 · 204

사각 매듭 · 205

나비 매듭 · 206

로프의 기초 지식

로프의 구조 · 207

로프의 종류 · 209

로프의 명칭과 이론 · 210

로프 선택하기 · 211

로프 취급 시 주의점 · 212

로프 끝단 처리 방법 · 213

로프 보관 방법 · 214

로프 사리기 · 215

로프 다발 만들기 · 216

　- 플레이크 · 216

　- 곤봉 감기 · 217

　- 세일러맨스 코일 · 218

　- 셸 코일 · 219

　- 긴 등산용 로프 다발 만들기 · 220

매듭법 찾아보기 · 222

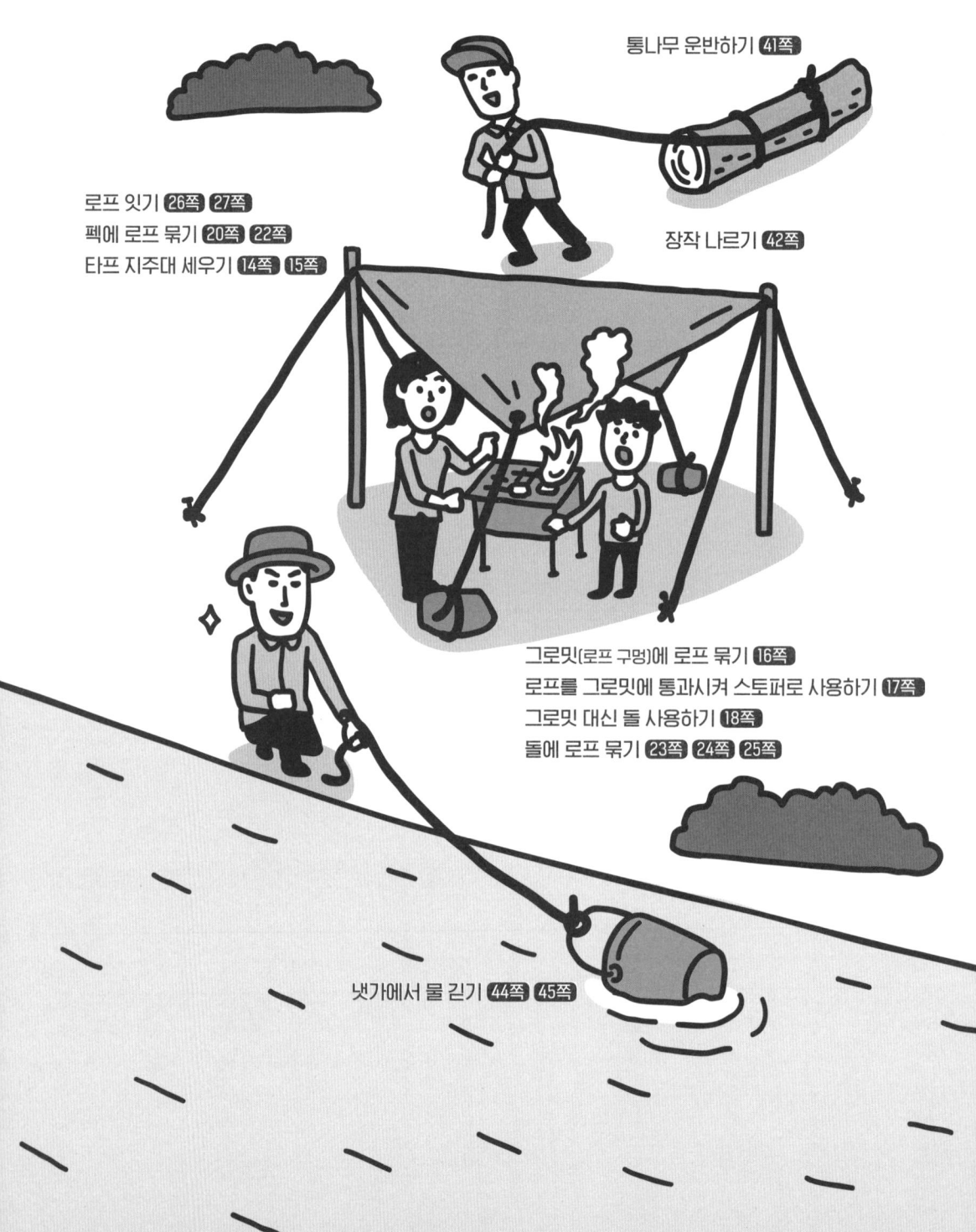

타프 지주대 세우기 1
두 방향으로 잡아당기기

[이중 8자 매듭]

로프 중간에 고리를 만들어 타프* 지주대**에 건다. 힘이 두 방향으로 분산되므로 지주대를 더욱 튼튼하게 세울 수 있다.

* tarp, 타포린(tarpaulin)의 줄임말. 방수 코팅된 나일론 방수포. 햇볕, 비, 이슬 등을 피하기 위해 사용되는 가림막을 지칭한다.
** 폴(pole)이라고도 한다.

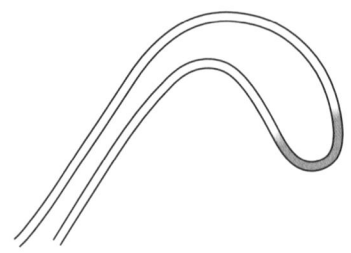

1 로프를 반으로 접는다.

2 반으로 접은 부분을 원가닥 위로 교차시켜서 이중 고리를 만든다.

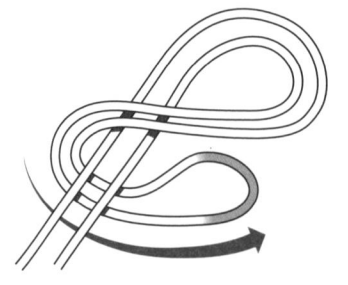

3 반으로 접은 부분을 8자를 그리듯이 돌려서 원가닥 밑으로 통과시킨다.

4 반으로 접은 부분을 화살표 방향으로 통과시켜서 8자 모양으로 묶는다.

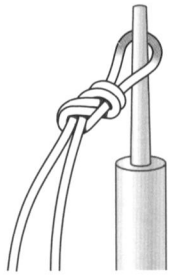

5 ❹에서 만든 로프 고리를 타프 지주대 끝에 건다.

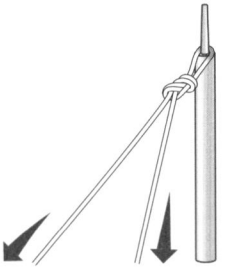

6 지주대 끝에 걸어 놓은 로프를 두 방향으로 팽팽하게 잡아당겨서 지주대를 세운다.

타프 지주대 세우기 2
한 방향으로 잡아당기기

[풀매듭]

'풀매듭'(slip knot)은 고매듭이라고도 한다. 이 매듭법을 쓰면 로프 끝에 크기를 조절할 수 있는 고리를 만든다. 로프의 원가닥을 당기면 고리가 단단히 죄어져서 지주대를 고정할 수 있다.

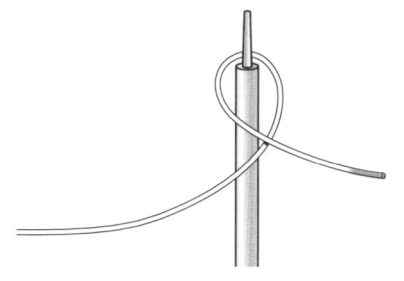

1 로프를 지주대에 감고 끝가닥을 교차시켜서 고리를 만든다.

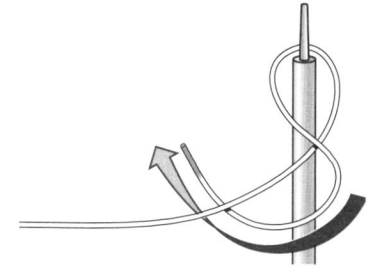

2 끝가닥을 8자를 그리듯이 돌려서 로프 밑으로 통과시킨다.

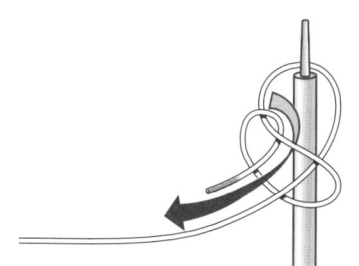

3 끝가닥을 ❶에서 만든 고리의 위쪽에서 집어넣고 앞쪽으로 빼낸다.

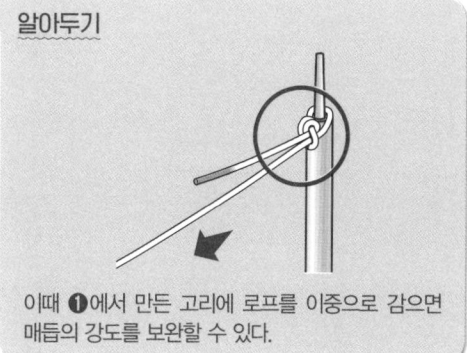

알아두기

이때 ❶에서 만든 고리에 로프를 이중으로 감으면 매듭의 강도를 보완할 수 있다.

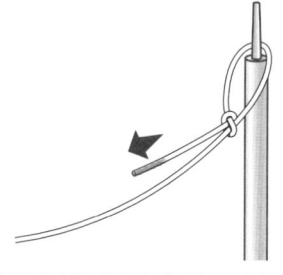

5 로프의 끝가닥을 당겨서 매듭을 조인다.

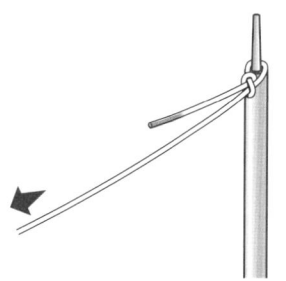

6 로프의 원가닥을 당겨서 고리를 단단히 조인 뒤 지주대를 고정한다.

그로밋(로프 구멍)에 로프 묶기
[두 매듭]

로프를 타프나 시트의 그로밋에 묶어 고정한다. 쉽게 묶거나 풀 수 있어서 타프를 칠 때 상당히 편리하다.

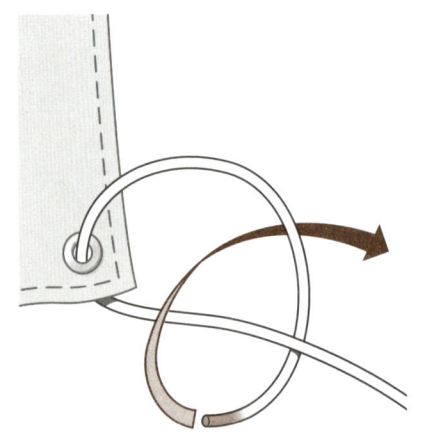

1 로프를 그로밋 뒤쪽에서 앞쪽으로 통과시킨 뒤 한 매듭(200쪽 참조)으로 묶는다.

2 ❶에서 묶은 한 매듭을 다시 한 번 반복해서 묶는다.

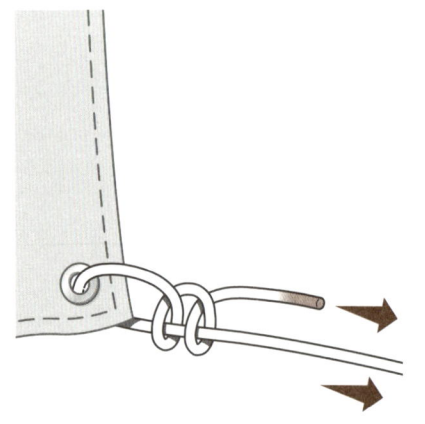

3 로프 끝가닥과 원가닥을 잡아당겨서 매듭을 조인다.

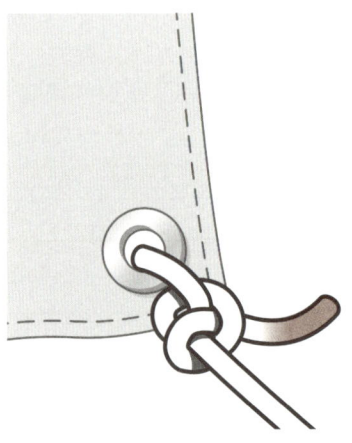

4 매듭이 단단하게 조여지지만 로프를 느슨하게 하면 쉽게 풀 수 있다.

로프를 그로밋에
통과시켜 스토퍼로 사용하기
[8자 매듭]

타프나 텐트를 칠 때 로프를 그로밋에 통과시킨 다음 매듭을 져서 스토퍼로 사용하면 좋다.

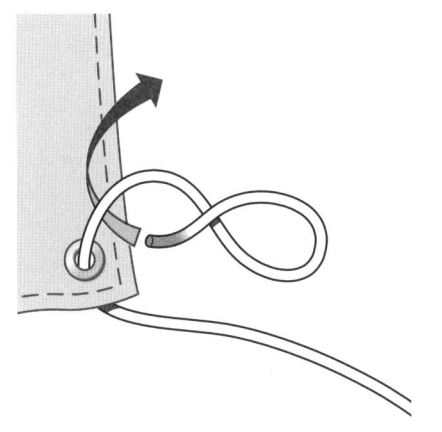

1 로프를 그로밋 뒤쪽에서 앞쪽으로 통과시켜서 그림과 같이 8자 모양으로 교차시킨다.

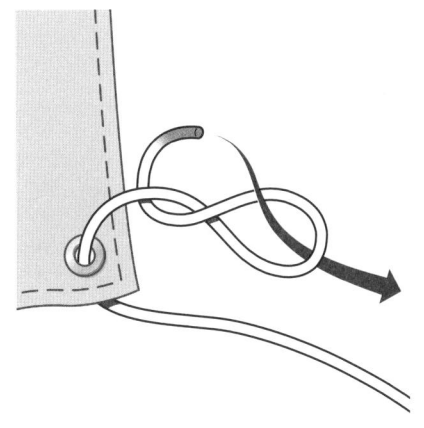

2 로프 끝가닥을 ❶에서 교차시켜 만든 고리에 통과시킨다.

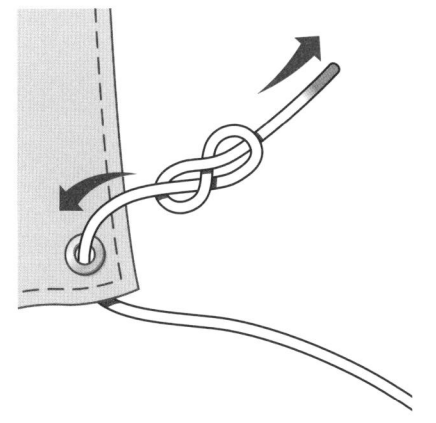

3 로프의 끝가닥과 원가닥을 잡아당겨서 매듭을 조인다.

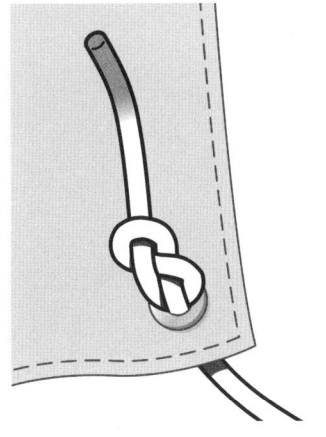

4 8자 매듭은 매듭 크기가 커서 로프로 스토퍼를 만들 때 가장 적합하다.

그로밋 대신 돌 사용하기

[클로브 히치+두 매듭]

타프를 대신해서 그로밋(로프 구멍)이 없는 시트를 사용할 경우에는 돌을 시트로 감싸서 사용한다. 쳐놓은 타프가 처져서 로프를 추가하고 싶을 때 사용해도 편리하다.

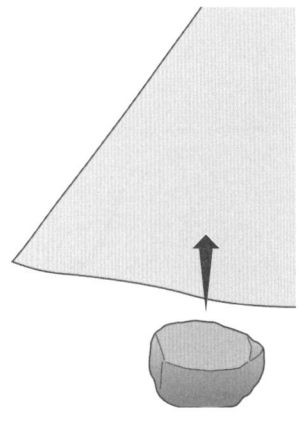

1 둥근 돌을 시트로 감싼다. 표면이 울퉁불퉁한 돌만 보일 때는 천으로 한 번 싼 뒤 시트로 감싼다.

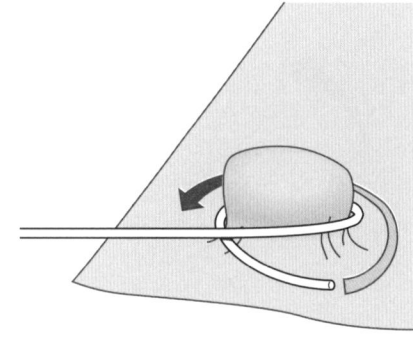

2 로프를 시트 위에서 돌에 두 번 감는다.

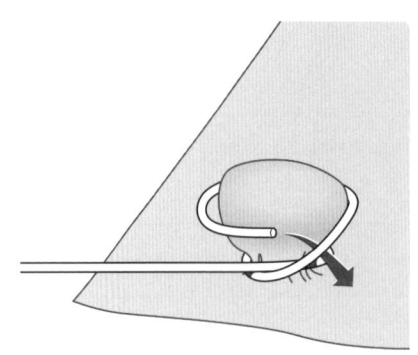

3 로프를 감은 부분에 끝가닥을 통과시켜서 클로브 히치(202쪽 참조)로 묶는다.

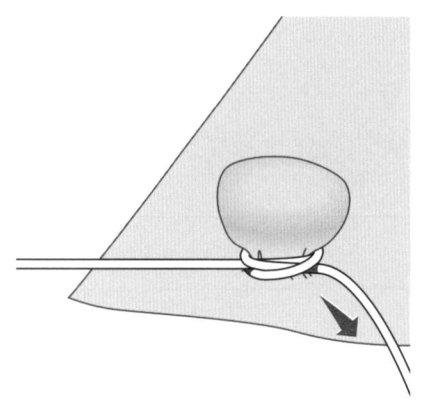

4 끝가닥을 잡아당겨서 매듭을 조인다.

> **이런 경우에도 활용할 수 있다!**
>
> 클로브 히치로 묶고 나서 다시 두 매듭을 묶으면 매듭이 풀어질 걱정은 없다. 등산 시 로프를 나무에 쳐서 위험 장소를 지나는 경우에도 이 방법을 사용하면 좋다.

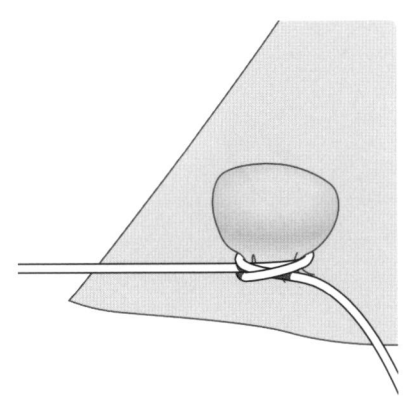

5 돌을 감싼 시트를 단단히 고정한다.

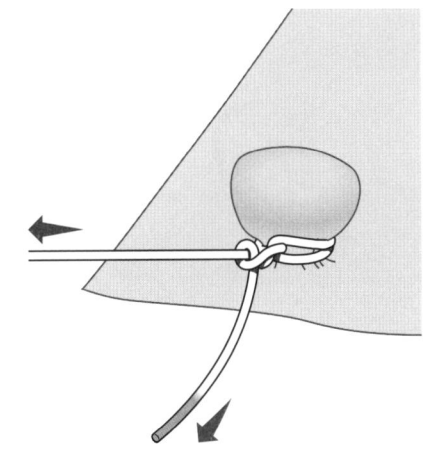

6 한 매듭(200쪽 참조)을 묶는다.

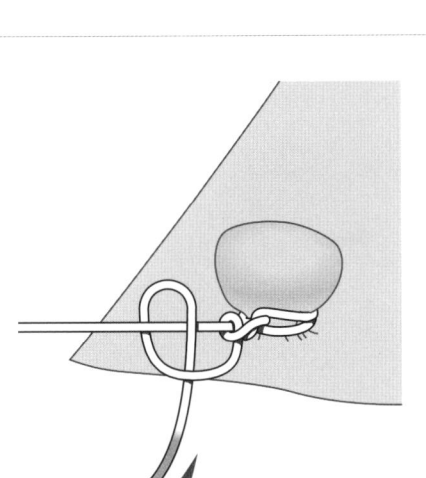

7 다시 한 번 한 매듭을 반복해서 두 매듭(200쪽 참조)으로 묶는다.

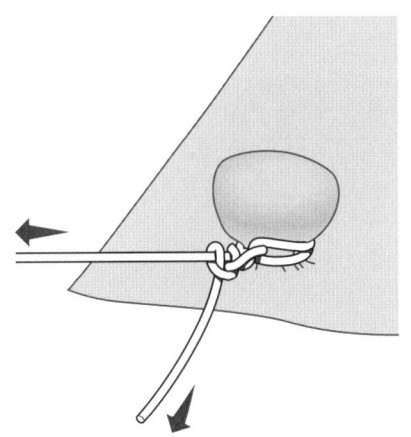

8 로프의 끝가닥과 원가닥을 당겨서 매듭을 단단히 조인다.

펙에 로프 묶기 1

[당김 매듭]

'당김 매듭'(토트라인 히치 tautline hitch)은 로프를 펙에 묶을 때 편리하다. 로프 매듭을 움직여서 장력 강도를 쉽게 조절할 수 있다.

1 타프나 텐트에 사용한 로프를 펙에 걸고 그림과 같이 한 매듭(200쪽 참조)으로 묶는다.

2 다시 한 번 한 매듭을 반복한다.

3 로프 끝가닥을 ❷에서 만들어진 고리에 통과시킨다.

4 또 다시 한 매듭으로 묶는다.

> **이런 경우에도 활용할 수 있다!**
>
> 당김 매듭은 로프를 손쉽게 치거나 풀 수 있는 매듭이라서 빨랫줄(중량이 얼마 안 되는 물건)을 나무에 묶을 때에도 사용할 수 있다.

5 매듭의 모양을 잡으면서 로프 끝가닥을 잡아당긴다.

6 매듭을 단단히 조이면 완성된다.

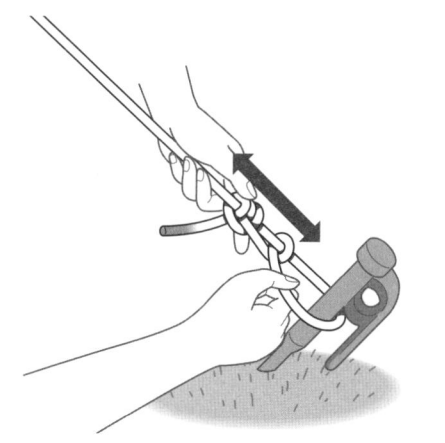

7 그림과 같이 매듭 두 개를 움직여서 당기는 정도를 조절한다.

8 맨 처음에 묶는 한 매듭은 생략해도 상관없다.

펙에 로프 묶기 2

[두 매듭]

로프의 장력을 조절하지 않아도 된다면 '두 매듭'(200쪽 참조)을 권장한다. 처음에 묶은 상태의 장력을 계속해서 유지할 수 있다.

1 로프를 펙에 건다.

2 그림과 같이 한 매듭(200쪽 참조)으로 묶는다.

3 다시 한 번 한 매듭을 반복한다.

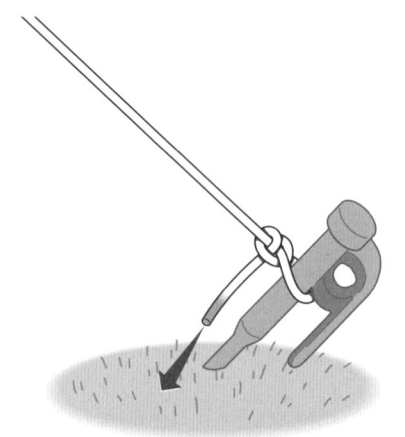

4 로프가 팽팽하게 펴지도록 끝가닥을 당겨서 매듭을 단단히 조인다.

돌에 로프 묶기 1

[보라인 매듭]

펙이 없거나 바위가 많은 장소와 모래밭처럼 펙을 박을 수 없는 경우에는 펙 대신 돌이나 모래주머니를 사용해서 로프를 묶는다.

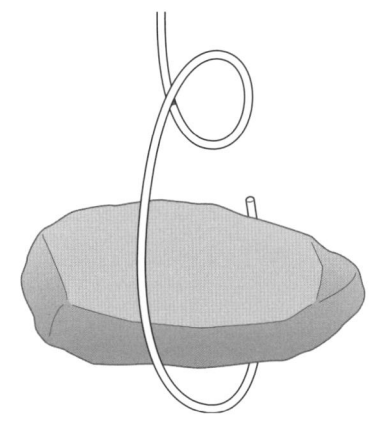

1 로프를 돌에 한 번 감고 원가닥에 고리를 만든다.

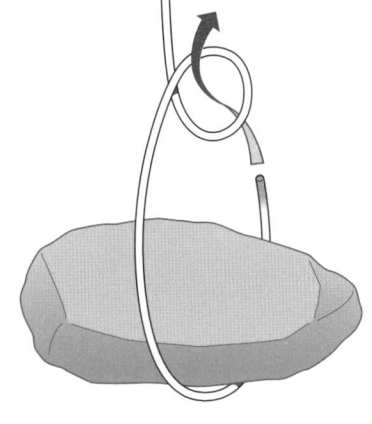

2 로프 끝가닥을 원가닥에서 만든 로프 고리에 통과시킨다.

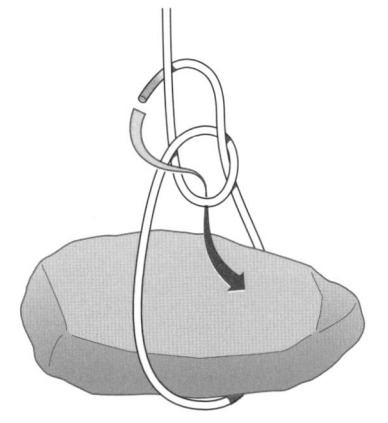

3 로프 끝가닥을 화살표 방향으로 다시 끌어 온다.

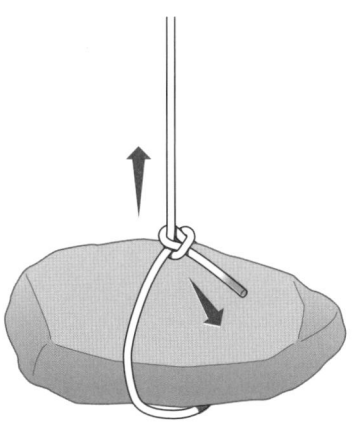

4 끝가닥과 원가닥을 당겨 매듭을 조여서 돌을 고정한다.

돌에 로프 묶기 2
[거스 히치]

'거스 히치'(girth hitch)*는 매듭법이 상당히 간단해서 펙 대신 돌이나 모래주머니를 로프로 고정할 때 편리하다.

* 소 매듭(Cow Hitch)이라고도 한다.

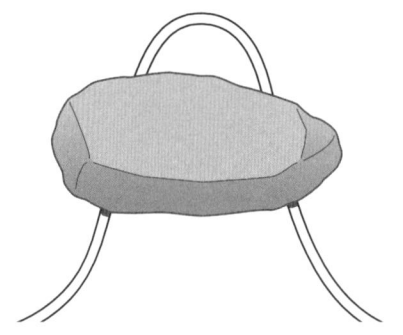

1 로프를 한 번 접고 그 위에 돌을 올려 놓는다.

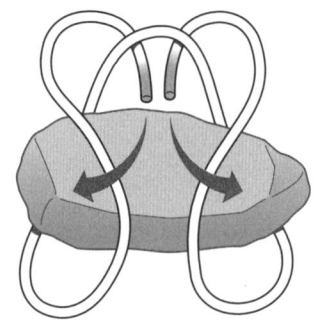

2 로프의 양끝을 그림과 같이 고리 바깥쪽에서 안쪽으로 통과시킨다. 매듭을 조이면 거스 히치가 완성된다.

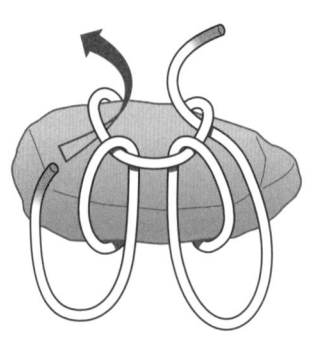

3 바위를 단단히 고정하기 위해 그림과 같이 로프의 양끝을 다시 한 번 고리 아래쪽으로 넣어 통과시킨다.

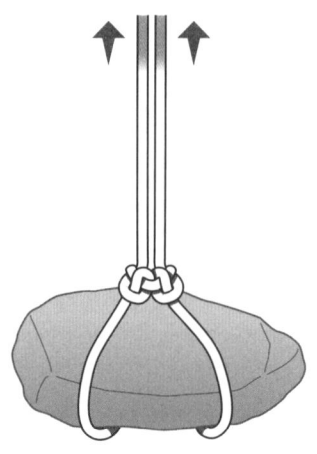

4 양끝을 세게 잡아당겨서 매듭을 조인다.

돌에 로프 묶기 3

[두 매듭]

손쉽게 빨리 묶을 수 있는 '두 매듭'(200쪽 참조)도 로프를 돌에 고정할 때 적합하다.

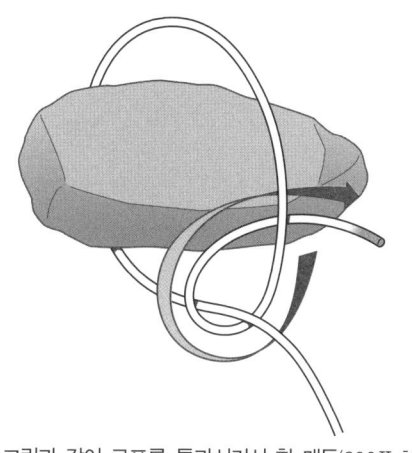

1 그림과 같이 로프를 통과시켜서 한 매듭(200쪽 참조)으로 묶는다.

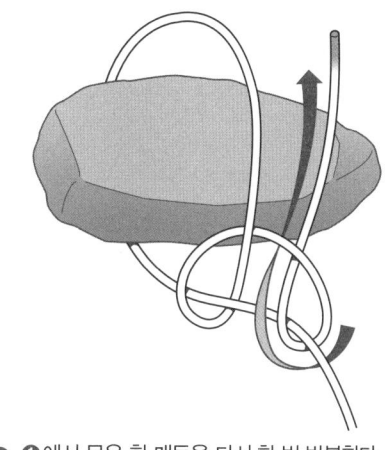

2 ❶에서 묶은 한 매듭을 다시 한 번 반복한다.

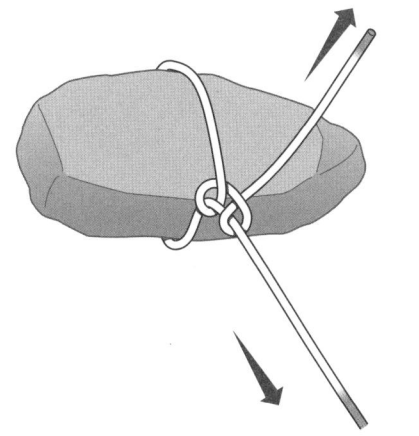

3 로프의 원가닥과 끝가닥을 세게 잡아당겨서 매듭을 조인다.

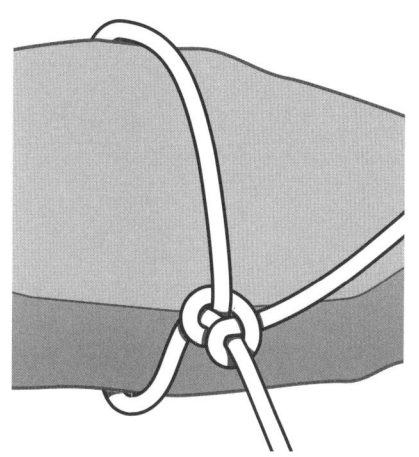

4 로프의 장력은 돌을 옮겨서 조절하면 된다.

로프 잇기 1

[피셔맨 매듭]

로프 길이가 부족한 경우에는 '피셔맨 매듭'(204쪽 참조)을 이용해서 새 로프를 연결하자.

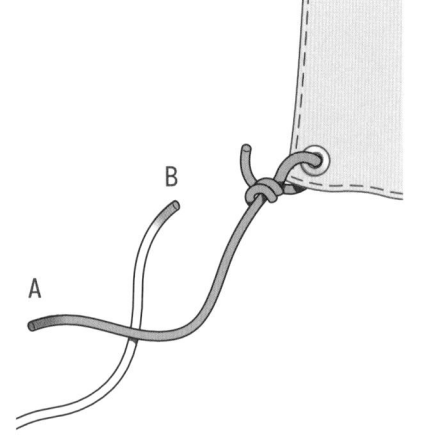

1 로프 두 가닥을 교차시킨다.

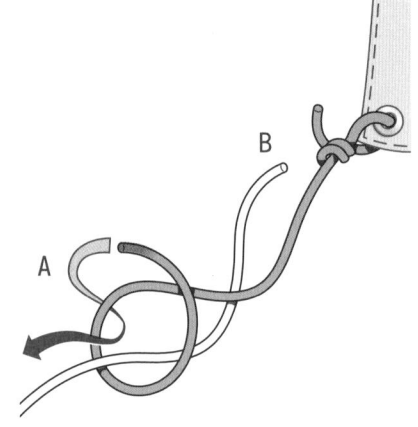

2 A의 끝가닥에서 그림과 같은 고리를 만든 뒤 화살표 방향으로 통과시킨다. (옭매듭)

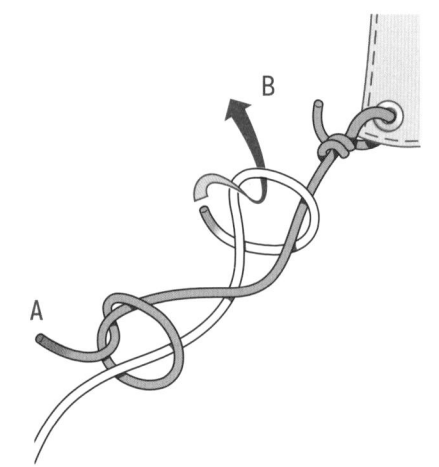

3 B의 로프도 ❷와 마찬가지로 옭매듭으로 묶는다.

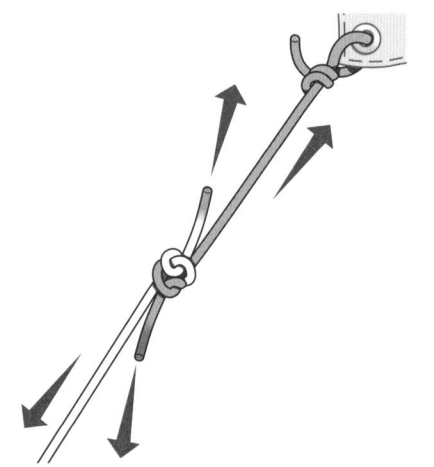

4 로프 두 가닥의 끝가닥과 원가닥을 잡아당겨서 매듭을 단단히 조인다.

로프 잇기 2
[접친 매듭]

'접친 매듭'(시트 벤드 sheet bend)은 부하가 걸리면 쉽게 풀어지지 않아서 굵기가 다른 로프도 이을 수 있다.

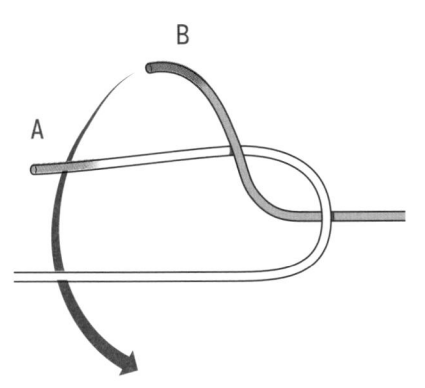

1 A의 끝가닥을 한 번 접고 B의 끝가닥을 그림과 같이 감는다.

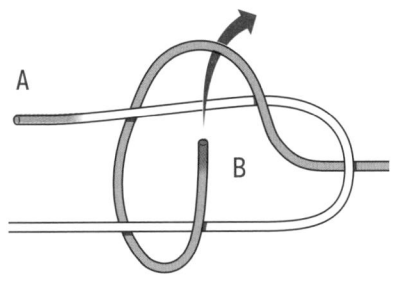

2 감은 로프를 화살표 방향으로 통과시킨다.

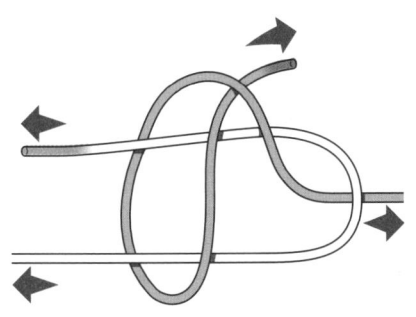

3 로프 두 가닥의 끝가닥과 원가닥을 각각 잡아당겨서 매듭을 단단히 조인다.

4 로프 두 가닥에 부하가 걸리면 잘 풀어지지 않는다.

나무에 로프 묶기 1
[보라인 매듭]

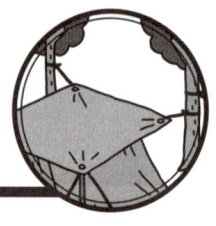

꽉 조여도 풀기 쉬운 '보라인 매듭'(201쪽 참조)은 텐트나 타프에 사용한 로프의 한쪽 끝을 나무에 처음 묶을 때 적합하다.

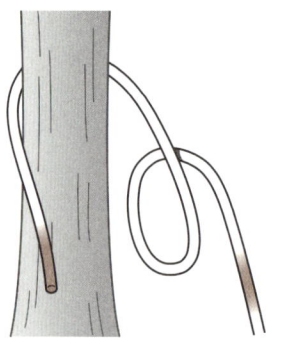

1 로프를 나무에 둘러서 원가닥에 그림과 같은 고리를 만든다.

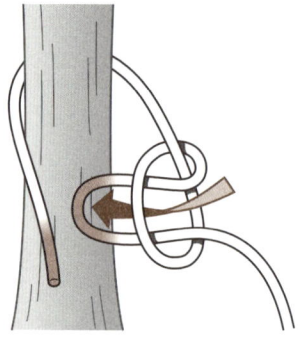

2 원가닥을 U자 모양으로 만들어서 ❶에서 만든 고리에 통과시킨다.

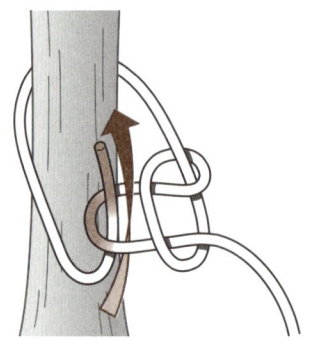

3 로프 끝가닥을 ❷에서 만든 고리 속에 통과시킨다.

4 원가닥을 세게 당겨서 매듭을 그림과 같은 모양으로 만들어 정리한다.

나무에 로프 묶기 2

[비틀어 매기(팀버 히치)]

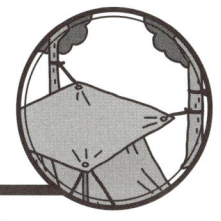

로프에 장력을 확실하게 가하고 싶을 때는 가장 먼저 로프 한쪽을 '비틀어 매기'(팀버 히치 timber hitch)로 묶으면 된다. 로프가 느슨해지면 즉시 풀 수 있다.

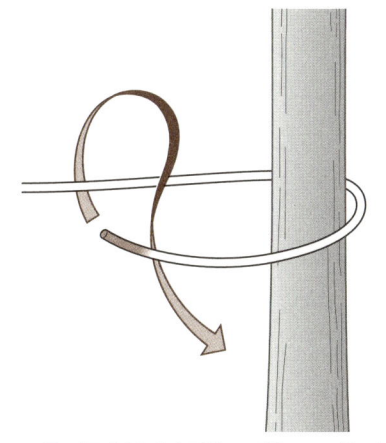

1 로프를 나무에 둘러서 화살표 방향으로 감는다.

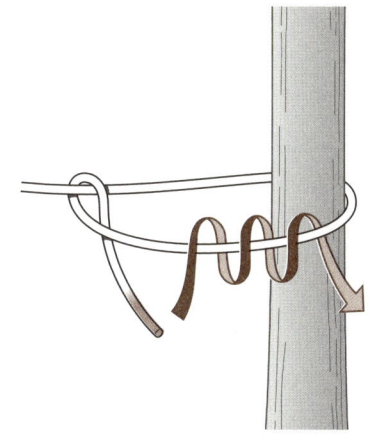

2 다시 그림과 같이 로프를 2~3회 감는다.

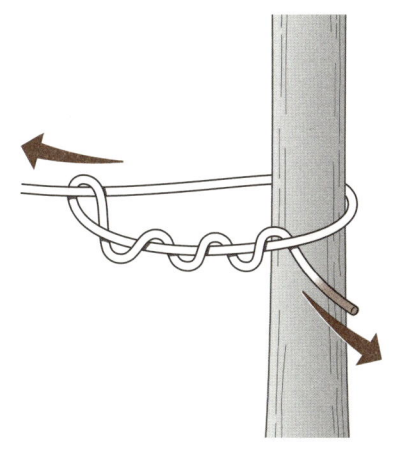

3 로프의 원가닥과 끝가닥을 당겨서 매듭을 단단히 조인다.

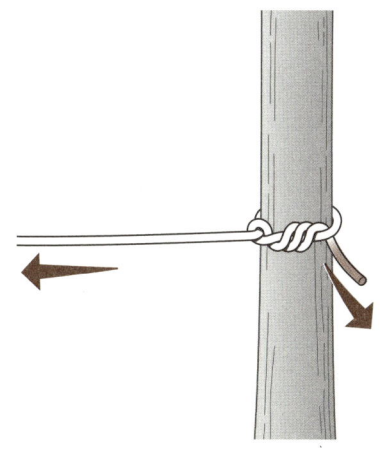

4 로프에 장력이 가해지면 매듭이 풀어지지 않는다.

나무에 로프 묶기 3

[클로브 히치+두 매듭]

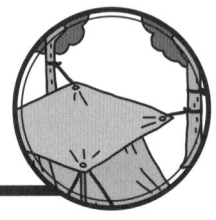

로프를 좀 더 쉽게 풀어지지 않도록 나무에 묶고 싶다면 '클로브 히치'(202쪽 참조)에 '두 매듭'(200쪽 참조)을 추가해서 보강하자.

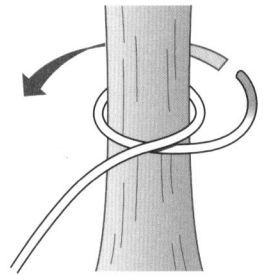

1 로프를 나무에 두 번 감는다.

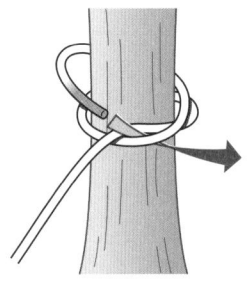

2 로프 끝가닥을 화살표 방향으로 통과시킨다. (클로브 히치)

3 로프 끝가닥을 당겨서 매듭을 조인 다음 원가닥 밑으로 빼낸다.

4 로프 끝가닥을 ❸에서 만들어진 고리에 통과시켜서 한 매듭(200쪽 참조)으로 묶는다.

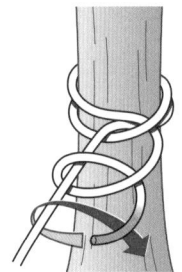

5 다시 한 번 한 매듭을 반복한다.

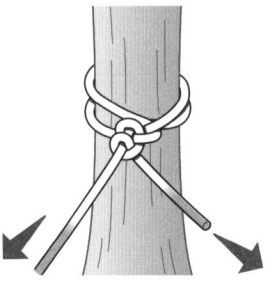

6 로프 끝가닥과 원가닥을 잡아당겨서 매듭을 조인다.

나무에 로프 묶기 4

[두 매듭]

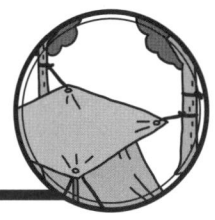

쉽게 묶고 풀 수 있는 '두 매듭'(200쪽 참조)은 잘 느슨해지지 않기 때문에 다양한 상황에서 유용하게 쓰인다. 로프에 장력이 가해지면 일단 풀어질 걱정은 없다.

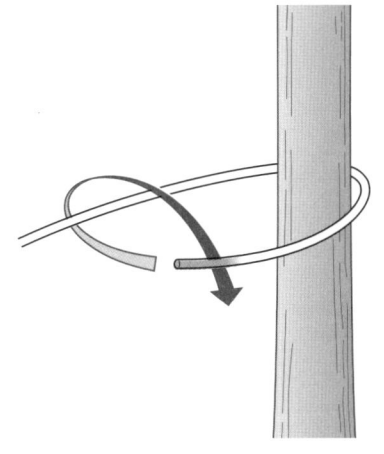

1 나무에 감은 로프를 화살표 방향으로 통과시킨다.

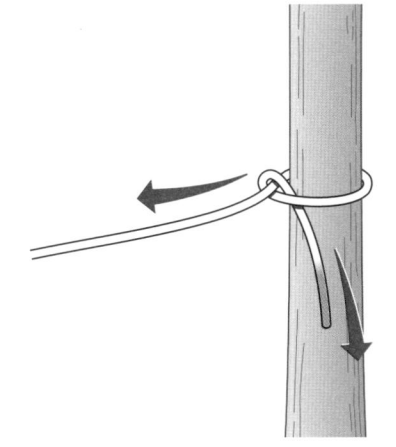

2 로프의 원가닥과 끝가닥을 세게 잡아당긴다. (한 매듭)

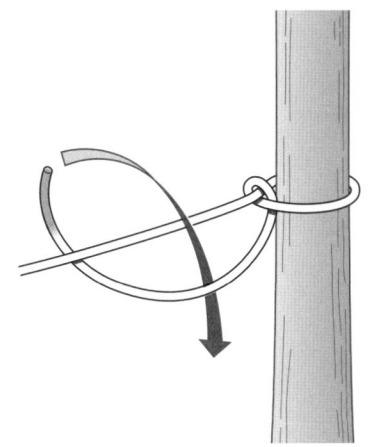

3 ❶과 ❷처럼 다시 한 번 한 매듭을 반복한다.

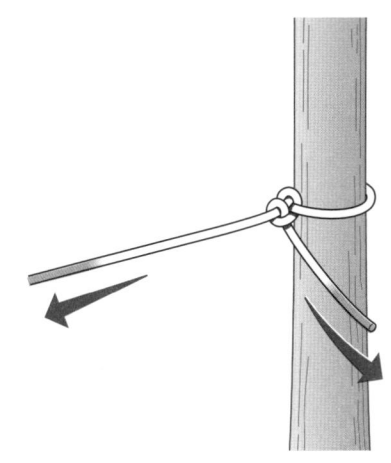

4 로프 매듭을 단단히 조이면 두 매듭이 완성된다.

빨랫줄 치기 1
[트럭커스 히치]

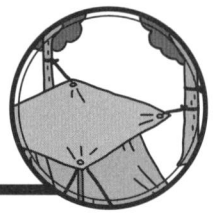

나무와 나무 사이에 빨랫줄을 치고 싶을 때는 '트럭커스 히치'(trucker's hitch)를 활용한다. 줄을 팽팽하게 칠 수 있어서 운송 현장에서도 많이 쓰인다.

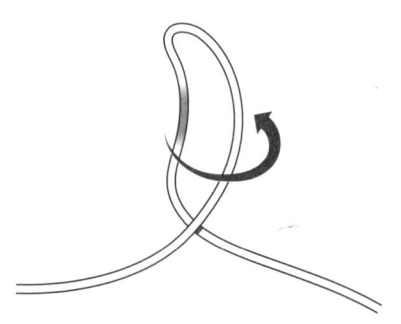

1 로프 중간에 만든 고리를 화살표 방향으로 비튼다.

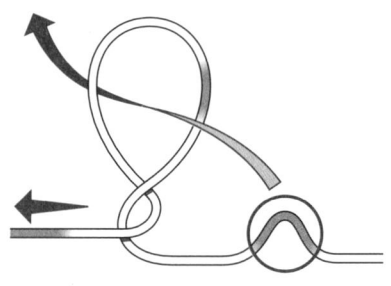

2 비틀어 놓은 고리에 그림과 같은 방법으로 로프를 통과시킨다. 로프 원가닥을 당겨서 매듭을 조인다.

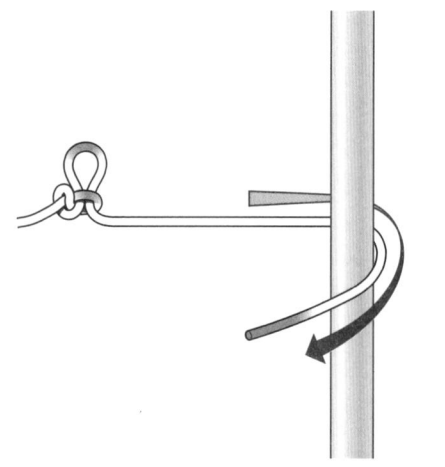

3 매듭을 조인 다음 원가닥을 지주대에 감는다.

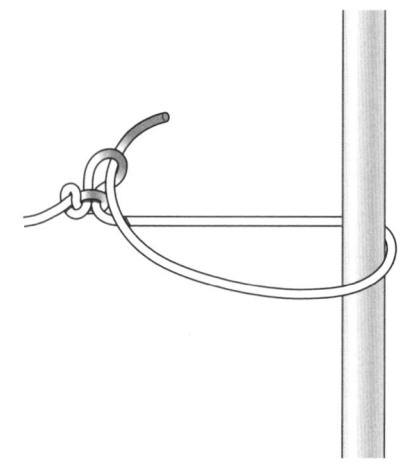

4 로프 끝가닥을 고리에 통과시킨다.

이런 경우에도 활용할 수 있다!

트럭 짐칸에 적재한 화물 위에 로프를 걸쳐서 고정할 때도 트럭커스 히치가 효과적이다. 마지막에 풀어지지 않도록 고정하는 것이 요령이다.

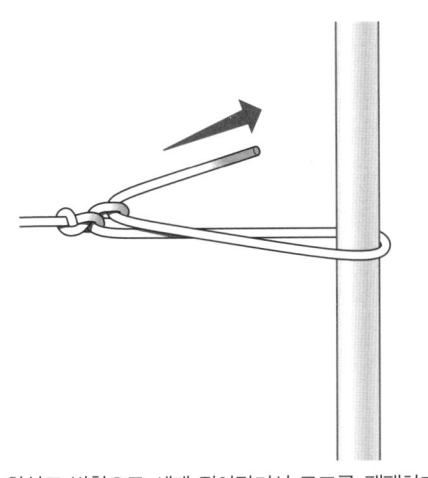

5 화살표 방향으로 세게 잡아당겨서 로프를 팽팽하게 한다.

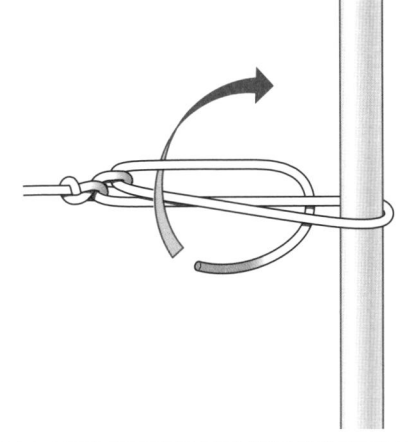

6 로프가 풀어지지 않도록 잡아당기면서 한 매듭(200쪽 참조)으로 묶는다.

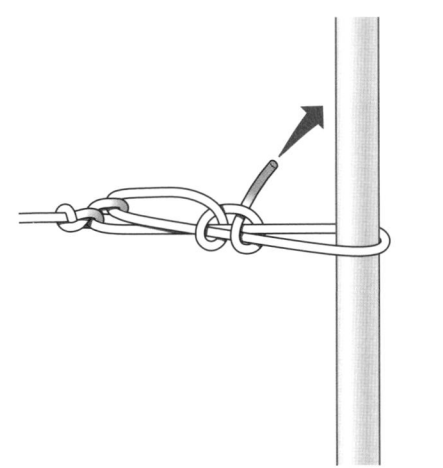

7 다시 한 번 한 매듭을 반복해서 두 매듭(200쪽 참조)을 만든다.

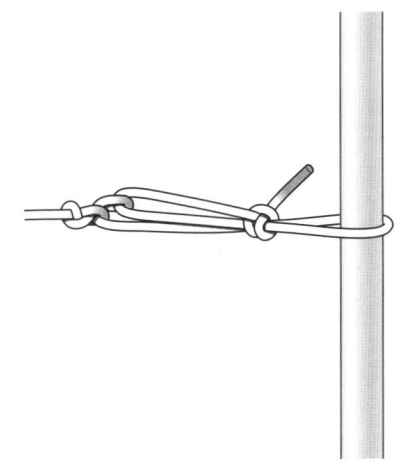

8 강도가 높아서 세탁물 등과 같이 무거운 것을 걸어도 로프가 느슨해지지 않는다.

빨랫줄 치기 2

[라운드 턴+두 매듭]

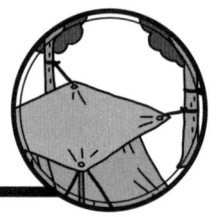

나무 두 그루에 로프를 칠 때 편리한 매듭법이다. 먼저 로프 한쪽 끝은 '보라인 매듭'으로 묶고, 다른 한쪽은 '라운드 턴+두 매듭'으로 묶어서 고정한다.

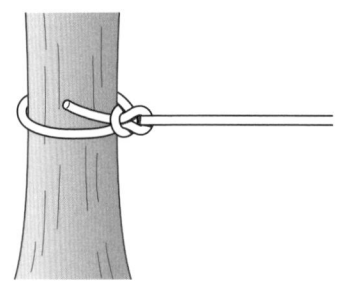

1 먼저 로프 한쪽 끝은 보라인 매듭(201쪽 참조) 등을 해서 묶어둔다.

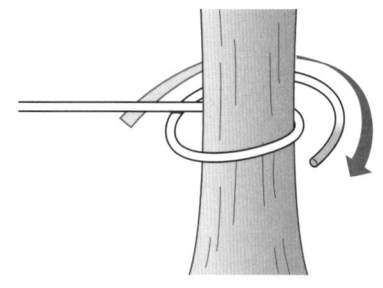

2 다른 한쪽 끝을 세게 잡아당기면서 나무에 두 번 돌려 감는다. (라운드 턴)

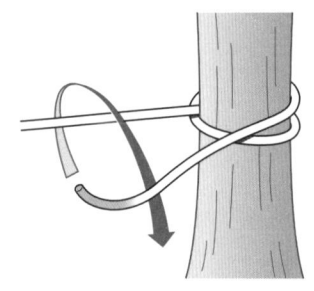

3 로프 끝가닥을 화살표 방향으로 통과시켜서 한 매듭(200쪽 참조)으로 묶는다.

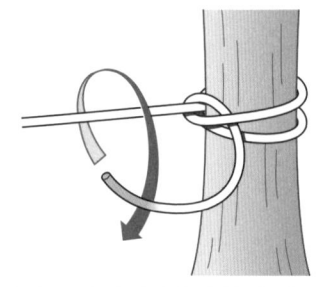

4 매듭을 조인 뒤 다시 한 번 한 매듭을 반복한다.

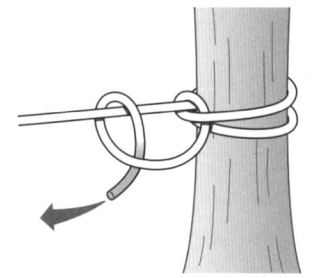

5 두 매듭(200쪽 참조)이 완성된다.

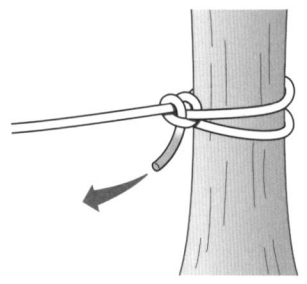

6 로프 끝가닥을 세게 잡아당겨서 매듭을 단단히 조인다.

소품 정리하기 1

[멜빵 매듭]

로프에 고리를 여러 개 만든 다음 갈고리를 걸어서 소품을 매달 때는 '멜빵 매듭'(하니스 루프 harness loop)을 활용해보자.

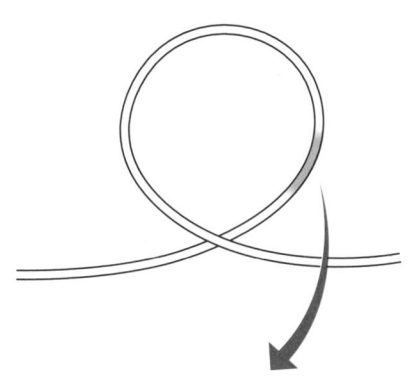

1 로프로 고리를 만든 다음 고리의 오른쪽을 앞으로 당겨서 원가닥 로프와 겹쳐 놓는다.

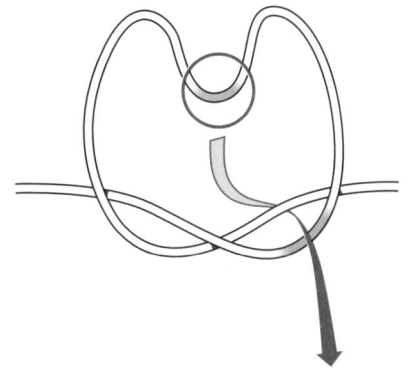

2 로프를 겹치면서 생긴 공간 밑으로 ❶에서 만든 고리를 넣어 빼낸다.

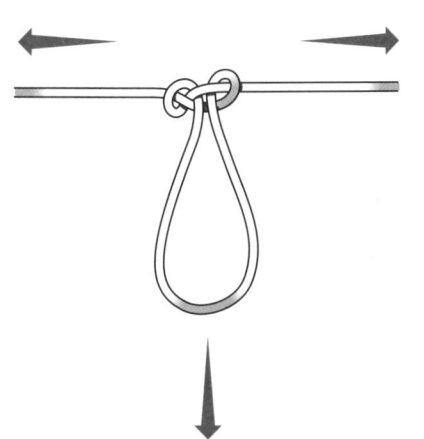

3 로프의 좌우와 고리를 잡아당겨서 매듭을 조인다.

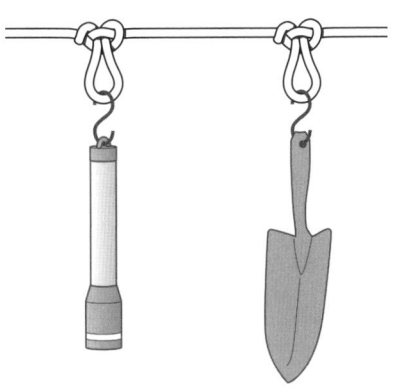

4 매듭에 갈고리를 걸면 여러 가지 소품을 매달아 놓을 수 있다.

소품 정리하기 2
[중간자 매듭(알파인 버터플라이 매듭)]

'멜빵 매듭'(35쪽 참조)보다 강도가 훨씬 높고, 로프 중간에 잘 풀어지지 않는 고리를 만들고 싶다면 '중간자 매듭'(알파인 버터플라이 매듭 alpine butterfly loop)을 추천한다. 튼튼해서 무거운 물건도 매달아 놓을 수 있다.

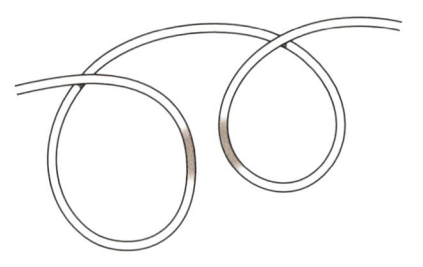

1 로프 중간에 고리 두 개를 만든다.

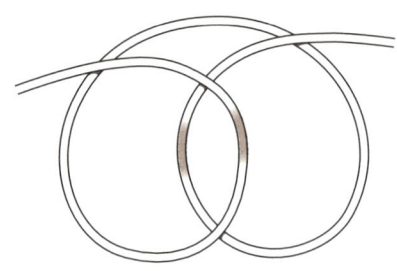

2 고리 두 개를 그림과 같이 겹친다.

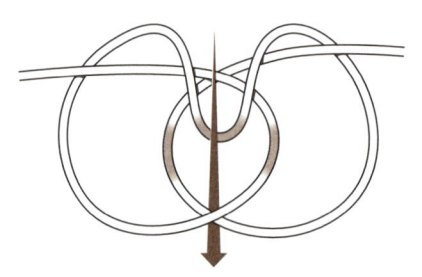

3 두 매듭(200쪽 참조)이 완성된다.

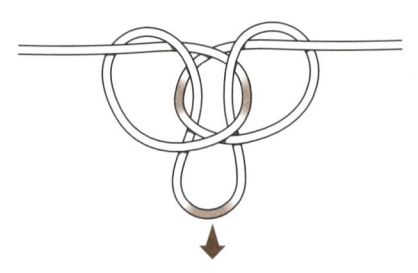

4 통과시킨 부분을 잡아당겨서 고리 크기를 조절한다.

5 로프를 좌우로 잡아당겨서 매듭을 조인다. 갈고리를 고리에 걸어서 소품을 매단다.

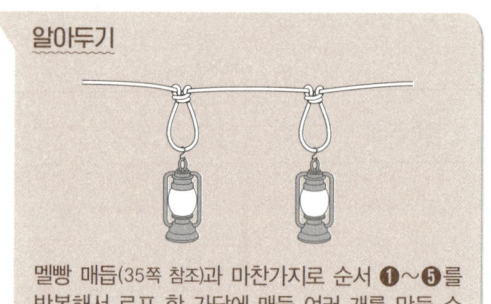

알아두기

멜빵 매듭(35쪽 참조)과 마찬가지로 순서 ❶~❺를 반복해서 로프 한 가닥에 매듭 여러 개를 만들 수 있다.

랜턴 걸기

[클렘하이스트 매듭]

'클렘하이스트 매듭'(klemheist knot)은 하중이 걸리면 매듭이 고정되고 하중이 걸리지 않으면 매듭을 위아래로 움직일 수 있다. 랜턴을 걸어 놓은 상태에서 높이도 조절할 수 있다.

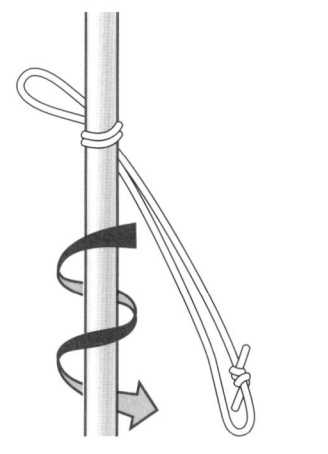

1 피셔맨 매듭(26쪽 참조)으로 슬링을 만든 로프를 화살표 방향으로 지주대에 감는다.

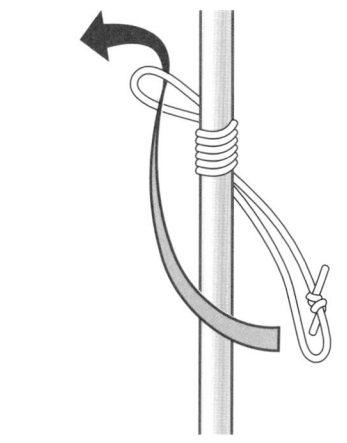

2 슬링의 아래쪽 고리를 위쪽 고리에 통과시킨다.

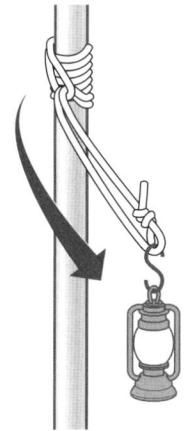

3 그림과 같이 아래쪽 고리를 당겨서 매듭을 조인 다음 랜턴을 건다.

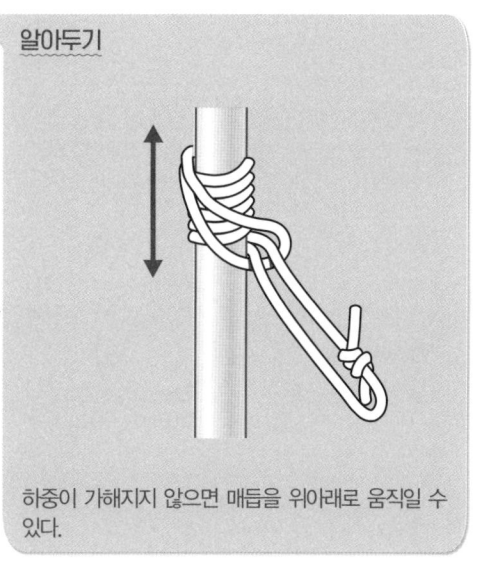

알아두기

하중이 가해지지 않으면 매듭을 위아래로 움직일 수 있다.

긴 물건 매달기 1

[스페인 보라인 매듭]

로프에 고리 두 개를 만들기 위한 매듭으로, 고리는 '보라인 매듭' 모양이 된다. 사다리 등과 같은 긴 막대 모양의 물건을 수평으로 매달 수 있다.

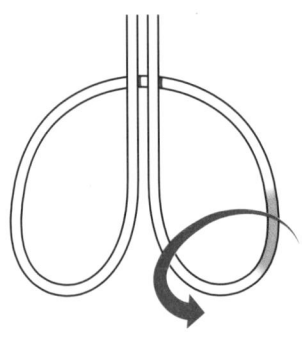

1 로프를 중간에서 구부려서 그림과 같은 고리를 만든 다음, 고리 바깥쪽을 안쪽으로 비튼다.

2 ❶과 마찬가지로 반대쪽 고리도 비튼다.

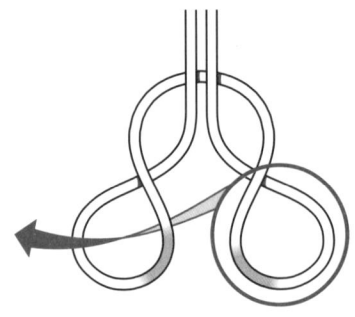

3 비틀어 놓은 오른쪽 고리를 왼쪽 고리 안으로 통과시킨다.

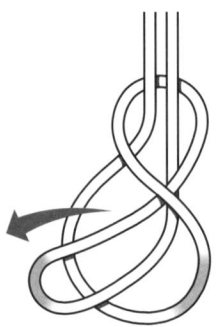

4 통과시킨 고리를 빼낸다.

> **이런 경우에도 활용할 수 있다!**
>
> 로프 한 가닥에 스페인 보라인 매듭을 만든 뒤, 각각의 고리에서 다시 한 번 스페인 보라인 매듭을 하면 고리 네 개가 만들어진다. 그래서 테이블이나 의자, 사다리 등도 매달아 놓을 수 있다.

5 통과시킨 고리를 빼내서 모양을 잡으면 그림과 같이 고리 세 개가 만들어진다.

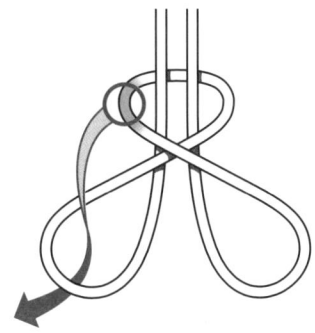

6 고리 세 개 중에서 위쪽 고리의 왼쪽 부분을 왼쪽 아래에 있는 고리에 통과시킨다.

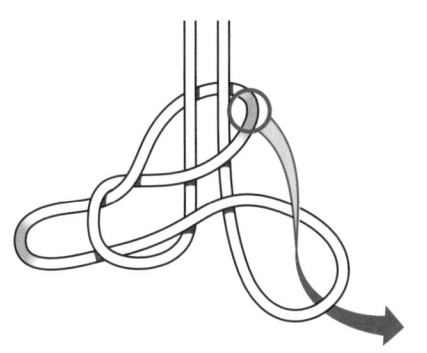

7 ❻과 마찬가지로 위쪽 고리의 오른쪽 부분을 오른쪽 아래에 있는 고리에 통과시킨다.

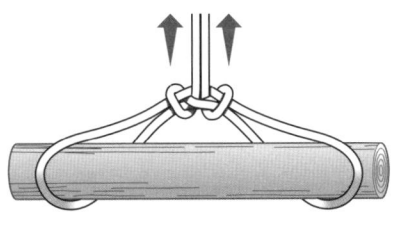

8 로프 원가닥을 당겨서 매듭을 조인다. 긴 물건을 고리 두 개에 평행으로 통과시켜서 매단다.

긴 물건 매달기 2

[통나무 매듭]

위아래 두 군데를 받치는 '통나무 매듭'은 긴 물건을 안정감 있는 상태로 받칠 수 있다.

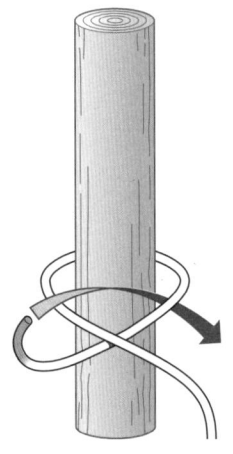

1 로프를 통나무에 둘러서 한 매듭(200쪽 참조)으로 묶는다.

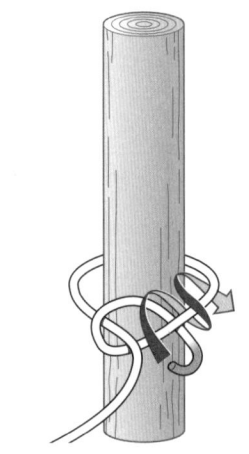

2 로프 끝가닥을 화살표 방향으로 감는다.

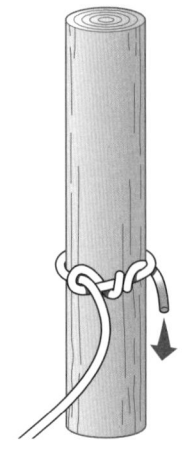

3 로프 끝가닥을 당겨서 매듭을 조인다. (비틀어 매기)

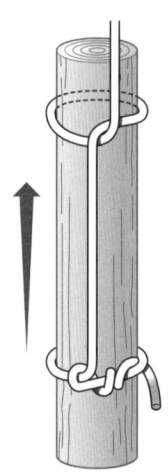

4 로프 원가닥을 통나무 위쪽으로 끌어당긴 다음 그림처럼 감아서 묶는다. 통나무 길이가 길 때는 한 번 더 한 매듭으로 묶으면 된다.

통나무 운반하기

[통나무 매듭]

'통나무 매듭'은 '비틀어 매기'(29쪽 참조)와 '한 매듭'(200쪽 참조)을 합친 매듭이다. 통나무처럼 무겁고 긴 물건을 끌어서 옮길 때 사용한다.

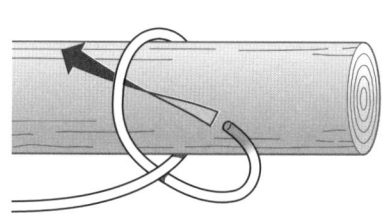

1 로프를 통나무에 감아서 한 매듭(200쪽 참조)으로 묶는다.

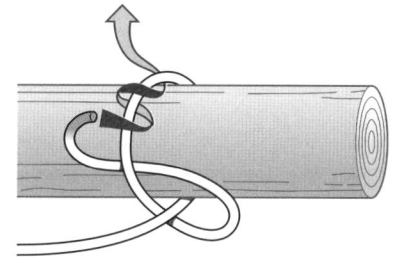

2 로프 끝가닥을 그림과 같이 두 번 통과시킨다. (비틀어 매기)

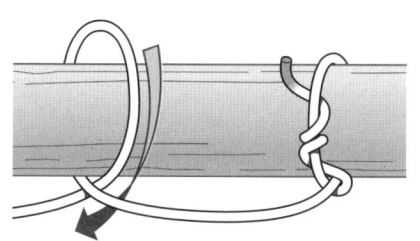

3 로프 원가닥도 조금 떨어진 곳에 감아서 묶는다.

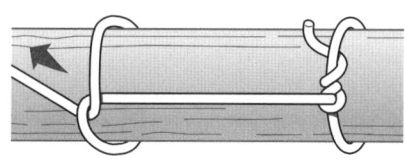

4 로프 원가닥을 당겨서 매듭을 단단히 조인다.

알아두기

매듭은 각각 통나무의 3분의 1지점을 기준으로 해서 묶는다. 안정감이 생겨서 쉽게 옮길 수 있다. 통나무 길이가 길면 길이에 맞춰서 한 매듭 개수를 늘려 균형을 잡자.

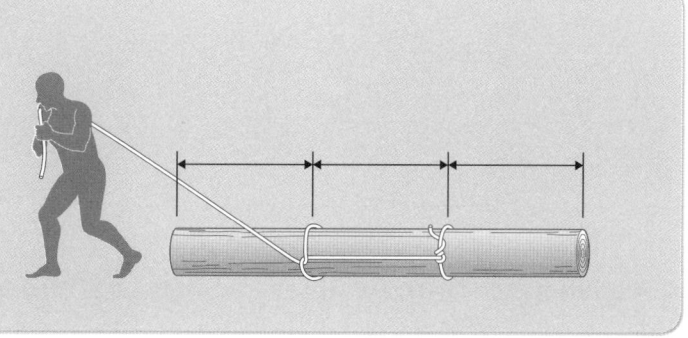

장작 나르기
[사각 매듭+거스 히치]

'사각 매듭'(205쪽 참조)을 해서 로프를 고리로 만들고 '거스 히치'(24쪽 참조)로 장작을 모아 정리한다. 이 매듭은 대형 텐트나 타프 지주대 등을 하나로 모아 운반할 때도 유용하게 쓰인다.

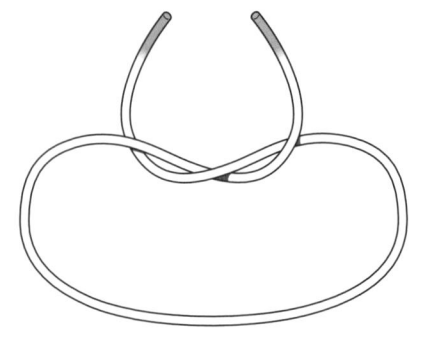

1 로프 한 가닥의 양끝을 교차한다.

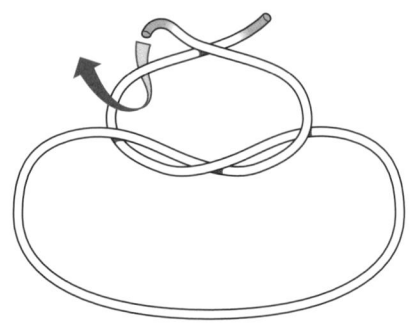

2 로프의 오른쪽 끝을 그림과 같이 로프의 왼쪽 끝에 통과시킨다.

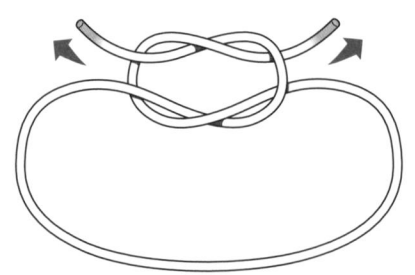

3 로프의 양끝을 당겨서 사각 매듭으로 묶는다.

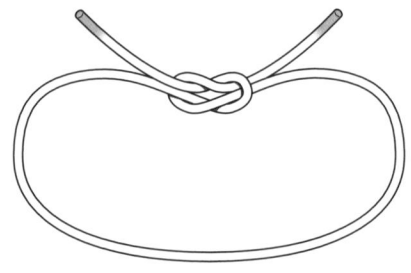

4 로프 한 가닥을 고리 모양으로 만든 슬링이 완성된다.

이런 경우에도 활용할 수 있다!

거스 히치는 길이가 긴 물건을 한데 모아서 묶을 때 편리하지만, 그 밖에도 소품에 가는 끈을 묶어 매달거나 등산에서 나무 등에 하는 표식을 만드는 경우에 사용된다.

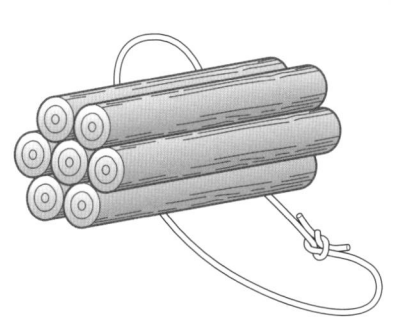

5 슬링을 그림과 같이 장작 밑에 깐다.

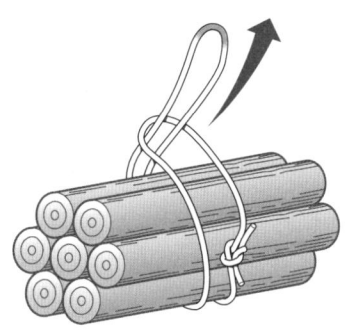

6 바깥쪽 고리를 안쪽 고리로 통과시킨다.

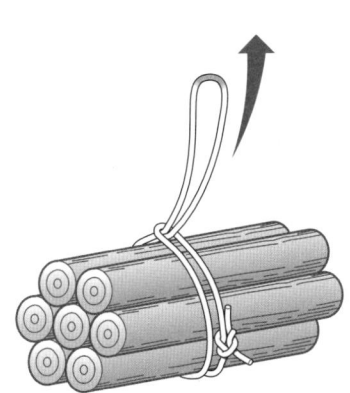

7 통과시킨 고리를 세게 잡아당겨 매듭을 조이고 나면, 고리를 손잡이로 사용한다.

알아두기

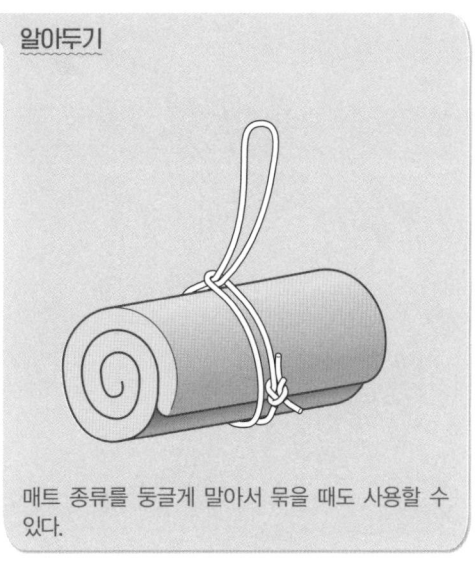

매트 종류를 둥글게 말아서 묶을 때도 사용할 수 있다.

냇가에서 물 긷기 1

[보라인 매듭]

양동이 손잡이에 로프를 묶으면 냇가에서도 쉽게 물을 길을 수 있다. 물의 흐름은 보기보다 훨씬 강하므로 잘 풀어지지 않는 '보라인 매듭'(201쪽 참조)으로 묶자.

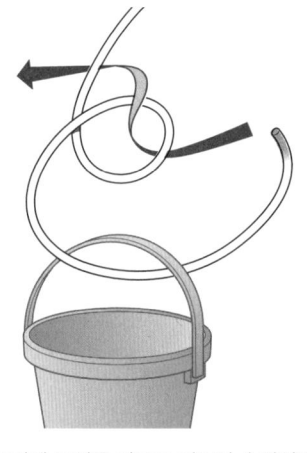

1 로프 중간에 고리를 만들고 양동이 손잡이에 끝가닥을 통과시킨다.

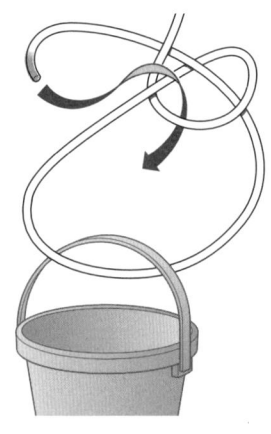

2 로프 끝가닥을 고리에 통과시켜서 그림과 같이 원가닥에 휘감은 뒤 다시 한 번 고리 안에 통과시킨다.

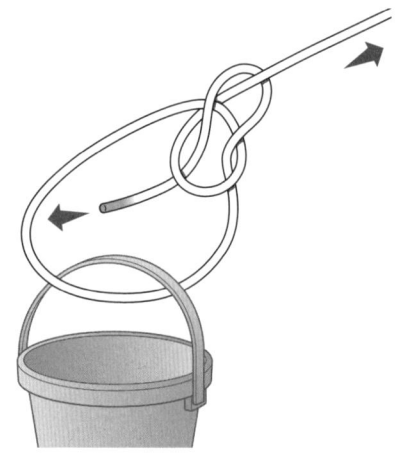

3 통과시켜 빼낸 로프의 끝가닥과 원가닥을 세게 잡아당겨서 매듭을 조인다.

4 물을 길을 때는 양동이를 냇물에 던져서 로프로 끌어온다.

냇가에서 물 긷기 2
[두 매듭]

로프를 양동이 손잡이에 고정하고 싶을 때는 '두 매듭'(200쪽 참조)으로 묶는다. 우물과 같은 깊은 장소에 양동이를 내려서 물을 길을 경우에도 이 매듭을 사용하면 된다.

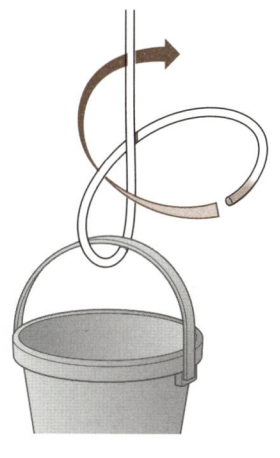

1 로프를 양동이 손잡이에 통과시켜서 한 매듭(200쪽 참조)으로 묶는다.

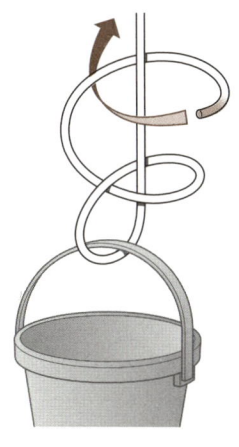

2 그림과 같이 다시 한 번 한 매듭을 반복한다.

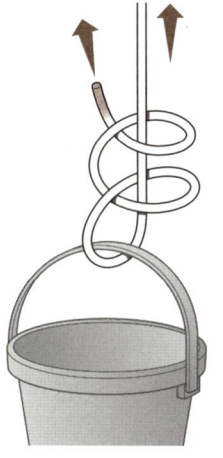

3 로프의 원가닥과 끝가닥을 잡아당겨 손잡이 부분에서 매듭을 조인다.

4 혹시라도 매듭이 풀어지지 않도록 로프 끝가닥을 길게 남겨 놓자.

수박 차갑게 식히기

[이중 8자 매듭]

수박을 냇물에서 차갑게 식힐 때는 '이중 8자 매듭'을 응용한다. 공과 같이 둥근 물체를 묶을 때도 사용할 수 있다.

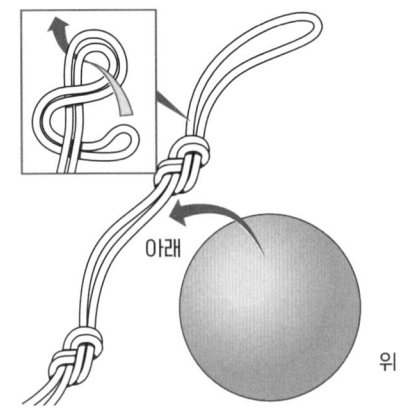

1 로프를 중심에서 한 번 접는다. 수박 둘레의 약 3분의 1 정도 길이로 두 군데에서 이중 8자 매듭(200쪽 참조)을 묶은 뒤 수박을 올려 놓는다.

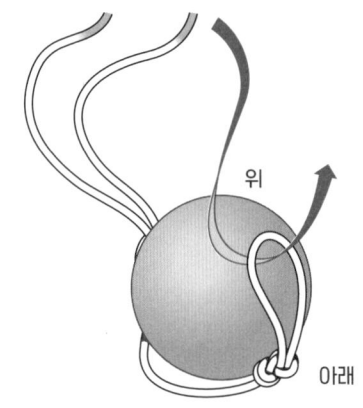

2 로프의 양끝을 고리에 통과시킨다.

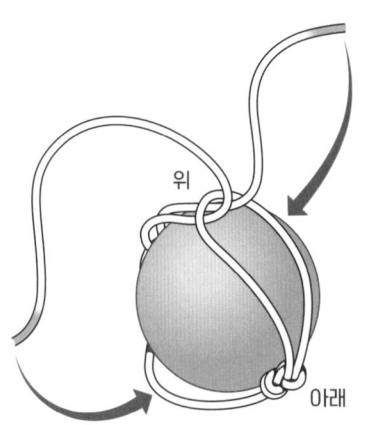

3 로프의 양끝을 각각 수박 아래쪽으로 돌린다.

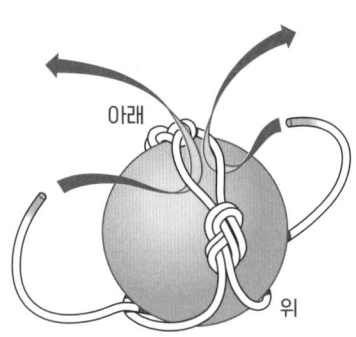

4 수박을 뒤집어서 아래쪽으로 돌린 로프를 그림과 같이 고리로 빼낸다.

> **이런 경우에도 활용할 수 있다!**
>
> 둥근 물체를 운반할 때 적합한 매듭법이다. 두 개의 이중 8자 매듭 위치가 중요하다. 천연 소재의 로프를 사용하면 미끄러지지 않아서 잘 묶을 수 있다.

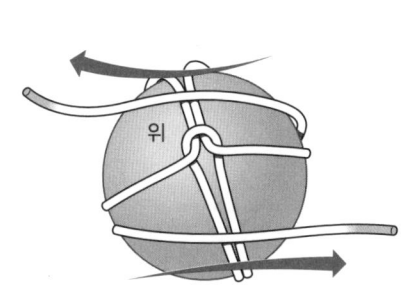

5 고리로 빼낸 로프를 수박 앞쪽으로 돌려서 양끝을 수평으로 늘어 놓는다.

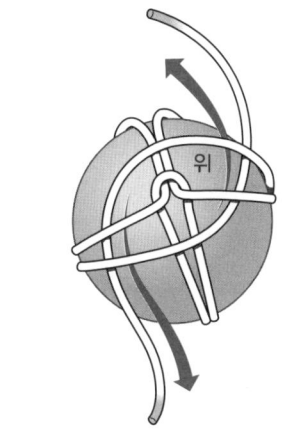

6 로프의 양끝을 그림과 같이 통과시킨다.

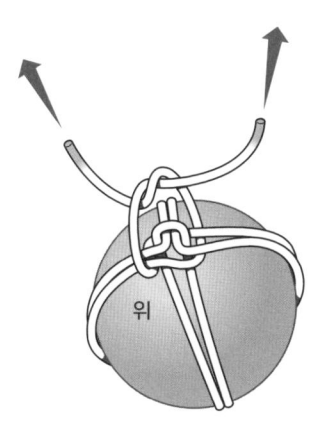

7 통과시킨 양끝을 사각 매듭(205쪽 참조)으로 풀어지지 않도록 묶는다.

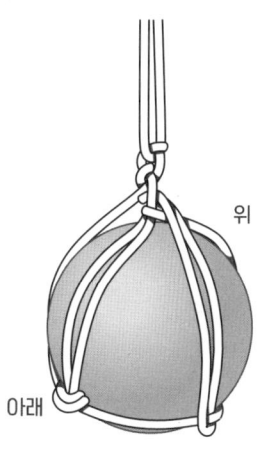

8 수박을 매달았을 때의 균형을 살피면서 로프 매듭을 정리한다.

통나무 엮기 1
[네모 얽기]

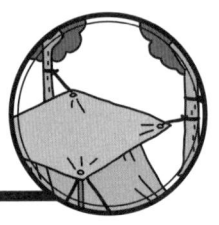

통나무를 십자로 엮을 때는 '네모 얽기'를 한다. 뗏목이나 테이블, 의자 등을 통나무로 만드는 경우에 주로 사용한다.

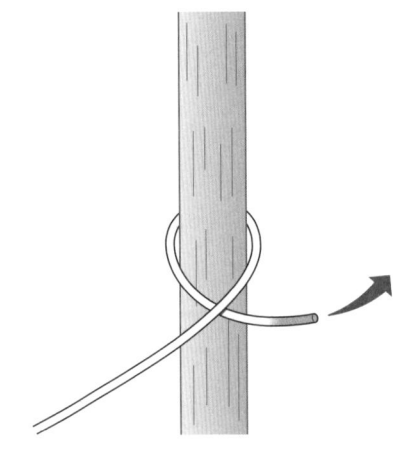

1 로프를 통나무에 두른다.

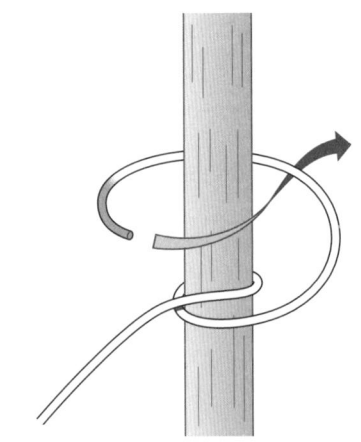

2 로프 끝가닥을 화살표 방향으로 통과시켜서 클로브 히치(202쪽 참조)로 묶는다.

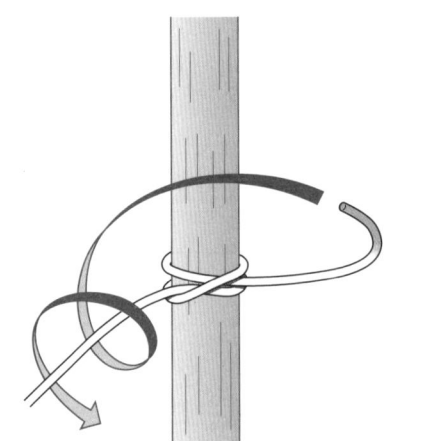

3 매듭을 조인 뒤 로프 끝가닥을 원가닥에 2~3회 감는다.

4 그림과 같이 통나무를 교차시킨다.

> **이런 경우에도 활용할 수 있다!**
>
> 울타리나 나무 기둥을 만들 경우에도 쓰인다. 엮어 놓은 통나무가 흔들리지 않도록 한 번 감을 때마다 세게 조이면서 감는다.

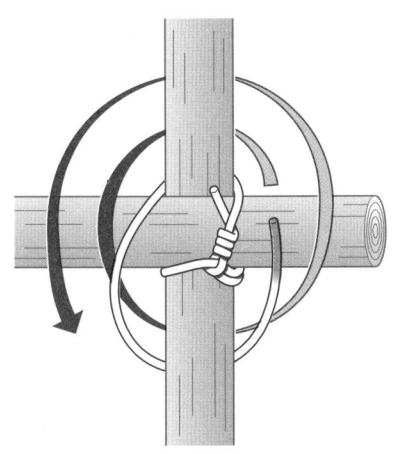

5 통나무를 교차시킨 다음 로프 원가닥을 시계 반대 방향으로 2~3회 감는다.

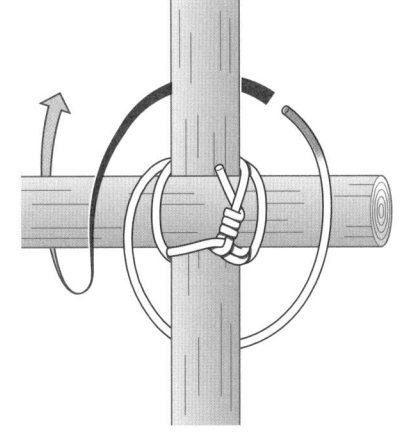

6 둘러 감은 로프의 끝가닥을 수평으로 엮은 통나무에 휘감는다.

7 로프 끝가닥을 시계 방향으로 2~3회 감는다.

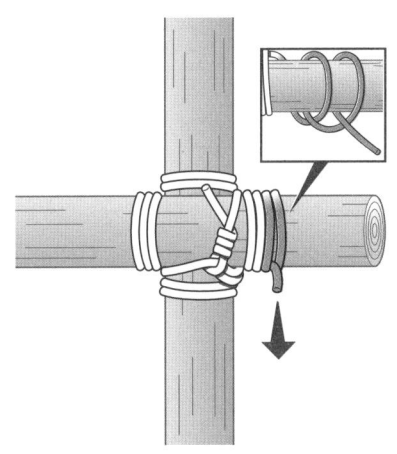

8 로프를 다 감으면 클로브 히치(202쪽 참조)를 해서 매듭이 풀어지지 않도록 로프 끝가닥을 조인다.

통나무 엮기 2

[맞모금 얽기]

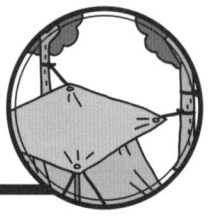

통나무를 X자로 교차시켜서 묶는 '맞모금 얽기'는 울타리나 목책 등을 만들 때 사용한다.

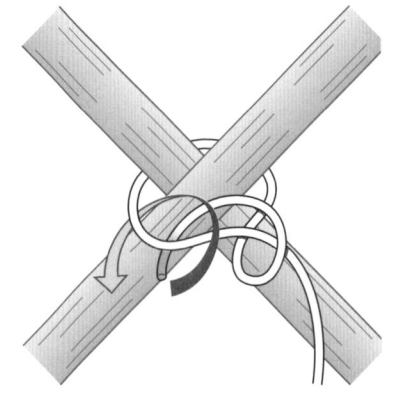

1 통나무 두 개를 교차시킨 다음 그림과 같이 로프 끝가닥을 둘러 감는다.

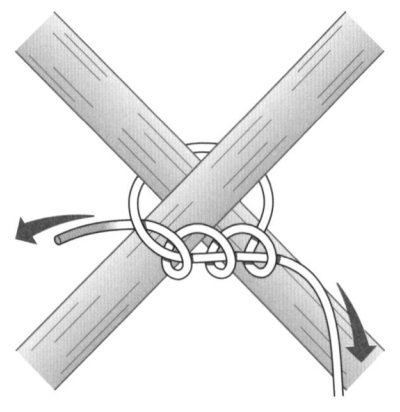

2 로프 원가닥을 2~3회 감고 끝가닥과 원가닥을 잡아당겨서 비틀어 매기(29쪽 참조)를 한다.

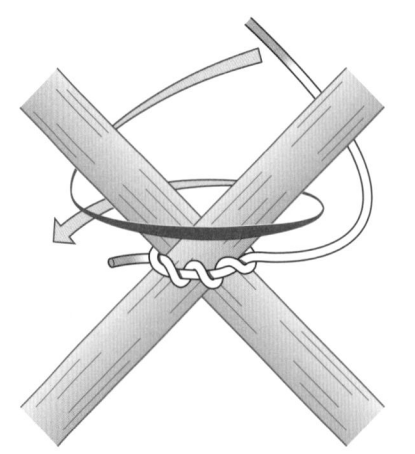

3 원가닥을 수평 방향으로 2~3회 감는다.

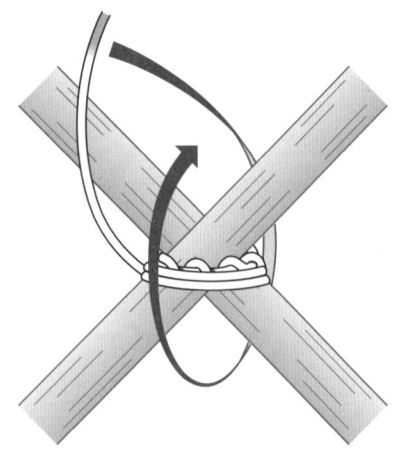

4 다시 세로 방향으로 2~3회 감는다.

> **이런 경우에도 활용할 수 있다!**
>
> 통나무를 엮어서 테이블이나 의자와 같은 공작물을 만들 때에도 쓰인다. 이때에도 세게 조이면서 둘러 감는 것이 중요하다.

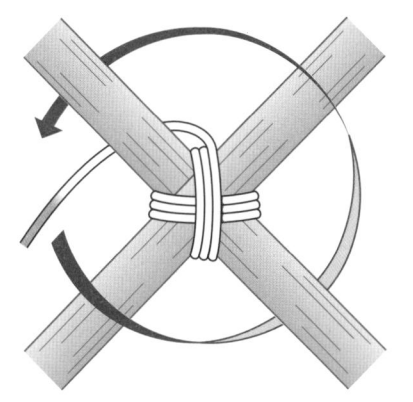

5 그런 다음 비스듬히 시계 반대 방향으로 2~3회 감는다.

6 감은 로프의 끝가닥을 화살표 방향으로 통과시킨다.

7 다시 한 번 감아서 클로브 히치(202쪽 참조)로 묶는다.

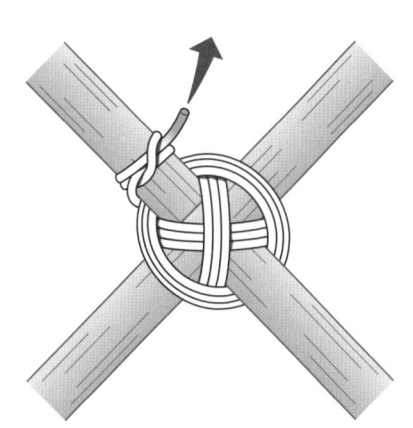

8 끝가닥을 잡아당겨서 매듭을 단단히 조인다.

통나무 엮기 3
[나란히 얽기]

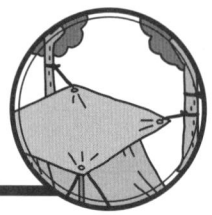

뗏목처럼 통나무 여러 개를 엮을 때는 통나무 한 개를 로프의 감는 축으로 삼는다. 여기서는 '비틀어 매기'(29쪽 참조)로 통나무 축을 묶은 뒤 '나란히 얽기'로 다른 통나무를 잇는다.

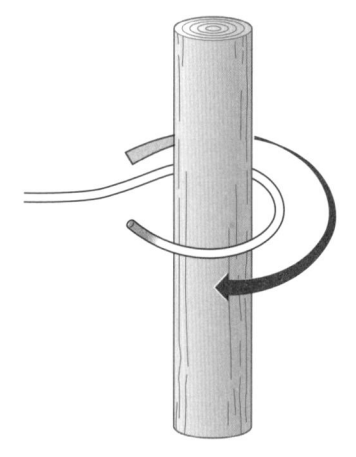

1 로프를 통나무에 두른다.

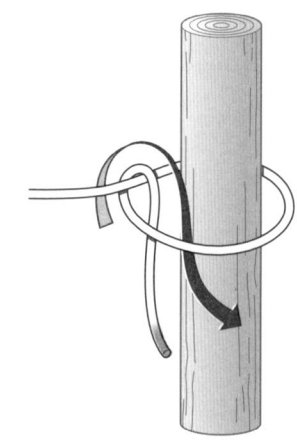

2 그림과 같이 로프 끝가닥을 통과시켜서 한 매듭(200쪽 참조)으로 묶는다.

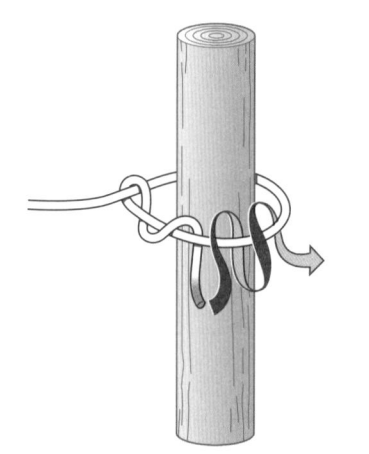

3 끝가닥을 2~3회 감는다.

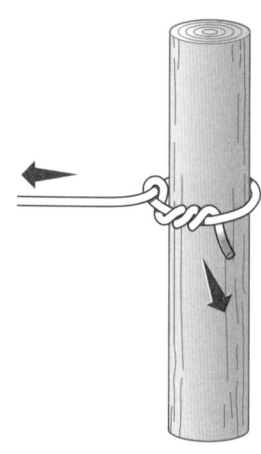

4 매듭을 단단히 조여서 비틀어 매기(29쪽 참조)를 한다.

※ 나무 쐐기를 통나무 두 개 사이에 질러 넣으면 로프가 느슨해지지 않는다.

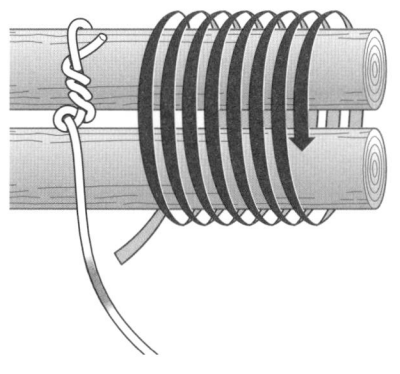

5 다른 통나무 한 개를 수평으로 엮은 다음 로프를 8회 정도 감는다.

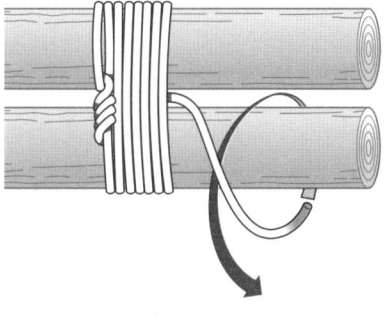

6 엮어 놓은 통나무 뒤쪽에서 로프 끝가닥을 그림과 같이 감는다.

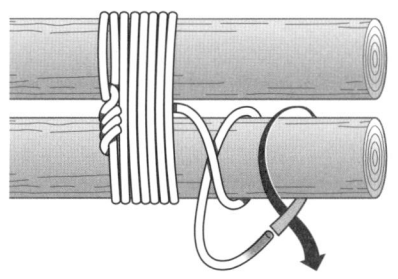

7 다시 한 번 휘감아서 클로브 히치(202쪽 참조)로 묶는다.

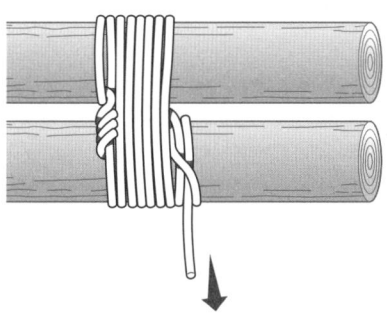

8 끝가닥을 잡아당겨서 매듭을 단단히 조인다.

통나무 엮기 4
이각 만들기
[나란히 얽기]

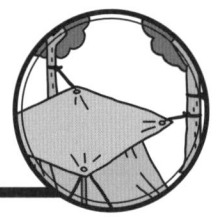

이각은 의자나 조리대 등을 만들 때 받침이 된다. 다리를 벌리는 각도에 따라 강도를 조절해서 로프를 감는다.

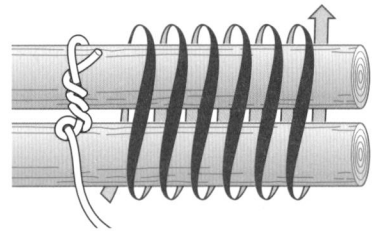

1 나란히 얽기(52쪽 참조)와 같은 순서로 통나무 두 개에 로프를 감는다. 너무 꽉 조이지 않도록 주의한다.

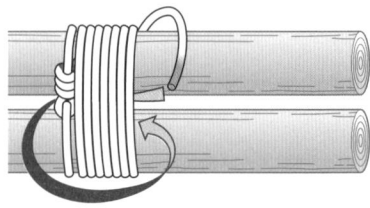

2 7~8회 감은 다음 통나무 두 개 사이에 로프를 통과시켜서 한 번 감는다.

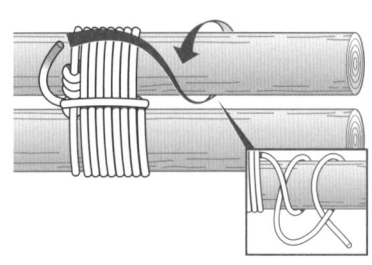

3 끝가닥을 2~3회 감는다.

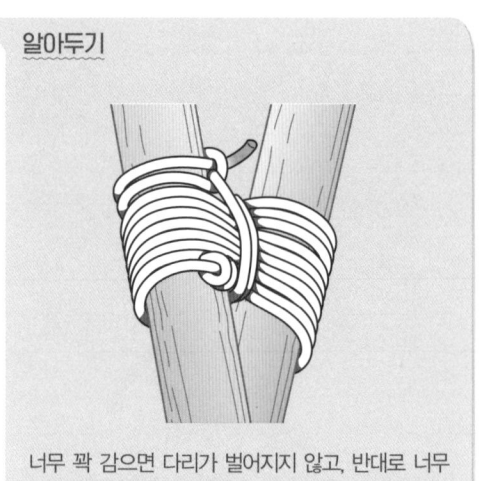

알아두기

너무 꽉 감으면 다리가 벌어지지 않고, 반대로 너무 느슨하면 흔들린다. 다리를 벌릴 때 안정감이 있도록 적당한 강도로 묶는 것이 중요하다.

통나무 엮기 5
삼각 만들기
[나란히 얽기]

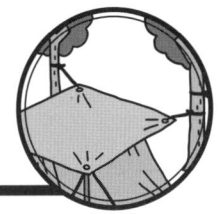

이각과 마찬가지로 통나무 세 개도 엮어서 다리를 벌릴 수 있다. 의자나 테이블, 모닥불 화덕 등에 이용한다.

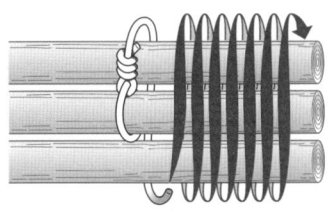

1 나란히 얽기(52쪽 참조)와 같은 순서로 통나무 축을 한가운데에 놓고 양쪽에 통나무 두 개를 나란히 놓은 후 그림과 같이 로프를 감는다.

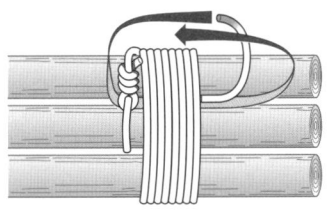

2 로프를 너무 꽉 조이지 않게 주의해서 7~8회 감고, 끝가닥을 통나무 사이에 통과시켜서 두 번 감는다.

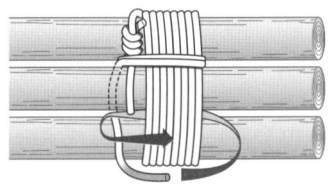

3 다른 한쪽의 통나무 사이도 같은 방법으로 두 번 정도 감는다.

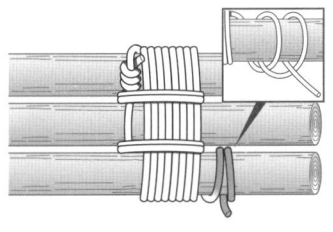

4 로프 끝가닥을 클로브 히치(202쪽 참조)로 묶어서 조인다.

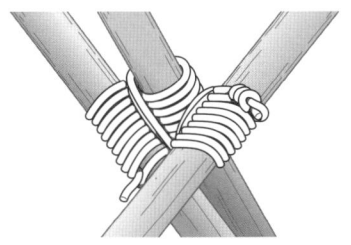

5 통나무 세 개의 균형을 살피면서 다리를 벌려 세운다.

알아두기

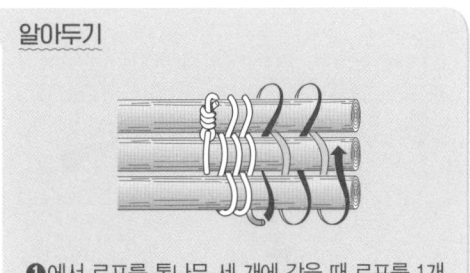

❶에서 로프를 통나무 세 개에 감을 때 로프를 1개씩 번갈아 통과시키면 삼각을 훨씬 튼튼하게 세울 수 있다.

애견 묶어 놓기 1
[히칭 타이]

튼튼하고 쉽게 풀 수 있는 '히칭 타이'(Hitching Tie)는 카우보이가 말을 묶어 놓을 때 사용하는 매듭법이다. 캠프 등에서 개를 묶어 놓을 때 사용한다.

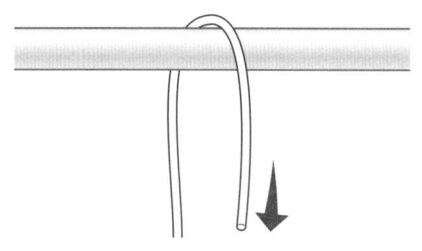

1 개를 묶어 놓고 싶은 장소에 로프를 둘러 감는다.

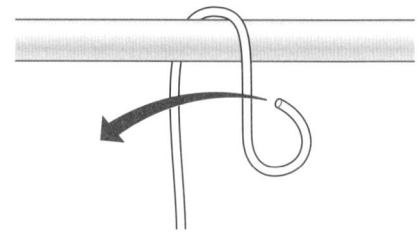

2 로프 끝가닥을 그림과 같이 돌려서 고리를 만든다.

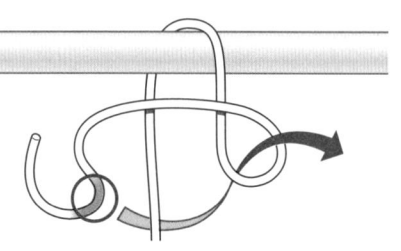

3 끝가닥을 한 번 접은 뒤 ❷에서 만든 고리에 통과시킨다.

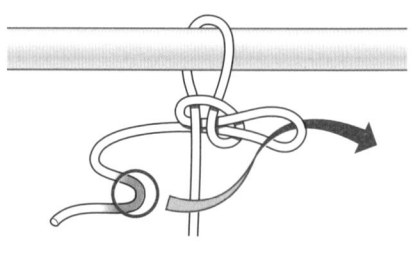

4 다시 끝가닥을 한 번 접은 뒤 ❸에서 만든 고리에 통과시킨다.

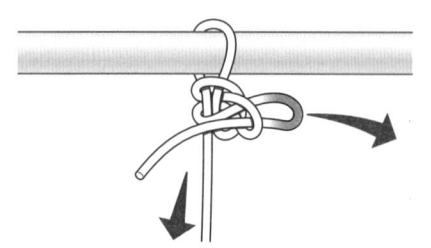

5 매듭이 풀어지지 않도록 고리와 원가닥을 당겨서 꽉 조인다.

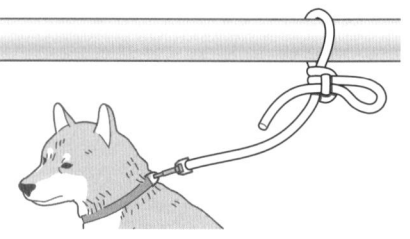

6 매듭을 꽉 조이더라도 로프 끝가닥을 당기면 즉시 풀어진다.

애견 묶어 놓기 2

[두 매듭]

쉽게 묶을 수 있고 강도도 높은 '두 매듭'(200쪽 참조)은 개를 묶어 놓을 경우에도 사용할 수 있다.

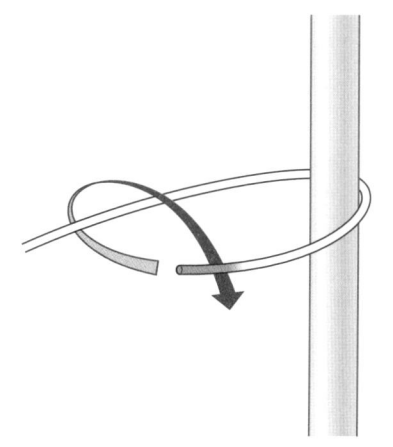

1 개를 묶어 놓고 싶은 장소에 로프를 둘러 감는다.

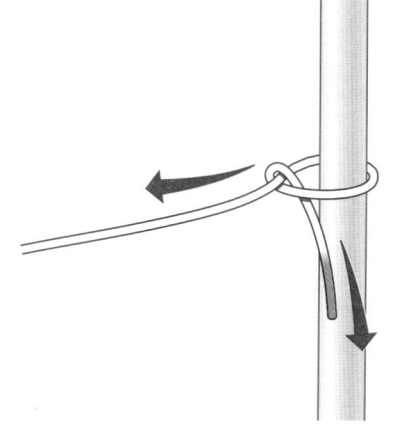

2 로프의 끝가닥과 원가닥을 당겨서 한 매듭(200쪽 참조)으로 묶는다.

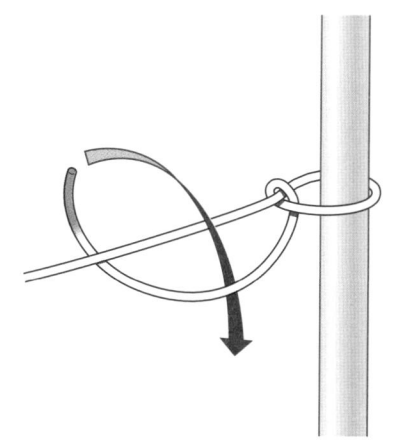

3 다시 한 번 한 매듭을 반복한다.

4 끝가닥을 당겨서 매듭을 단단히 조인다.

매듭법 메모 1

매듭 강도를 높이는 방법

매듭 두 종류를 조합하면 강도가 높아진다.
여기에서는 쉽게 활용할 수 있는 매듭법 세 가지를 소개한다.

보라인 매듭(201쪽 참조)
+
한 매듭(200쪽 참조)

보라인 매듭은 로프를 통나무에 묶거나 고리를 만드는 등 마음대로 사용하기 좋다. 그 매듭에 한 매듭을 추가하면 훨씬 튼튼해져서 쉽게 풀어지지 않는다.

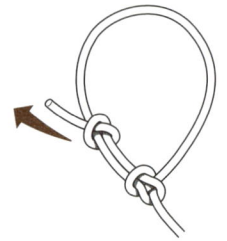

보라인 매듭을 한 로프 끝에서 한 매듭을 묶는다.

로프 끝가닥과 원가닥을 잡아당겨서 매듭을 단단히 조인다.

클로브 히치(202쪽 참조)
+
한 매듭(200쪽 참조)

클로브 히치는 등산에서 사용하는 경우도 많다. 로프를 나무에 묶어서 몸을 의지하는 등 매듭이 풀어지면 곤란해지는 상황에서 쓰이는 매듭법이다.

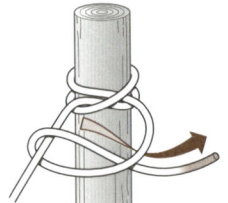

클로브 히치를 한 로프 끝에서 그림과 같이 한 매듭을 묶는다.

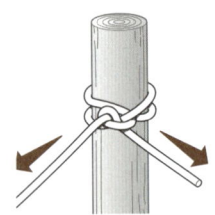

로프 끝가닥과 원가닥을 잡아당겨서 매듭을 단단히 조인다.

더블 클로브 히치

클로브 히치는 로프 감는 횟수만 늘려도 강도를 높일 수 있다. 판자를 물가에 있는 말뚝에 로프로 고정하는 경우에는 이 방법을 사용하면 편리하다.

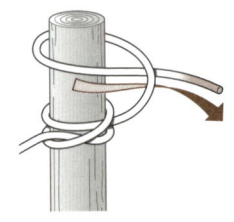

클로브 히치를 한 로프 끝에서 고리를 또 하나 만든다.

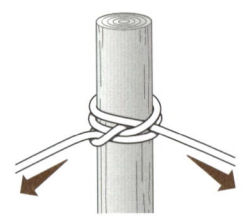

로프 끝가닥과 원가닥을 잡아당겨서 매듭을 단단히 조인다.

2장
등산

신발 끈 묶기 1

[나비 매듭]

'나비 매듭'은 신발 끈을 묶을 때 쓰는 가장 기본적인 방법이다. 압박감이 없어서 야외 활동이나 일상생활에서 유용하게 쓸 수 있다.

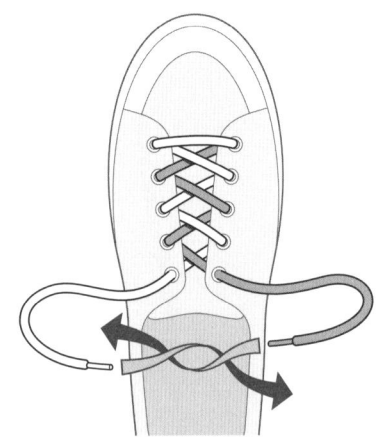

1 신발 끈을 구멍 위에서 아래로 끼우는 오버래핑으로 끼운 뒤 끝을 휘감는다.

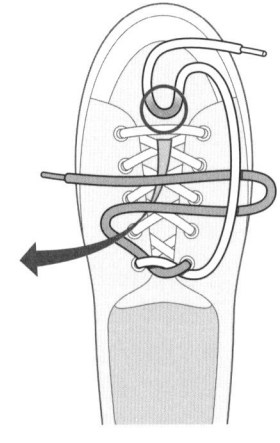

2 신발 끈을 한 번 접어서 그림과 같이 끼운다.

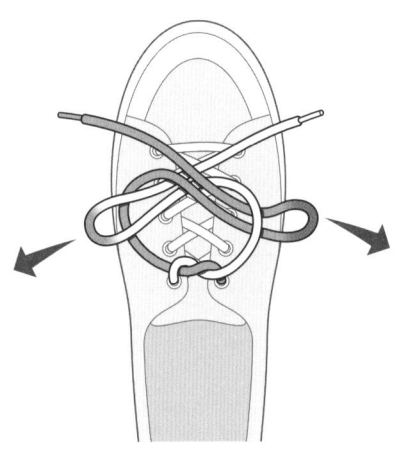

3 끼운 신발 끈의 고리를 잡아당겨서 매듭을 단단히 조인다.

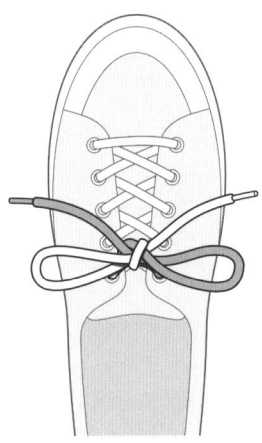

4 고리의 크기와 끝이 양끝 길이가 같아지도록 균형을 잡는다.

신발 끈 묶기 2

[이중 나비 매듭]

걸을 때 신발 끈이 풀어지지 않도록 하려면 '이중 나비 매듭'으로 묶으면 된다.

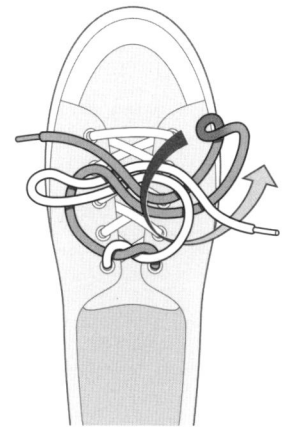

1 나비 매듭(62쪽 3번 참조)으로 묶었을 때 그림과 같이 한쪽 고리를 돌려 감는다.

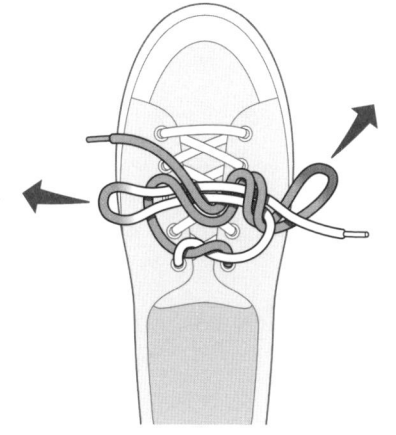

2 끼운 신발 끈의 고리를 그림과 같이 빼낸다.

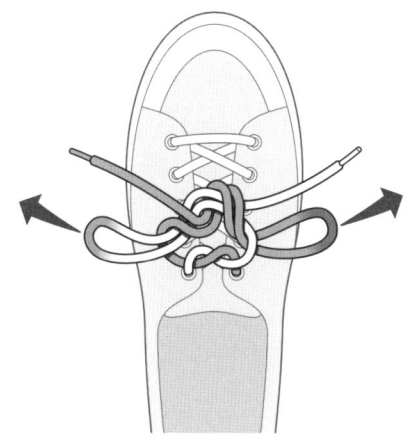

3 매듭 모양을 잡으면서 단단히 조인다.

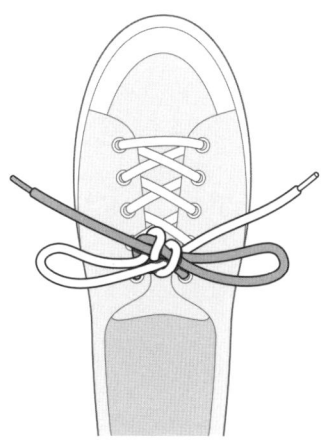

4 이중으로 매듭이 생겨서 나비 매듭보다 잘 풀어지지 않는다.

신발 끈 묶기 3

[나비 매듭+사각 매듭]

신발 끈이 풀어지지 않도록 하려면 '나비 매듭'을 한 뒤에 '사각 매듭'을 더하는 방법도 있다.

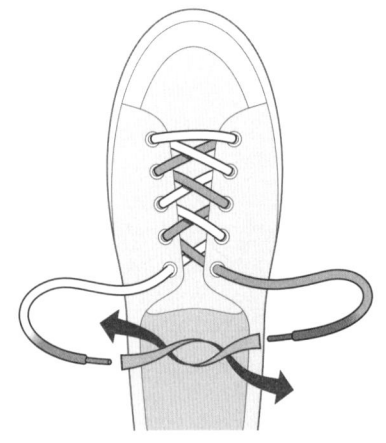

1 신발 끈을 구멍 위에서 아래로 끼우는 오버래핑으로 끼운 뒤 끝을 휘감는다.

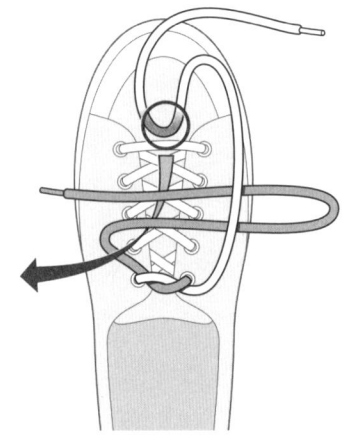

2 신발 끈을 한 번 접어서 그림과 같이 끼운다.

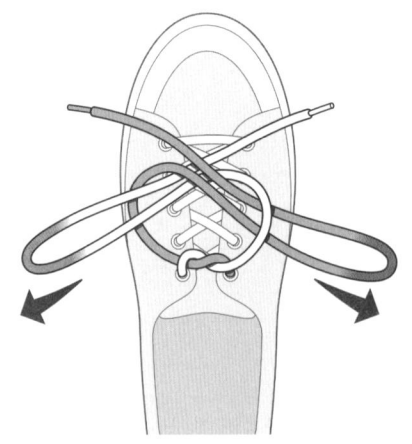

3 끼운 신발 끈의 고리를 잡아당겨서 매듭을 단단히 조인다.

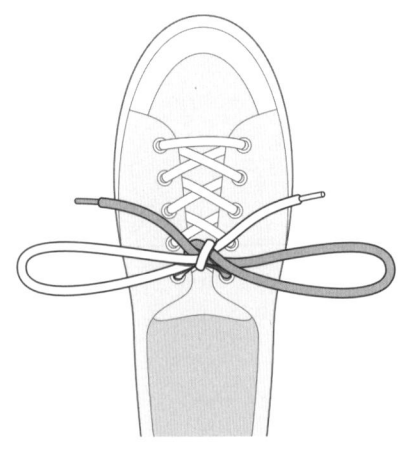

4 고리의 크기와 끝이 양끝 길이가 같아지도록 균형을 잡는다.

> **이런 경우에도 활용할 수 있다!**
>
> 사각 매듭을 추가하는 만큼 강도가 높아져서 쉽게 느슨해지지 않는다. 등산이나 운동 등 격하게 움직일 때 이용한다.

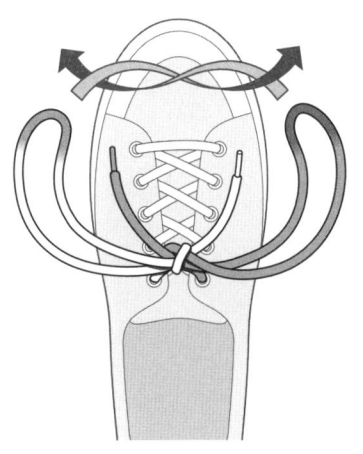

5 양쪽 끈의 고리를 그림과 같이 휘감는다.

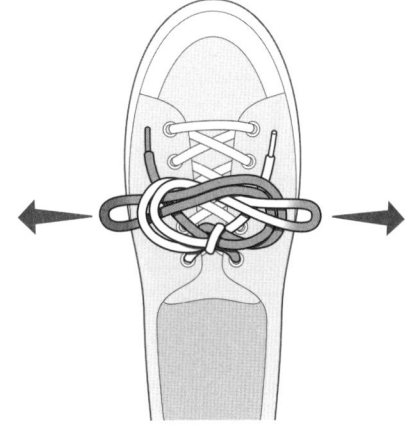

6 사각 매듭 모양으로 양쪽의 고리를 잡아당긴다.

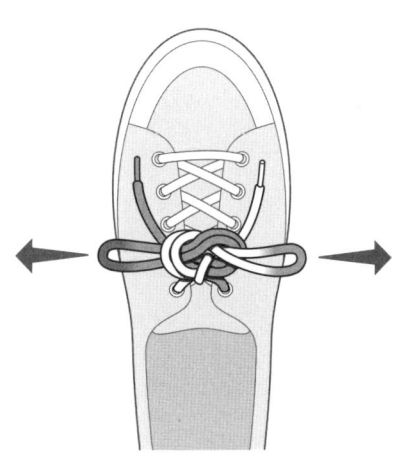

7 매듭 모양을 잡으면서 단단히 조인다.

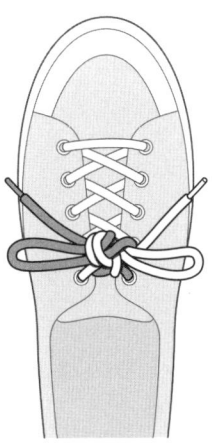

8 매듭은 단단히 매어졌지만 어느 한쪽 끝을 잡아당기면 풀어진다.

소품에 끈 달기 1

[옭매듭 잇기]

'옭매듭 잇기'(overhand knot)는 소품에 끈을 달 때 유용하게 쓰인다. 튼튼하게 잘 묶이며 물에 젖으면 쉽게 풀어지지 않는다.

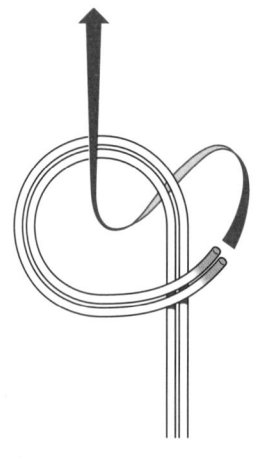

1 소품에 끈을 끼운 다음 양끝을 모아서 그림과 같이 고리를 만든다.

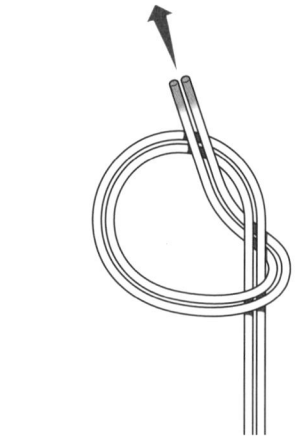

2 끝을 고리에 통과시킨다. (옭매듭)

3 끈의 끝가닥과 원가닥을 당겨서 매듭을 조인다.

알아두기

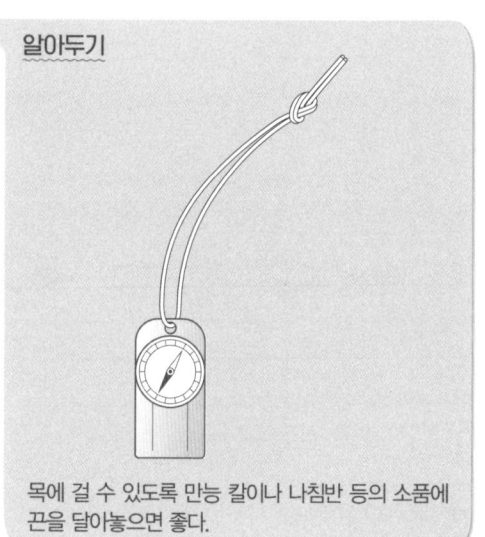

목에 걸 수 있도록 만능 칼이나 나침반 등의 소품에 끈을 달아놓으면 좋다.

소품에 끈 달기 2

[거스 히치]

'옭매듭 잇기'를 해서 고리 모양으로 만든 끈을 소품에 달 경우, '거스 히치'를 사용하면 소품이 끈에 고정된다.

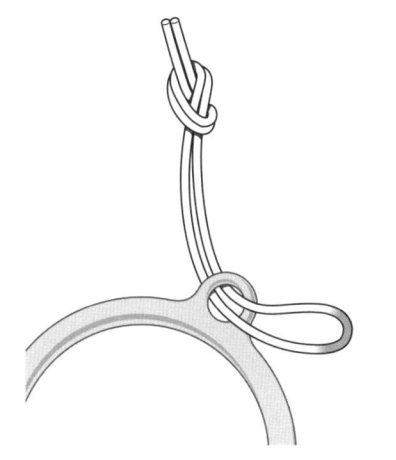

1 옭매듭 잇기(66쪽 참조)로 묶은 끈을 소품의 구멍 등에 끼운다.

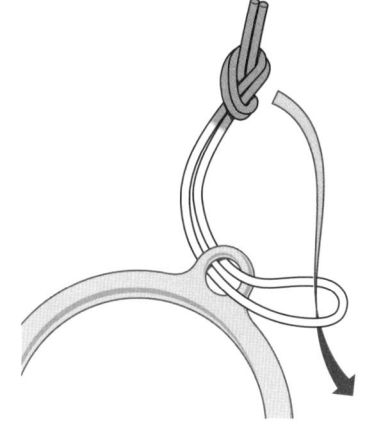

2 그림과 같이 끈 매듭 부분을 소품에 끼운 고리로 넣어 빼낸다.

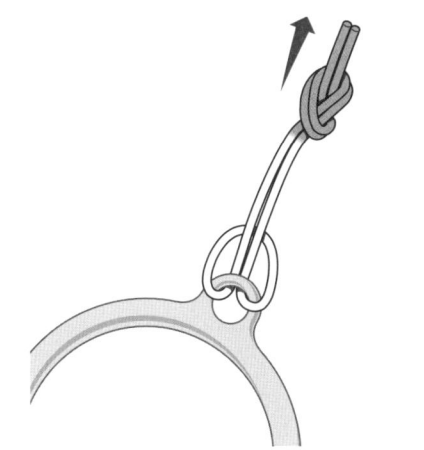

3 그대로 끈을 당겨서 매듭을 조인다.

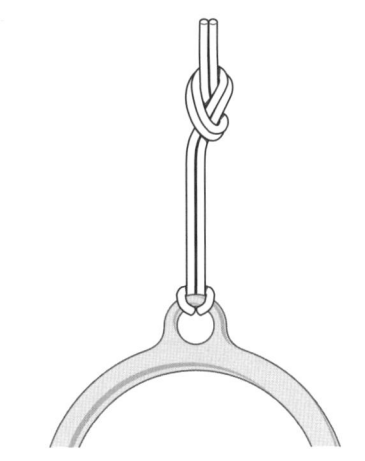

4 거스 히치로 끈이 소품에 고정되었다.

소품에 끈 달기 3

[피셔맨 매듭]

'피셔맨 매듭'은 로프 두 가닥을 연결하기 위한 매듭법이다. 소품에 끝을 달 때도 많이 쓰인다.

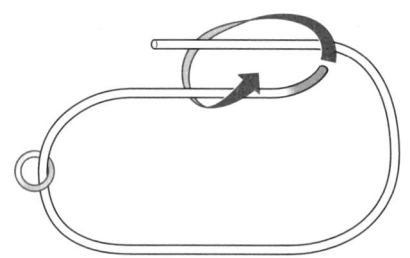

1 소품의 구멍 등에 끼운 끈을 그림과 같이 감는다.

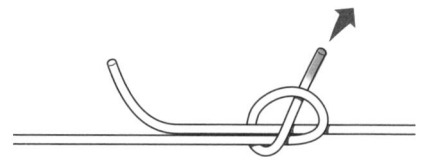

2 한쪽 끈의 끝가닥을 당겨서 옭매듭으로 묶는다.

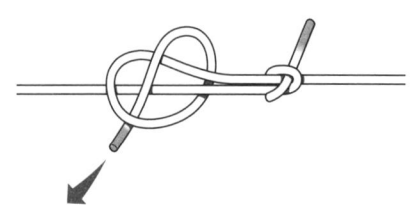

3 다른 한쪽도 ❷와 마찬가지로 옭매듭으로 묶는다.

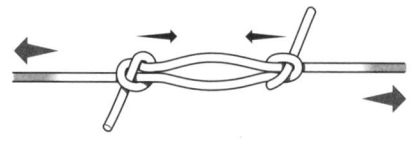

4 양쪽의 원가닥을 세게 잡아당긴다.

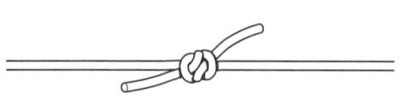

5 그림과 같이 매듭이 한데 모여서 피셔맨 매듭이 완성된다.

알아두기

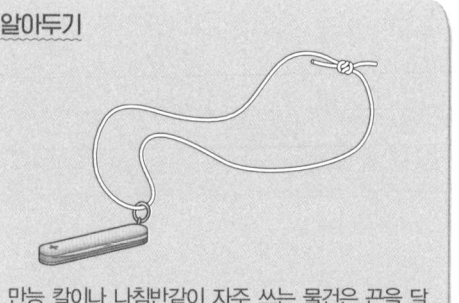

만능 칼이나 나침반같이 자주 쓰는 물건은 끈을 달아서 목에 걸어 놓자.

테이프 슬링 만들기

[물 매듭]

'링 벤드'(ring bend) 또는 '물 매듭'(water knot)이라고도 한다. 테이프 슬링(tape sling)은 등산용 테이프를 고리로 만든 것으로 '간이 안전벨트'(70쪽 참조) 등을 만들 때 사용한다. 등산에서 구조에 필요한 비상 아이템 중 하나로 갖고 다니자.

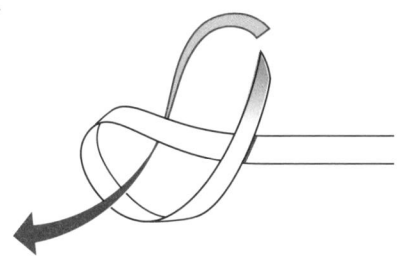

1 등산용 테이프의 한쪽 끝을 그림과 같이 통과시킨다.

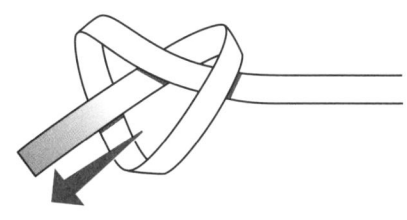

2 테이프 끝을 옭매듭(66쪽 참조)으로 느슨하게 묶는다.

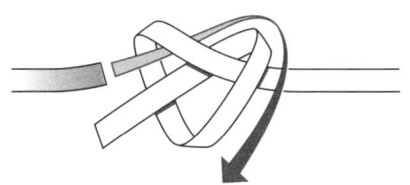

3 다른 쪽 테이프 끝을 옭매듭 사이로 통과시킨다.

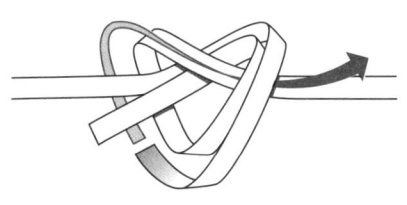

4 매듭 사이에 통과시킨 테이프를 화살표 방향으로 통과시킨다.

5 매듭 모양이 찌그러지지 않도록 테이프 양끝과 원가닥을 당긴다.

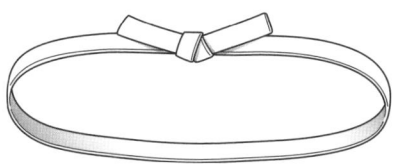

6 테이프가 풀어지지 않도록 매듭을 단단히 조인다.

간이 안전벨트 만들기

[간이 안전벨트]

암벽 등반 시에 사용하는 하니스(안전벨트)는 등산용 테이프로 만든 테이프 슬링(69쪽 참조)과 카라비너(쇠고리)를 사용해서 쉽게 만들 수 있다.

1 길이 120센티미터 정도의 테이프 슬링(69쪽 참조)을 만든다.

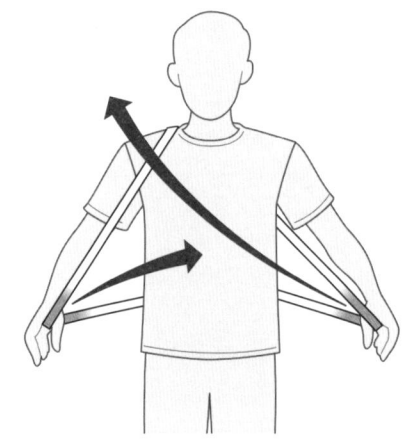

2 테이프 슬링을 그림과 같이 어깨에 걸고 몸 앞쪽에서 교차시킨다.

3 교차시킨 테이프 슬링을 그림과 같이 바꿔 잡는다.

4 왼손에 쥔 테이프 슬링을 그림과 같이 통과시킨다.

> **이런 경우에도 활용할 수 있다!**
>
> 일반 등산 시에도 위험 장소나 바위가 많은 곳을 통과할 때는 로프를 사용하면 좋다. 그럴 때 이 방법을 익혀 놓으면 위험을 줄일 수 있다.

5 안쪽으로 통과시킨 테이프 슬링을 고리에 끼운다.

6 고리에 끼운 끝을 잡아당겨서 매듭을 조인다.

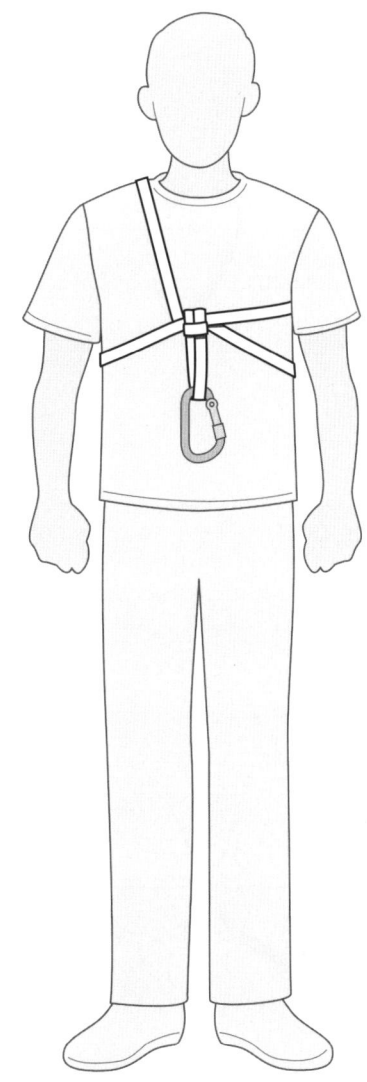

7 매듭 고리에 안전 링이 달린 카라비너를 장착해서 사용한다.

[등산] 간이 안전벨트 만들기

로프 슬링 만들기

[이중 피셔맨 매듭]

로프를 고리 모양으로 한 로프 슬링을 만들 경우에는 '피셔맨 매듭'(204쪽 참조)을 더욱 튼튼하게 만든 이중 피셔맨 매듭을 사용한다.

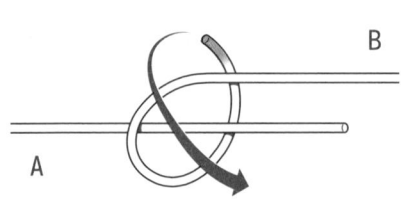

1 평행으로 나란히 놓은 로프 B를 그림과 같이 감는다.

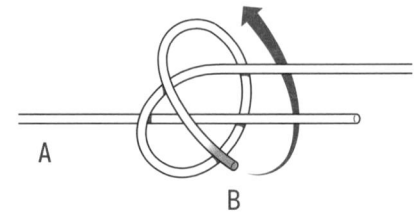

2 B의 끝가닥을 다시 한 번 감는다.

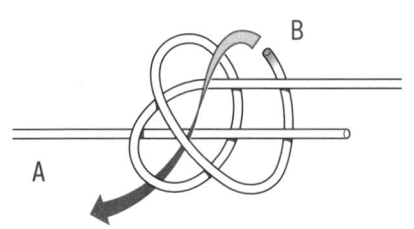

3 로프 끝가닥을 ❷에서 만든 고리 안으로 통과시킨다.

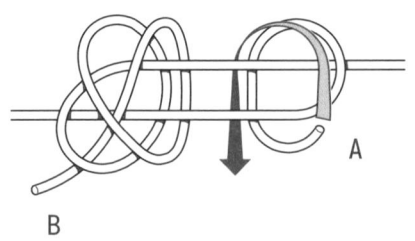

4 A도 마찬가지로 두 번 감는다.

> **이런 경우에도 활용할 수 있다!**
>
> 이중 피셔맨 매듭은 피셔맨 매듭을 만들 때 로프를 한 번 더 감아서 강도를 높인다. 큰 힘을 가해도 풀어질 걱정이 없다. 로프 두 가닥을 이을 때 주로 사용된다.

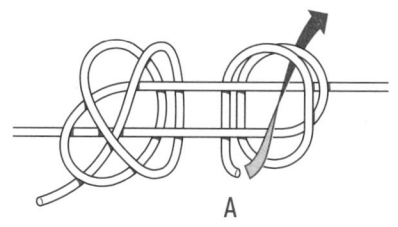

5 A의 끝가닥을 ❹에서 만든 고리 안으로 통과시킨다.

6 로프 끝가닥을 각각 당겨서 매듭을 조인다.

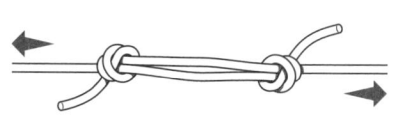

7 로프 두 가닥의 원가닥을 동시에 잡아당긴다.

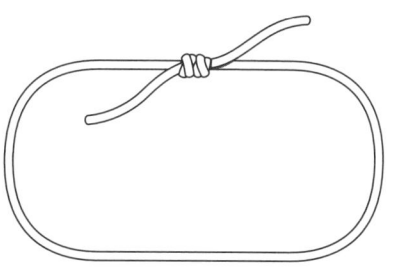

8 매듭 두 개가 한데 모이면 완성된다.

몸에 로프 묶기 1

[이중 8자 매듭]

만일을 대비하여 로프를 몸에 묶어 놓으면 실족해서 미끄러져 떨어지는 위험을 방지할 수 있다. 구명줄로 사용할 수 있고 의지할 수 있는 매듭을 소개한다.

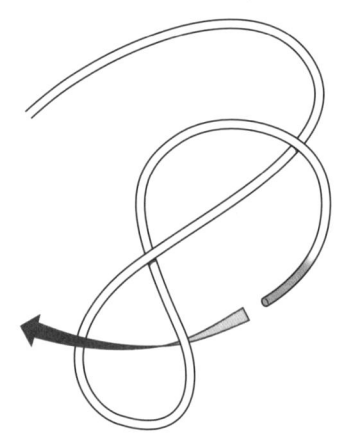

1 로프 중간에 8자 매듭(203쪽 참조)을 느슨하게 묶는다.

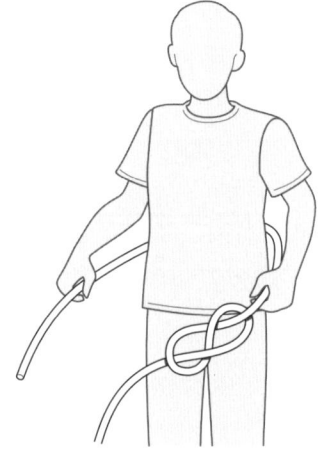

2 8자 매듭이 왼손으로 오도록 로프를 허리에 돌려 감는다.

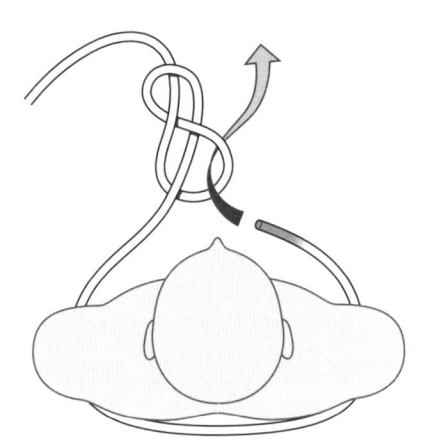

3 8자 매듭의 고리 부분에 오른손에 쥔 로프 끝가닥을 통과시킨다.

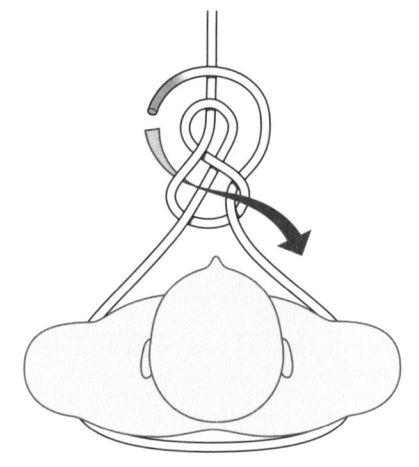

4 매듭 위를 따라가듯이 로프를 통과시킨다.

> **이런 경우에도 활용할 수 있다!**
>
> 이중 8자 매듭은 고리를 만들기 위한 매듭법으로 이 방법을 사용하면 로프를 물체에 묶을 수 있다. 튼튼하고 의지할 수 있어서 암벽 등반 시에 자주 사용된다.

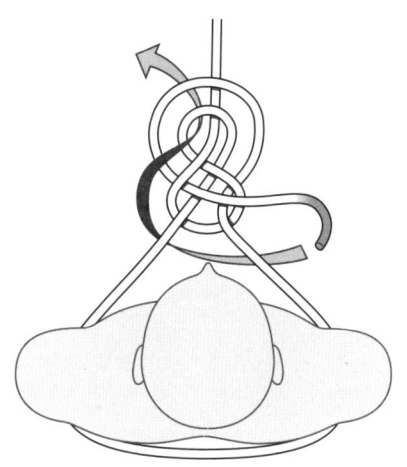

5 다시 로프를 그림과 같이 통과시킨다.

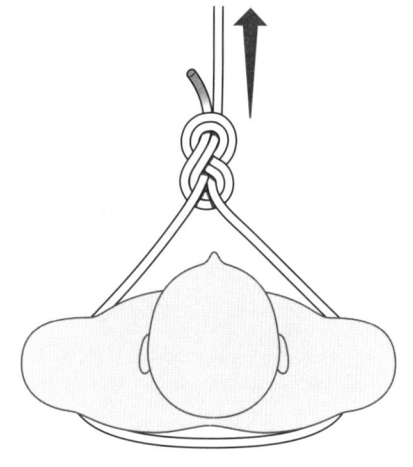

6 로프 원가닥을 당겨서 매듭을 단단히 조인다.

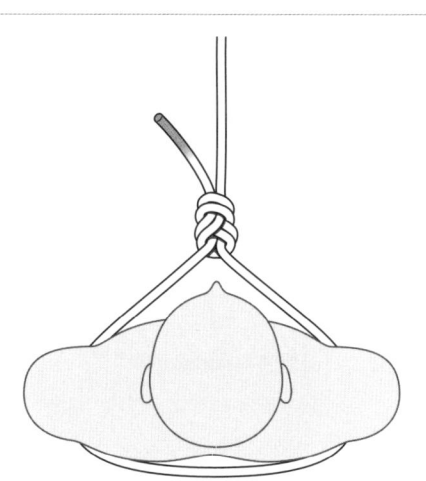

7 로프 끝 부분은 충분히 남긴다.

8 등산 시 위험 장소를 지날 경우에 사용하면 좋다.

몸에 로프 묶기 2
[걸상 매듭]

'걸상 매듭'(bowline on a bight)은 로프 중간에 고리 두 개가 생긴다. 등산 중에 로프 한 가닥에 몸을 묶어 행동할 때 중간에 있는 사람이 이 매듭을 사용한다.

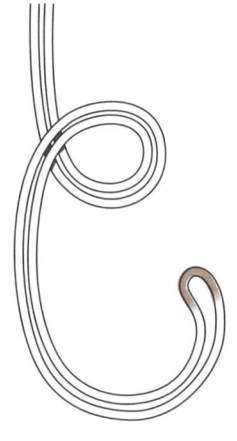

1 두 겹으로 접은 로프 중간에서 그림과 같은 고리를 만든다.

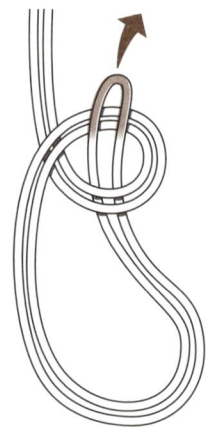

2 두 겹으로 접은 로프의 끝가닥을 ❶에서 만든 고리에 통과시킨다.

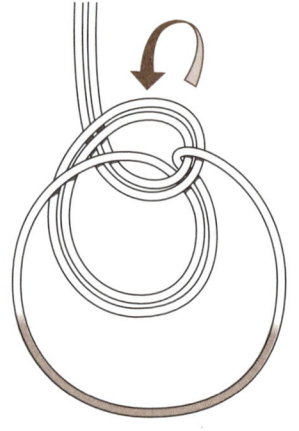

3 고리에 통과시킨 로프 끝가닥을 한 번 접어서 그림과 같이 펼친다.

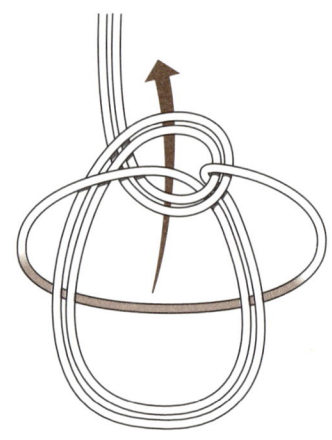

4 펼친 부분을 고리 두 개에 넣고 빼내서 뒤쪽으로 돌린다.

이런 경우에도 활용할 수 있다!

예전에는 구조 현장에서 사용되었다. 나뭇가지 등에 매달면 간이 그네로 변신해서 아이들의 놀이 기구가 되기도 한다.

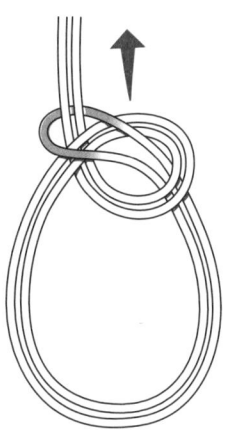

5 로프의 원가닥을 당겨서 매듭을 단단히 조인다.

6 고리의 크기는 조절할 수 있으며, 한쪽 고리를 크게 하면 다른 쪽 고리는 작아진다.

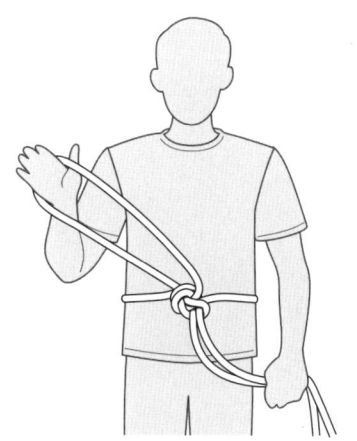

7 한쪽 고리를 허리에 돌려 감아서 크기를 조절한다.

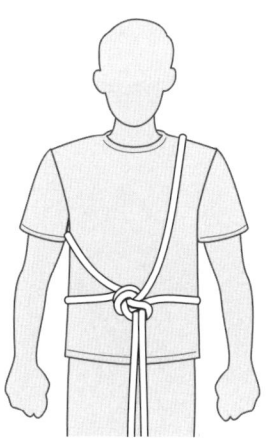

8 다른 쪽 고리를 어깨에 비스듬히 두른다. 그림과 같은 상태로 만들어서 묶는다.

몸에 로프 묶기 3

[변형 보라인 매듭]

'보라인 매듭'을 응용한 매듭법이 여러 가지가 있다. 몸에 묶을 때는 이 '보라인 매듭'을 사용한다.

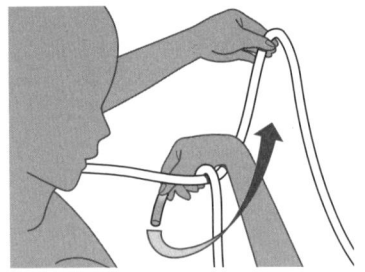

1 로프를 허리에 돌려 감는다. 몸 앞쪽에서 그림과 같이 위쪽 로프의 끝가닥을 쥐고 손목을 원가닥 부분에 감는다.

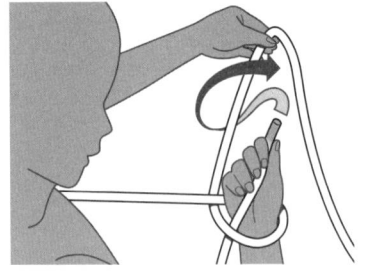

2 로프 끝가닥을 오른손으로 쥔 상태에서 손목을 펴고, 화살표 방향으로 끝가닥을 휘감는다.

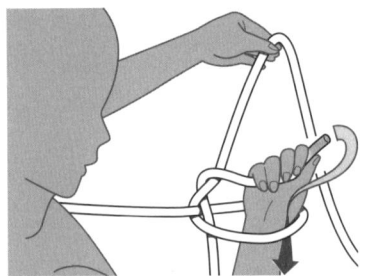

3 휘감은 끝가닥을 잡은 채로 고리 밑으로 손목을 빼낸다.

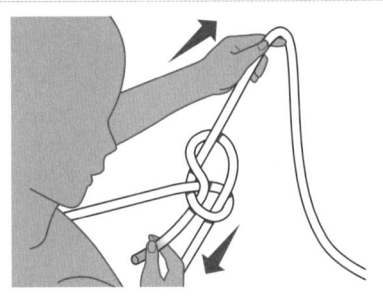

4 양끝을 당겨서 허리에 감은 로프 길이를 조절한다.

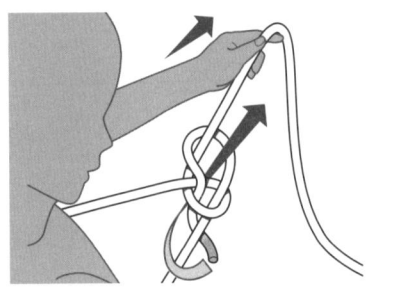

5 끝가닥을 화살표처럼 매듭 고리 사이로 통과시킨다.

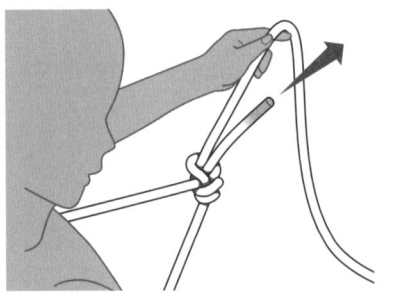

6 끝가닥을 잡아당겨서 매듭을 단단히 조인다.

로프 손잡이 만들기 1

[연속 8자 매듭]

'8자 매듭'(203쪽 참조)으로 매듭을 여러 개 만들면 줄사다리로 사용할 수 있다. 손잡이나 발걸이가 되는 매듭을 최대한 일정한 간격으로 만들어보자.

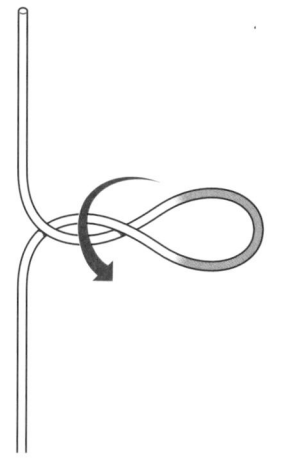

1 로프 중간을 그림과 같이 8자 모양으로 비틀어서 고리를 만든다.

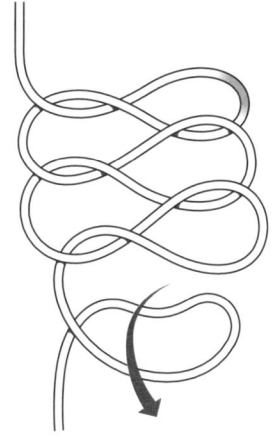

2 만들고 싶은 매듭 개수만큼 간격이 일정해지도록 로프를 8자 모양으로 비튼다.

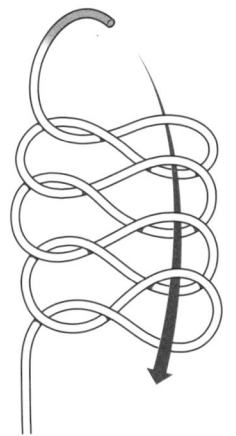

3 다 비틀면 그림과 같이 로프 끝가닥을 8자 모양의 고리 안에 통과시켜서 끝가닥과 원가닥을 잡아당긴다.

4 간격이 일정해지도록 주의하면서 매듭을 일일이 조인다.

로프 손잡이 만들기 2
[연속 옭매듭]

'연속 옭매듭'은 매우 간단하게 묶을 수 있다. 아이의 놀이 도구나 긴급 탈출용으로 주로 사용된다.

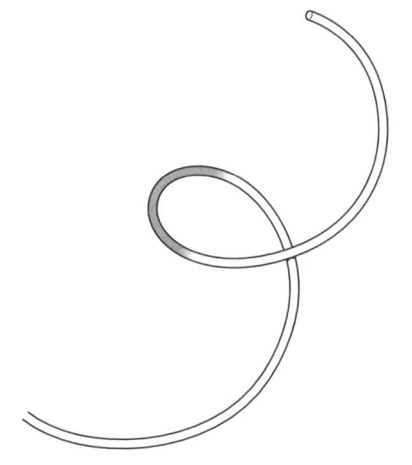

1 그림과 같이 로프를 감아서 고리를 만든다.

2 ❶과 마찬가지로 만들고 싶은 매듭 개수만큼 고리를 만든다.

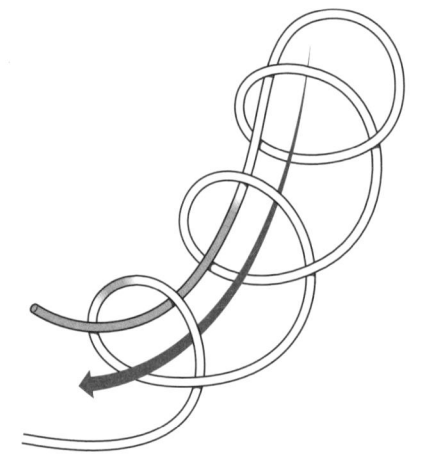

3 고리를 다 만들면 그림과 같이 로프 끝가닥을 고리 안에 통과시켜서 끝가닥과 원가닥을 당긴다.

4 간격이 일정해지도록 주의하면서 매듭을 일일이 조인다.

로프 손잡이 만들기 3

[인라인 8자 매듭]

'인라인 8자 매듭'은 로프 중간에 아래쪽을 향하는 고리를 만드는 매듭법이다. 줄사다리의 손잡이가 되는 고리는 크게 만들어서 발걸이로 사용할 수도 있다.

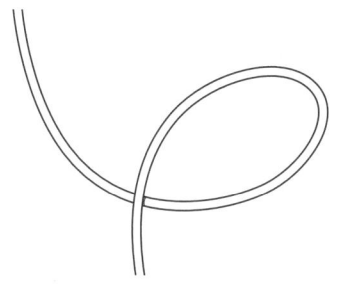

1 로프 중간에 고리를 만든다.

2 고리를 그림과 같이 빼낸다.

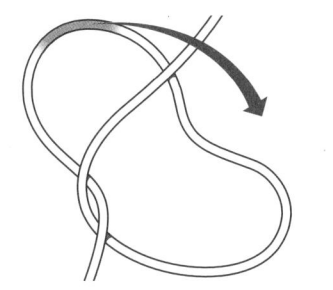

3 고리를 반쯤 빼낸 부분에서 앞쪽으로 접어 구부린다.

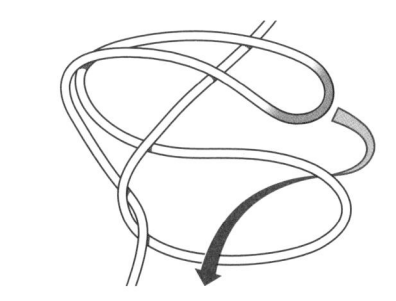

4 구부린 고리를 그림과 같이 통과시킨다.

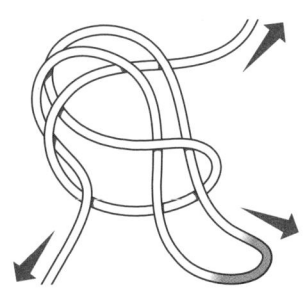

5 통과시킨 고리의 크기를 조절한다.

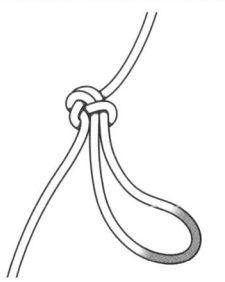

6 로프의 원가닥과 고리를 잡아당겨서 매듭을 조인다. 순서 ❶~❻을 반복해서 필요한 수만큼 매듭을 만든다.

위험 장소에 로프 설치하기 1
[클로브 히치+두 매듭]

위험한 장소에 로프를 칠 경우에는 클로브 히치로 묶은 뒤에 두 매듭을 더해서 강도를 높이면 좋다.

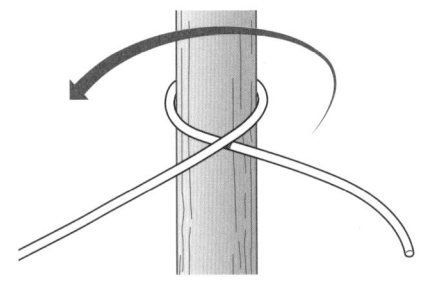

1 로프를 통나무에 돌려 감는다.

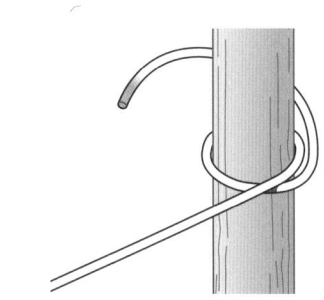

2 다시 한 번 로프를 돌려 감는다.

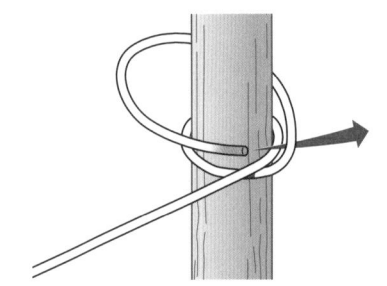

3 그림과 같은 방법으로 로프를 통과시킨다.

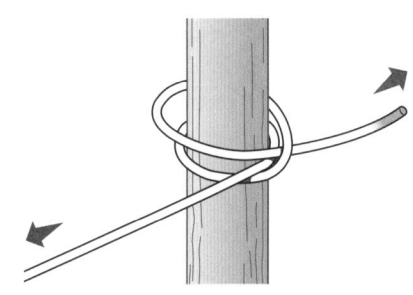

4 로프의 끝가닥과 원가닥을 당겨서 매듭을 조인 뒤 클로브 히치(202쪽 참조)로 묶는다.

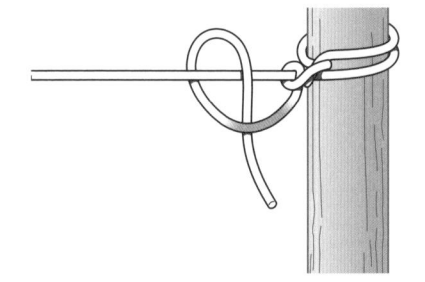

5 그림과 같이 한 매듭(200쪽 참조)을 두 번 반복한다.

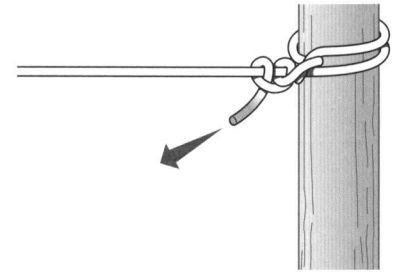

6 로프의 끝가닥과 원가닥을 단단히 조인다.

위험 장소에 로프 설치하기 2
[라운드 턴+두 매듭]

로프를 나무에 두 번 정도 돌려 감고 세게 잡아당긴 다음 두 매듭을 묶으면 로프를 팽팽하게 칠 수 있다.

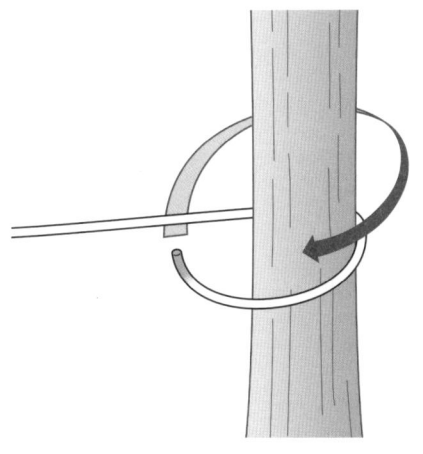

1 로프를 세게 당기면서 두 번 정도 돌려 감는다.
(라운드 턴)

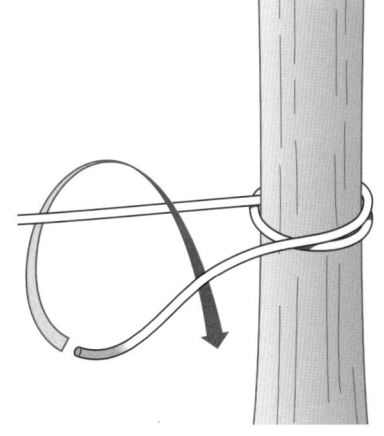

2 로프 끝가닥을 그림과 같이 통과시켜서 한 매듭(200쪽 참조)으로 묶는다.

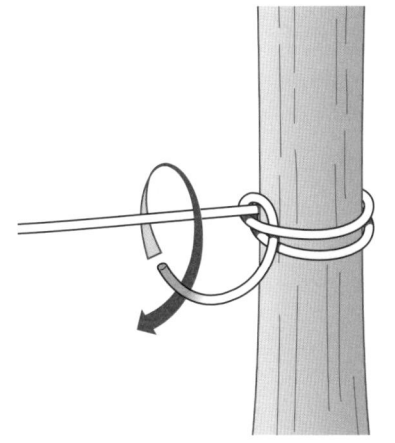

3 다시 한 번 끝가닥을 그림과 같이 통과시켜서 두 매듭(200쪽 참조)을 만든다.

4 끝가닥을 당겨서 매듭을 단단히 조인다.

위험 장소에 로프 설치하기 3
[거스 히치]

'피셔맨 매듭'(204쪽 참조)을 묶어서 고리 모양으로 만든 로프를 나무에 묶어 고정한다.
'거스 히치'(24쪽 참조)는 재빨리 묶을 수 있지만 하중이 가해지지 않으면 매듭이 느슨해진다.

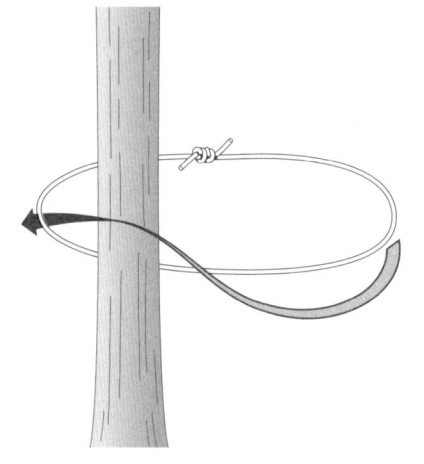

1 피셔맨 매듭(204쪽 참조)을 묶어서 고리 모양으로 만든 로프를 나무에 돌려 감는다.

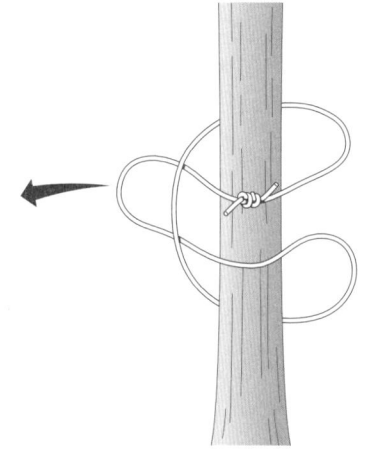

2 돌려 감은 로프의 끝을 한쪽 로프의 고리 안에 통과시킨다.

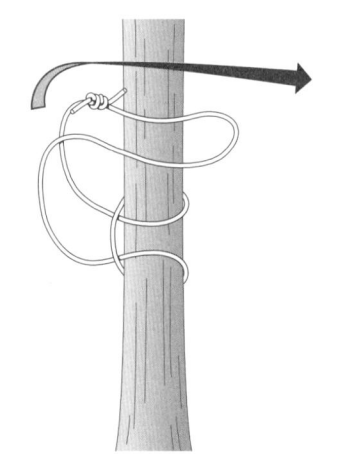

3 고리에 통과시킨 로프 끝을 그림과 같이 한 번 접어서 잡아당긴다.

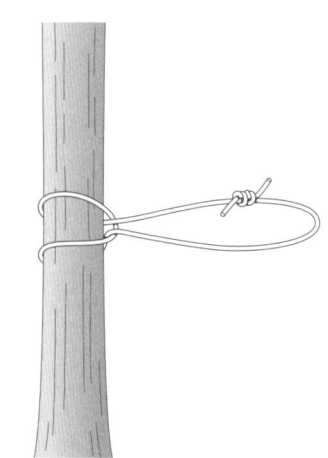

4 로프에 하중이 가해지면 매듭이 조여진다.

위험 장소에 로프 설치하기 4

[이중 8자 매듭]

'이중 8자 매듭'(203쪽 참조)은 쉽게 묶을 수 있고 강도도 높아서 로프를 위험 장소에 로프를 치거나 카라비너에 걸 때 사용할 수 있다.

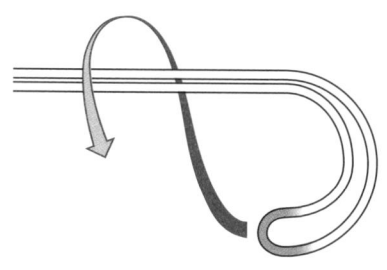

1 한 번 접은 로프를 그림과 같이 감는다.

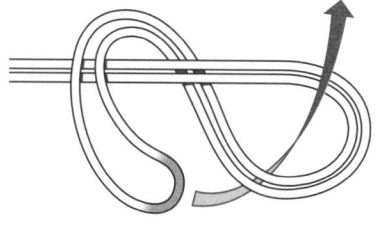

2 로프 끝가닥을 8자를 그리듯이 감아서 고리에 통과시킨다.

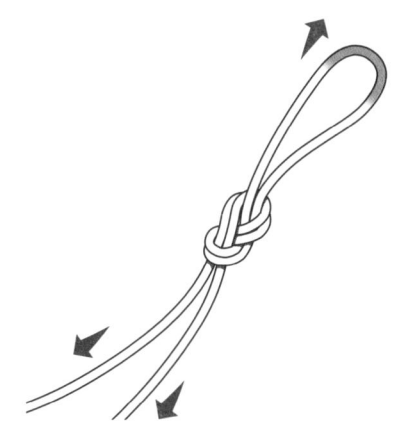

3 로프의 끝가닥과 원가닥을 당겨서 매듭을 조인다.

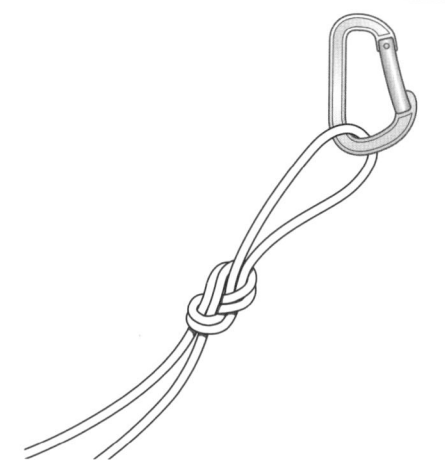

4 카라비너나 그루터기, 바위 등 강도가 센 장소에 로프를 건다.

로프를 사용해서 등반 및 하강하기 1

[프루지크 매듭]

'프루지크 매듭'(prusik knot)은 부하가 걸리지 않을 때는 매듭이 움직이고 부하가 걸릴 때는 멈춘다.

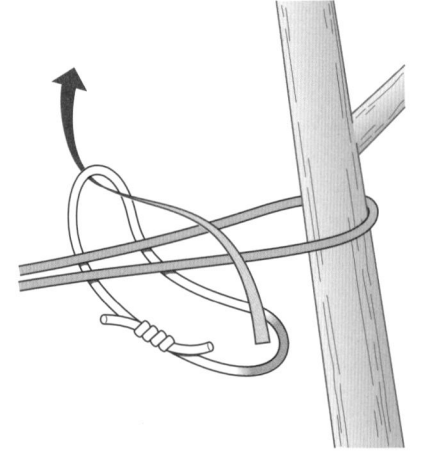

1 나무에 친 로프에 로프 슬링(72쪽 참조)을 그림과 같이 통과시킨다.

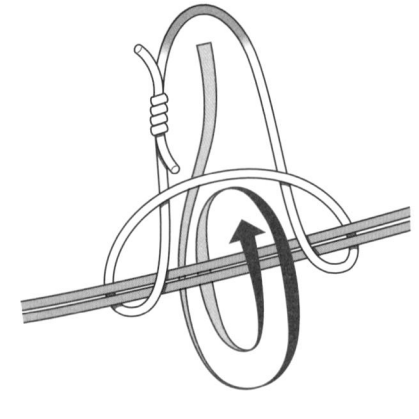

2 다시 2~3회 돌려 감는다.

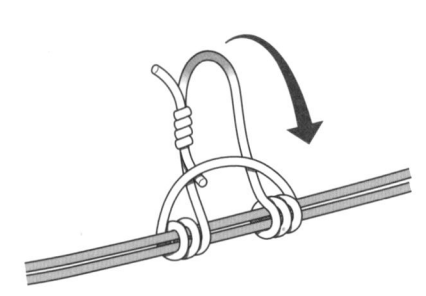

3 돌려 감은 로프의 끝 부분을 당겨서 매듭을 조인다.

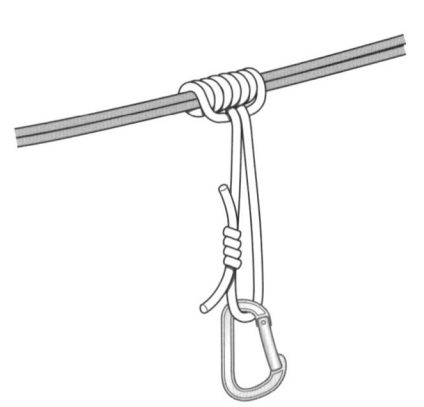

4 그림과 같은 모양이 되면 몸에 장착한 안전벨트의 카라비너를 고리 부분에 걸고 오르내린다.

로프를 사용해서 등반 및 하강하기 2
[클렘하이스트 매듭]

'클렘하이스트 매듭'(klemheist knot)은 '프루지크 매듭'과 마찬가지로 부하가 걸리지 않을 때는 매듭이 움직이고 부하가 걸리면 매듭이 멈춘다.

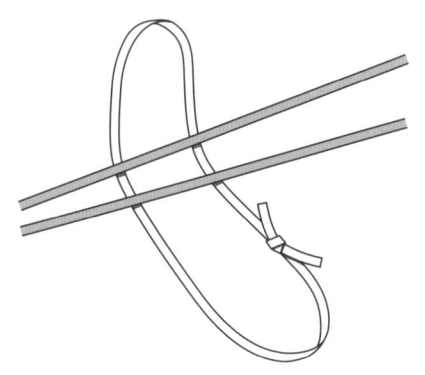

1 나무에 친 로프에 테이프 슬링(69쪽 참조)을 건다.

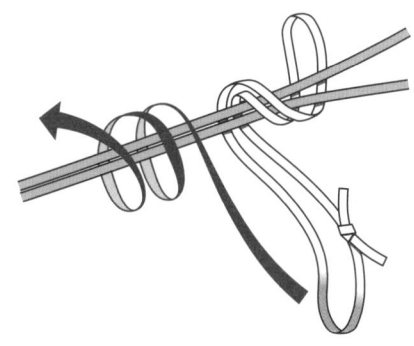

2 테이프를 그림과 같이 3~4회 돌려 감는다.

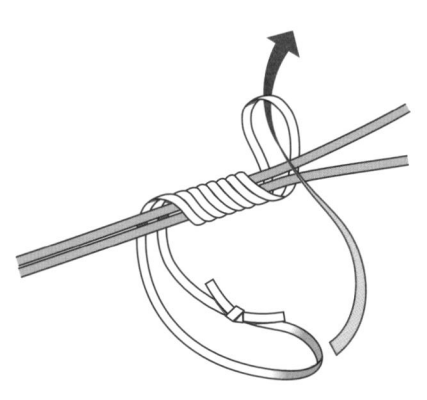

3 돌려 감은 테이프 끝을 반대쪽 끝의 고리에 통과시킨다.

4 통과시킨 테이프 끝을 그림과 같이 당겨서 매듭을 조인다. 고리 부분에 카라비너를 건다.

현수 하강하기

[어깨걸이 현수 하강]

'현수 하강'*은 나무 등에 건 로프를 몸에 돌려 감고 경사면을 내려가는 방법이다. 로프와 몸의 마찰을 이용해서 조금씩 내려간다.

* 듈퍼지츠 또는 S자 하강이라고도 한다.

1 로프를 나무에 건 뒤 왼손으로 로프를 잡고 다리 사이에 끼운다.

2 몸 뒤쪽의 로프를 오른손으로 잡고 앞쪽으로 가져온다.

3 앞쪽으로 가져온 로프를 왼손으로 잡고 아래쪽으로 뽑은 로프를 왼쪽 어깨에 두른다.

4 왼손으로 앞쪽 로프를 잡고 오른손으로 뒤쪽의 로프를 잡아서 조금씩 움직이면서 내려간다. 로프의 마찰에 주의하면서 균형을 잡는다.

로프 두 가닥 연결하기

[옭매듭 잇기]

현수 하강 시와 같이 로프 한 가닥으로는 길이가 부족할 경우 이 매듭법으로 로프 두 가닥을 잇는다.

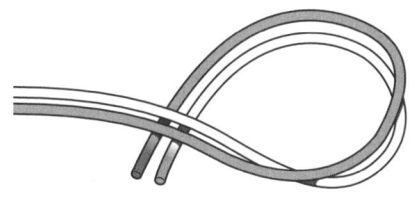

1 로프 두 가닥을 겹쳐서 그림과 같이 고리를 만든다.

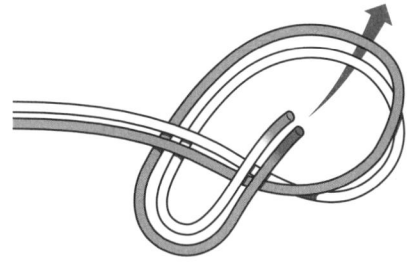

2 로프 두 가닥의 끝가닥을 고리에 통과시킨다.

3 끝가닥과 원가닥을 잡아당겨서 매듭을 조인다.

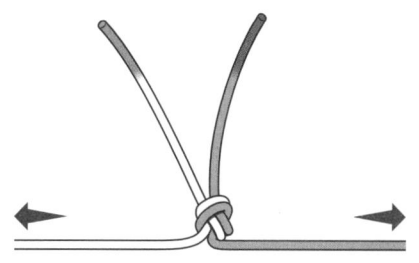

4 로프 두 가닥의 원가닥을 그림과 같이 잡고 잡아당겨서 매듭을 더욱 단단히 조인다.

매듭법 메모 2

로프 다발을 등에 메는 방법

등산에 쓰이는 긴 로프는 다발을 그대로 어깨에 멜 수 있다.
속력을 내서 움직이고 싶을 때 기억해두면 편리하다.

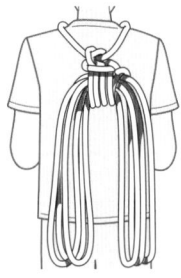

1 다발로 묶은 긴 로프(218쪽 참조)의 양끝을 길게 남겨서 등에 멘다.

2 로프 양끝을 어깨에 건 뒤 가슴 부근에서 교차시킨다.

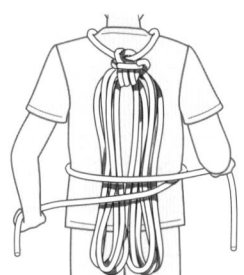

3 교차시킨 로프를 그림과 같이 등 쪽으로 돌린다.

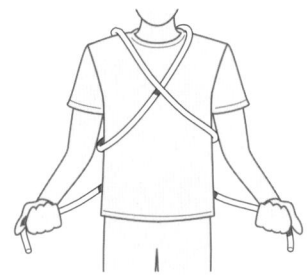

4 로프의 양끝을 앞쪽으로 가져온다.

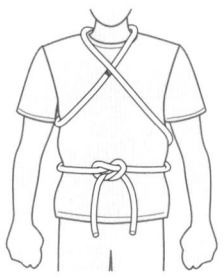

5 사각 매듭(205쪽 참조)으로 고정한다.

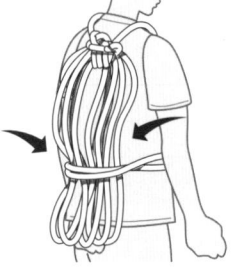

6 그림과 같이 등과 로프 사이에 틈을 벌려 놓아야 균형이 잡힌다.

FISHING 낚시

낚시에서 말하는 매듭법은 이른바 '낚시 장치 만들기'를 의미한다. 3장에서는 낚싯줄을 바늘에 묶는 방법이나 낚싯줄끼리 묶는 방법 등 낚시 초보자가 가장 먼저 익혀야 할 기본적인 '낚시 장치 만들기'에 대해 소개한다.

낚싯줄끼리 묶기
102쪽 103쪽 104쪽 105쪽 106쪽 108쪽

굵기가 다른 낚싯줄 묶기 109쪽

낚싯바늘에 줄 묶기
94쪽 95쪽 96쪽 97쪽

루어에 낚싯줄 묶기
116쪽 117쪽 118쪽 119쪽

낚싯바늘에 줄 묶기 1

[바깥 돌리기]

'바깥 돌리기'는 낚싯줄을 바늘에 묶을 때 가장 먼저 배우는 방법이다. 또 낚시 용어 중 '목줄'이란 낚싯줄을 바늘에 묶는 것을 말한다.

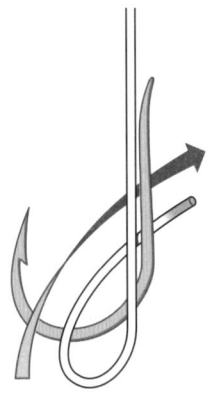

1 바늘을 따라 낚싯줄을 접어서 고리를 만든다.

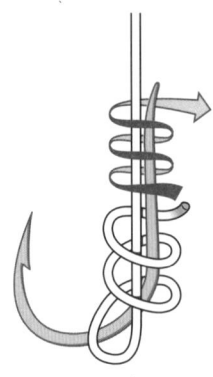

2 ❶에서 만든 고리를 눌러 잡고 바늘과 낚싯줄을 함께 4~6회 감는다.

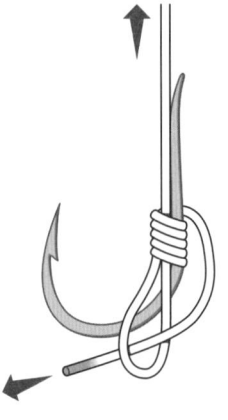

3 줄 끝을 ❶에서 만든 고리에 통과시킨다.

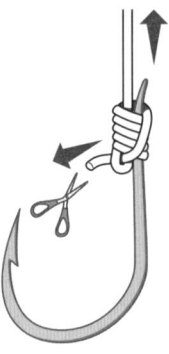

4 끝이 그림처럼 바늘 안쪽에서 나오게 정리하면서 본선 부분을 당겨 매듭을 조인다. 끝의 여분은 자른다.

낚싯바늘에 줄 묶기 2
[안 돌리기]

'안 돌리기'는 '바깥 돌리기'(94쪽 참조)와 마찬가지로 대중적이며 믿을 수 있는 매듭법이다. 어떤 낚싯바늘에도 묶을 수 있다.

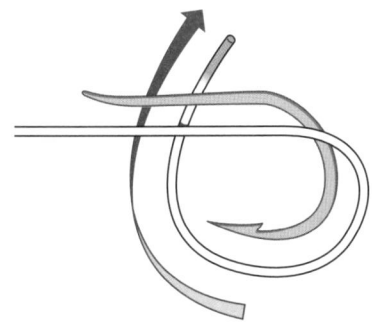

1 낚싯줄은 그림과 같이 바늘을 따라 고리를 만든다.

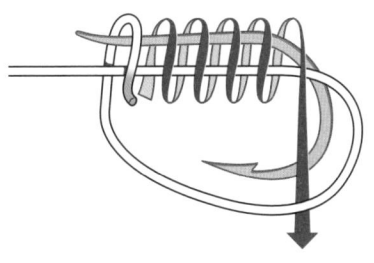

2 그림과 같이 바늘과 낚싯줄을 함께 4~6회 감는다.

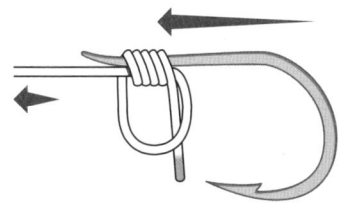

3 낚싯줄의 본선을 천천히 당겨서 매듭을 조인다.

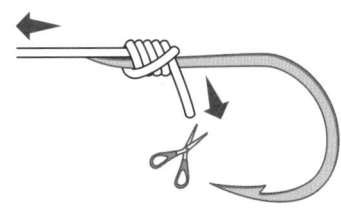

4 줄 끝이 바늘 안쪽에서 나오게 정리하면서 매듭을 조인다. 끝의 여분은 자른다.

낚싯바늘에 줄 묶기 3

[어부 매듭(완전 매듭)]

옛날부터 어부들이 사용하던 매듭법이다. 언뜻 복잡해 보이지만 익숙해지면 낚싯줄을 재빨리 바늘에 묶을 수 있다.

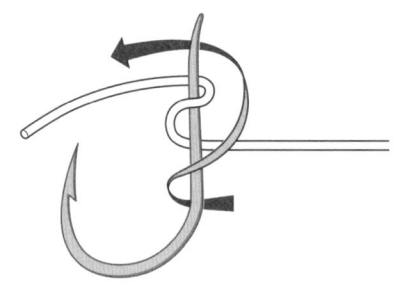

1 낚싯줄을 바늘목 부분에 감는다.

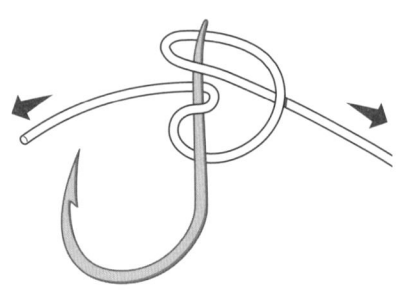

2 낚싯줄의 본선으로 고리를 만들어 바늘에 걸고, 본선과 끝 부분을 당겨서 꽉 조인다.

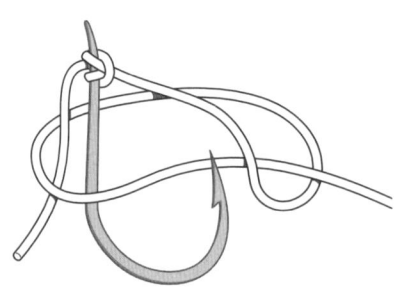

3 다시 낚싯줄의 본선으로 고리를 만들어서 그림과 같이 통과시킨다.

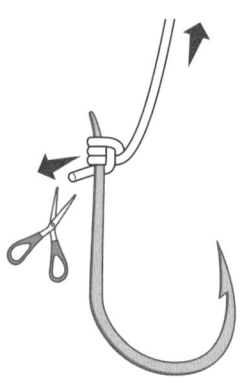

4 끝과 본선을 천천히 잡아당겨서 매듭을 조인다. 끝의 여분은 자른다.

낚싯바늘에 줄 묶기 4

[손가락 돌려 묶기(핑거 노트)]

'손가락 돌려 묶기'는 줄 끝을 당겨서 조이는 매듭법이다. 낚싯줄 본선이 수축될 걱정이 없어서 주로 가는 줄을 사용할 때 많이 활용한다.

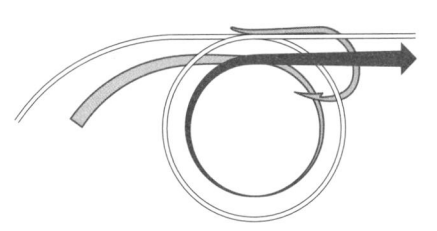

1 그림과 같이 바늘을 따라 고리를 만든다.

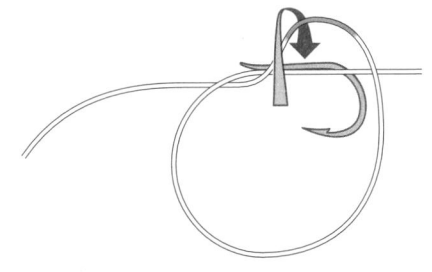

2 고리를 잡고 낚싯줄 끝과 바늘허리를 함께 돌려 감는다.

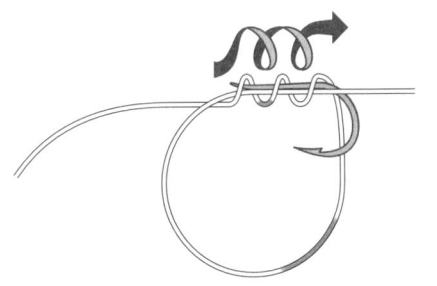

3 먼저 낚싯줄을 바늘 방향으로 두 번 감는다.

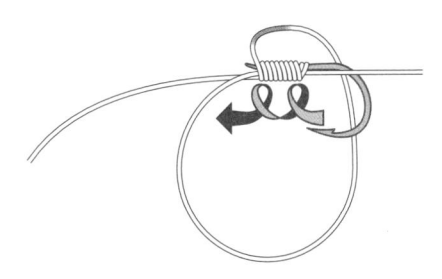

4 그런 다음 본선 방향으로 7~8회 감는다.

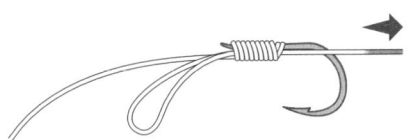

5 감은 부분을 손가락으로 누르면서 끝을 빼낸다.

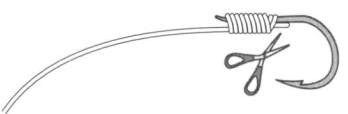

6 낚싯줄이 바늘 안쪽에서 나오게 정리해서 고정한다. 끝의 여분은 자른다.

연결 도구 묶기 1

[클린치 노트]

간단하게 묶을 수 있는 '클린치 노트'(clinch knot)는 낚시 외의 분야에서도 쓰이는 매듭법이다. 낚싯줄을 연결 도구나 루어에 묶을 때 사용한다.

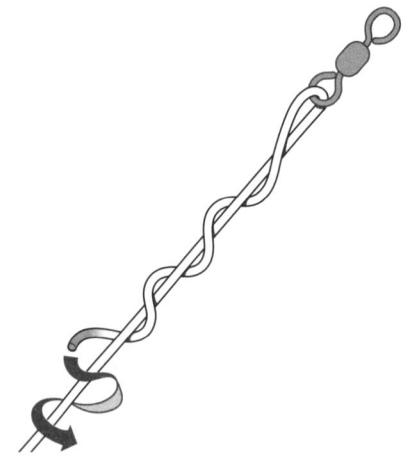

1 낚싯줄을 도래 등의 연결 도구에 끼워서 끝을 본선에 3~5회 감는다.

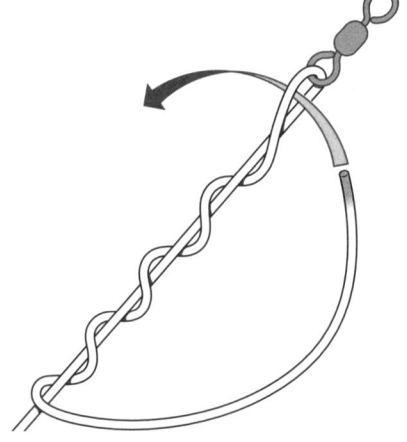

2 본선에 감은 낚싯줄 끝을 그림과 같이 고리에 통과시킨다.

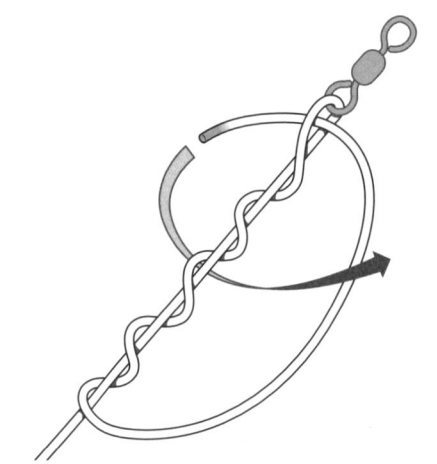

3 끝을 ❷에서 만들어진 고리 안에 통과시킨다.

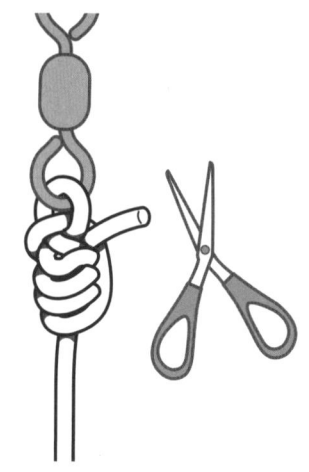

4 낚싯줄 끝과 본선을 당겨서 매듭을 조인다. 끝의 여분은 자른다.

연결 도구 묶기 2

[더블 클린치 노트]

튼튼한 '더블 클린치 노트'는 '클린치 노트'(98쪽 참조)와 마찬가지로 낚싯줄을 연결 도구나 루어에 묶을 때 주로 사용한다.

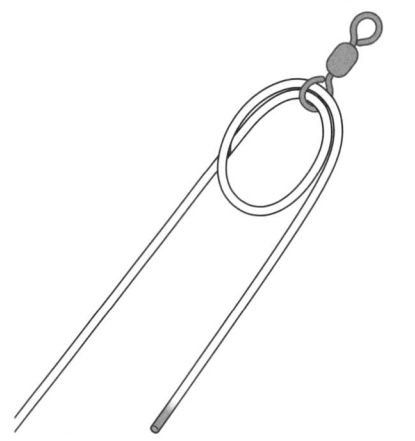

1 낚싯줄을 연결 도구에 두 번 끼워서 고리를 만든다.

2 줄 끝을 본선에 다섯 번 정도 감는다.

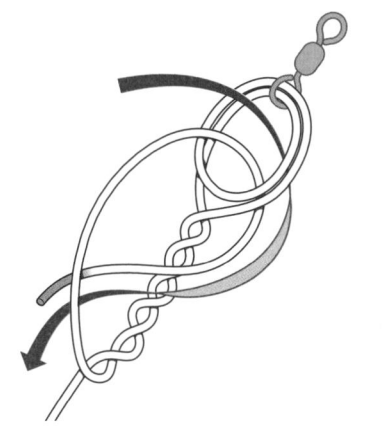

3 끝을 ❶에서 만든 고리에 통과시키고 새로 생긴 큰 고리에도 통과시킨다.

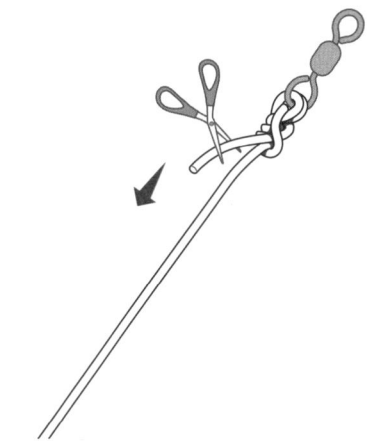

4 원가닥과 끝을 당겨서 매듭을 단단히 조인다. 끝의 여분은 자른다.

연결 도구 묶기 3

[팔로마 노트]

'팔로마 노트'(palomar knot)는 강도가 높고 쉽게 묶을 수 있어서 낚싯줄을 연결 도구나 루어에 묶을 때 사용한다.

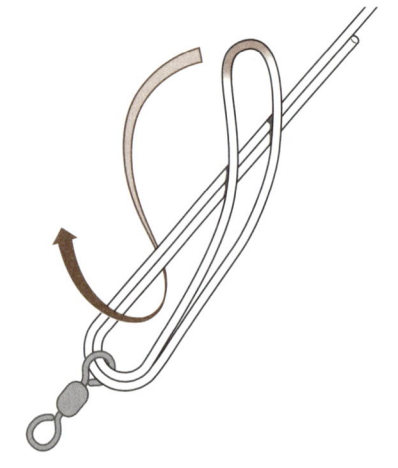

1 낚싯줄을 한 번 접은 뒤 연결 도구에 통과시킨다. 다시 낚싯줄의 접은 부분을 그림과 같이 통과시킨다.

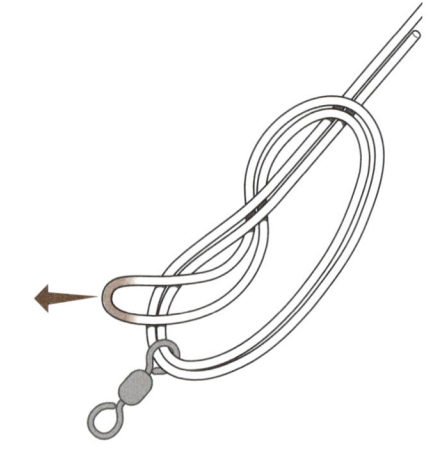

2 접은 부분을 빼낸다.

3 접은 부분을 연결 도구에 통과시킨다.

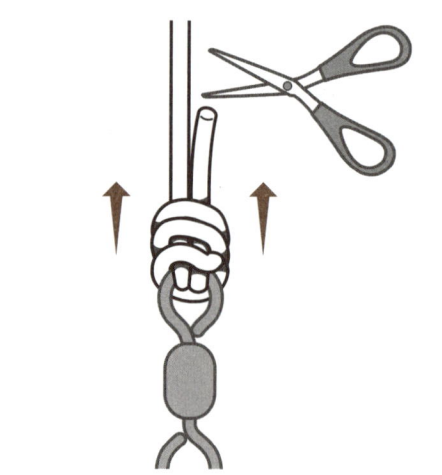

4 끝과 본선을 같은 방향으로 잡아당겨서 매듭을 조인다. 끝의 여분은 자른다.

연결 도구 묶기 4

[도래 묶기]

낚싯줄 끝에 '이중 8자 매듭'으로 고리를 만들고 '거스 히치'로 도래에 묶어 고정한다. 낚시 세계에서는 이 방법을 '도래 묶기'라고 부른다.

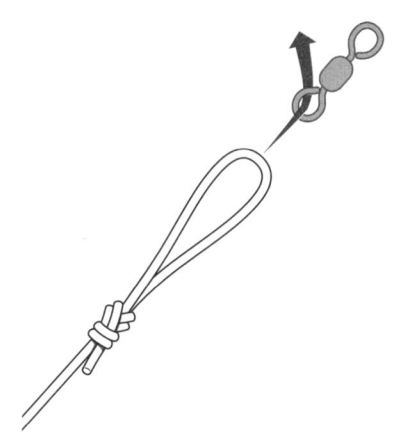

1 이중 8자 매듭(203쪽 참조)으로 낚싯줄 끝에 만든 고리를 도래 구멍에 통과시킨다.

2 통과시킨 고리를 펼쳐서 고리 안으로 도래를 빼낸다.

3 그대로 낚싯줄 본선을 잡아당겨서 거스 히치(24쪽 참조)로 묶는다.

4 매듭을 조인다.

낚싯줄끼리 묶기 1

[유니 노트]

'유니 노트'(uni knot)는 매듭법이 상당히 간단해서 낚시에서 루어나 연결 도구를 장착할 때 사용하는 대표적인 매듭법이다. '더블 유니 노트', '기차 매듭', '피셔맨 매듭'이라고도 한다.

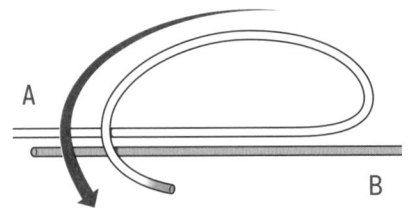

1 낚싯줄 두 개를 합치듯이 나란히 놓고 A에서 고리를 만든다.

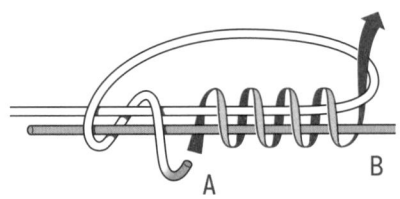

2 고리를 만든 A의 끝을 그림과 같이 4~5회 정도 감는다.

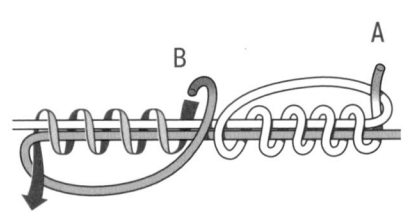

3 B의 끝에서도 고리를 만들어 ❷와 같은 방법으로 4~5회 감는다.

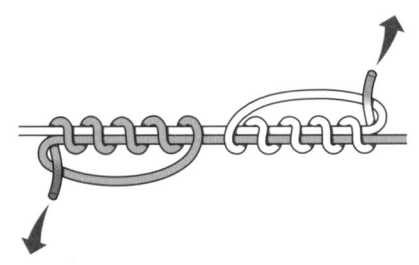

4 A와 B의 끝을 잡아당겨서 매듭을 조인다.

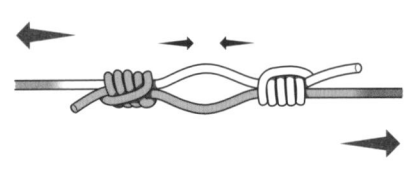

5 A와 B의 본선을 잡아당겨서 매듭 두 개를 한데 모은다.

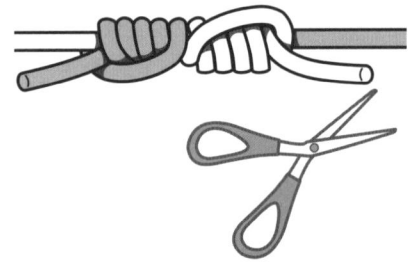

6 그림과 같이 매듭을 단단히 조인 뒤 각각의 여분을 자른다.

낚싯줄끼리 묶기 2

[블러드 노트]

'블러드 노트'(blood knot)는 굵기와 소재가 같은 낚싯줄끼리 묶을 때 적합하다. 낚싯줄끼리 똑바로 묶을 수 있어서 매듭 크기도 작다.

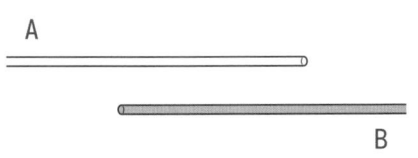

1 낚싯줄 두 가닥을 합치듯이 나란히 놓는다.

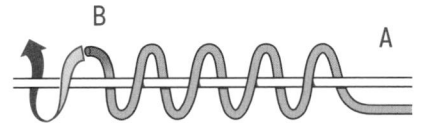

2 B를 A에 4~6회 정도 감는다.

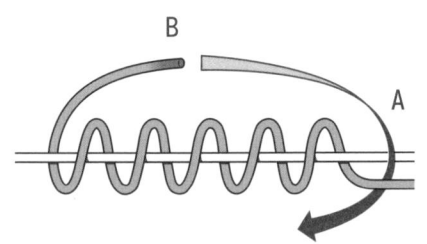

3 B의 끝을 그림과 같이 통과시킨다.

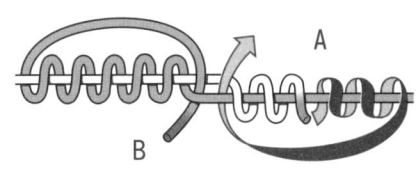

4 A도 같은 방법으로 만든다.

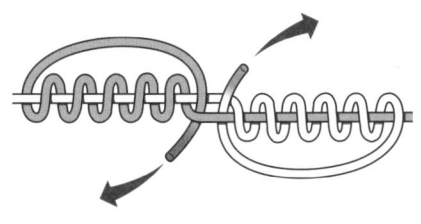

5 A와 B의 끝을 잡아당겨서 매듭을 조인다.

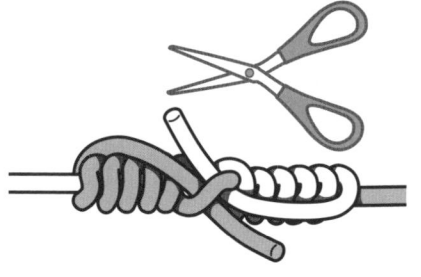

6 매듭을 단단히 조인 뒤 각각의 여분을 자른다.

낚싯줄끼리 묶기 3

[피셔맨 매듭]

PE 라인(릴줄)과 쇼크 리더(목줄)를 묶을 때 주로 사용된다. '유니 노트'(102쪽 참조)와 '클린치 노트'(98쪽 참조)를 합친 매듭으로 '피셔맨 매듭'이라고 불린다.

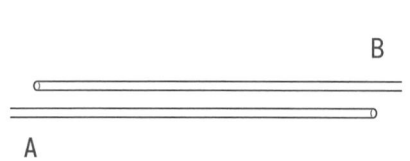

1 낚싯줄 두 가닥을 합치듯이 나란히 놓는다.

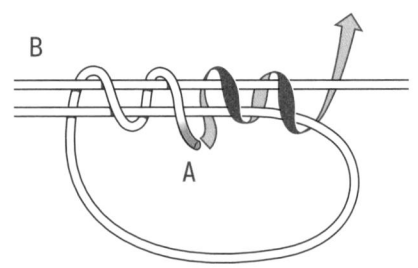

2 A의 끝을 꺾어서 본선에서 4~5회 감는다.

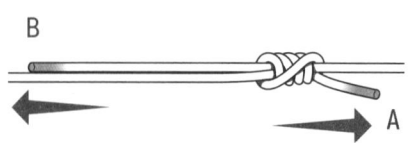

3 A의 본선과 끝을 당겨서 매듭을 조인다. (유니 노트)

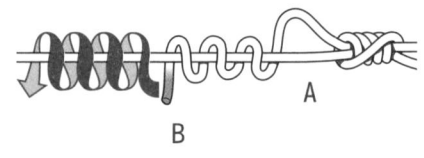

4 B를 그림과 같이 A에 6~7회 감는다.

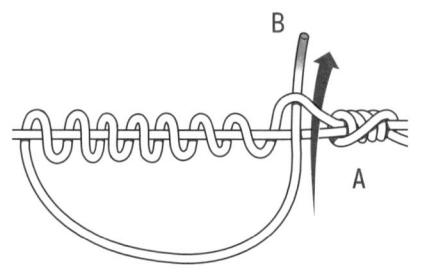

5 B의 끝을 꺾어서 처음에 만들어진 고리에 통과시켜서 매듭을 조인다.

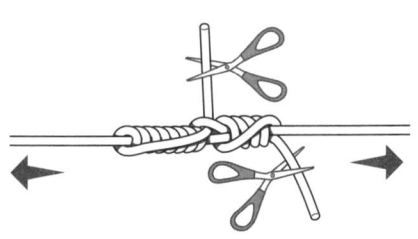

6 A와 B의 본선을 단단히 조인 뒤 각각의 여분을 자른다.

낚싯줄끼리 묶기 4

[삼중 8자 매듭]

'삼중 8자 매듭'(triple eight knot)은 빠르게 묶을 수 있고 강도도 높은 매듭법이다. '시가 노트'(seaguar knot)라는 이름으로도 불린다.

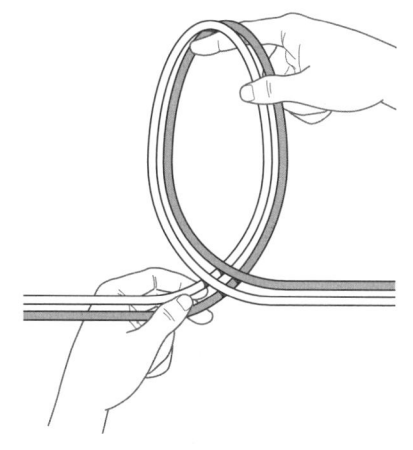

1 낚싯줄 두 가닥을 겹쳐서 고리를 만들고 그림과 같이 손으로 눌러 잡는다.

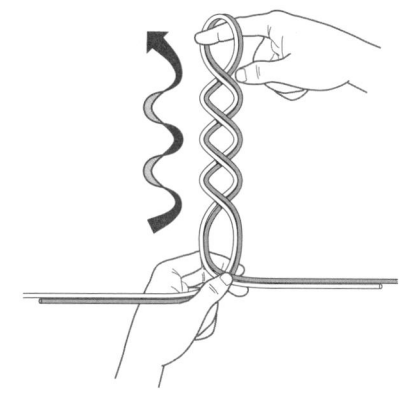

2 고리에 집게손가락을 걸고 3회 비튼다.

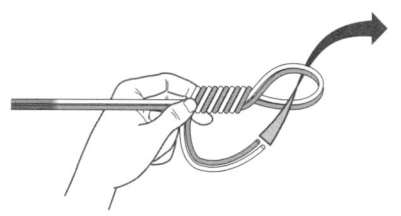

3 비틀어서 만들어진 고리에 낚싯줄 두 가닥의 끝을 통과시킨다.

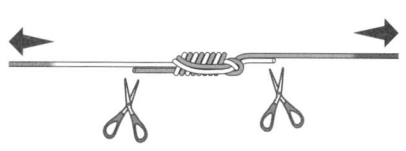

4 양쪽에서 줄을 잡아당겨서 매듭을 조인다. 각 낚싯줄 끝의 여분은 자른다.

낚싯줄끼리 묶기 5

[FG 노트]

PE 라인과 소재가 다른 목줄을 서로 묶을 때에는 'FG 노트'가 적합하다. 강도가 높아서 큰 물고기를 낚을 때 사용한다.

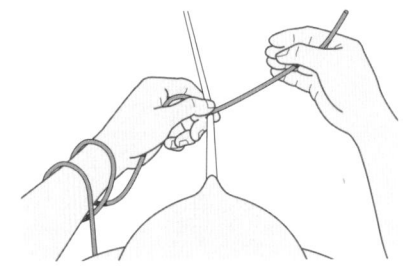

1 PE 라인을 입에 물고 목줄은 팔에 감아 놓는다.

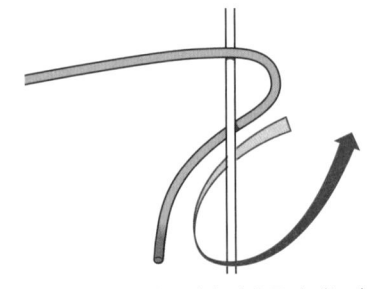

2 목줄을 PE 라인에 그림과 같이 돌려 감는다.

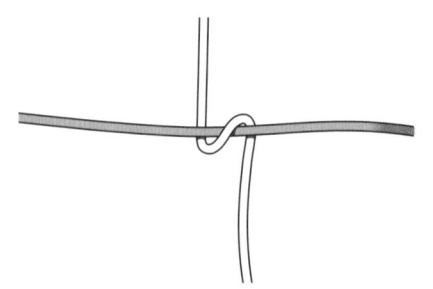

3 돌려 감으면 그림과 같은 상태가 된다.

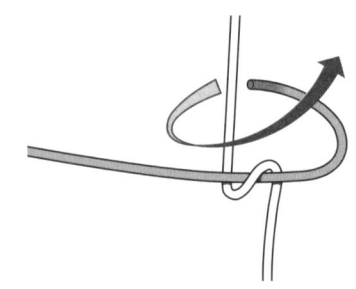

4 끝을 그림과 같이 다시 한 번 돌려 감는다.

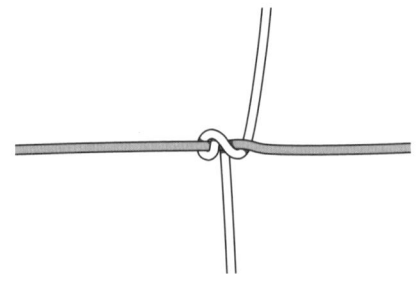

5 돌려 감으면 그림과 같은 상태가 된다.

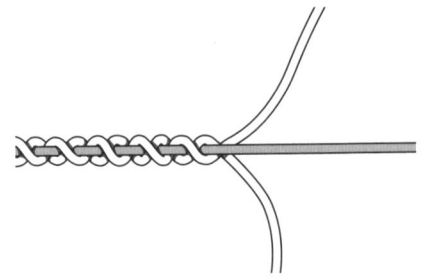

6 ❷~❺의 과정을 10~15회 반복한다.

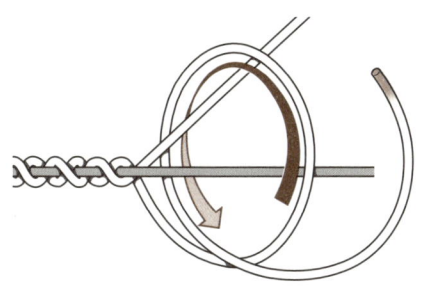

7 입에 물고 있던 PE 라인 끝을 감아서 한 매듭(200쪽 참조)으로 묶어 임시 고정한다.

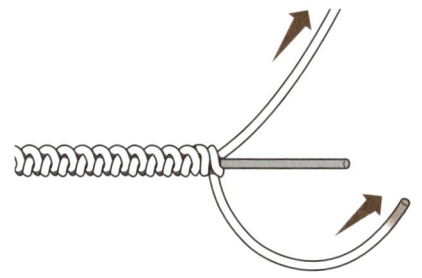

8 PE 라인을 촉촉하게 하면서 줄 끝과 본선을 당겨 매듭을 조인다.

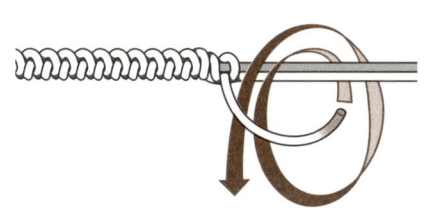

9 보강을 위해 한 매듭을 반복한다.

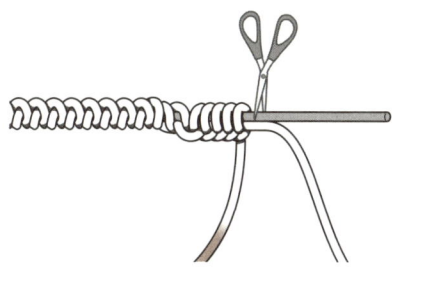

10 ❾와 같이 한 매듭을 5~10회 반복한 뒤 PE 라인 매듭에서 나온 여분을 자른다.

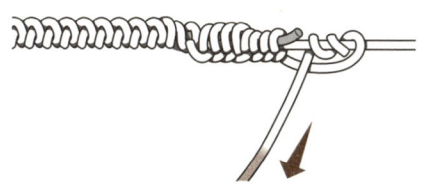

11 마지막으로 PE 라인을 그림과 같이 묶어서 조인다.

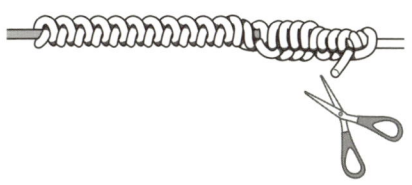

12 PE 라인 끝의 여분을 자른다.

낚싯줄끼리 묶기 6

[SF 노트]

매듭 두께가 가늘어서 가이드에 쉽게 통과하는 'SF 노트'는 PE 라인과 소재가 다른 목줄을 서로 묶어서 만든다. 'FG 노트'(106쪽 참조)에 비하면 강도는 떨어지지만 빨리 묶을 수 있다.

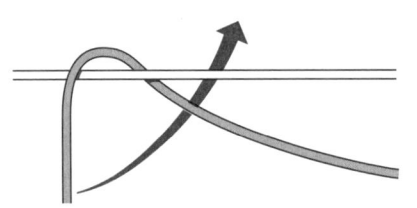

1 PE 라인을 목줄에 감는다.

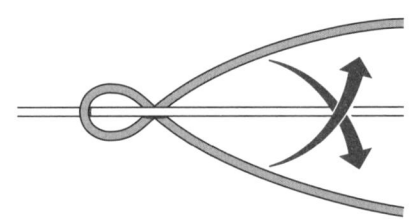

2 PE 라인의 양끝을 교차하듯이 번갈아 감는다.

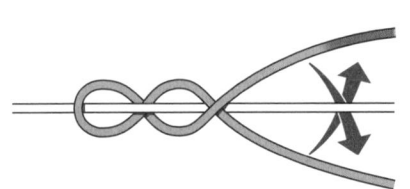

3 감는 횟수는 10회 전후로 한다.

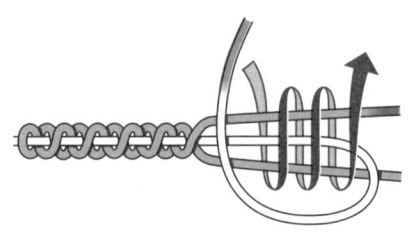

4 목줄의 끝을 PE 라인을 감아 놓은 부분에 유니 노트(102쪽 참조)로 3회 정도 감는다.

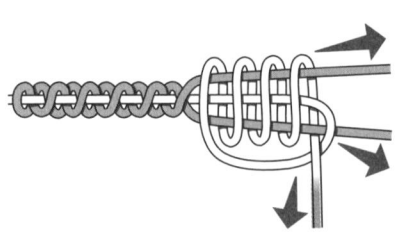

5 PE 라인의 양끝과 목줄의 끝을 잡아당겨서 매듭을 조인다.

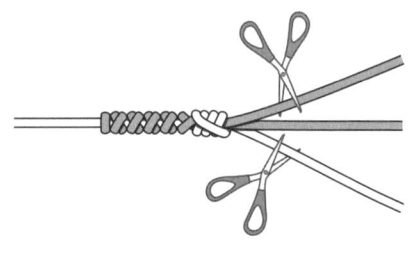

6 PE 라인과 목줄 끝의 여분은 자른다.

굵기가 다른 낚싯줄 묶기

[올브라이트 노트]

PE 라인과 굵기가 다른 목줄을 서로 묶을 때는 '올브라이트 노트'(albright knot)가 적합하다. 내구성이 뛰어난 매듭이다.

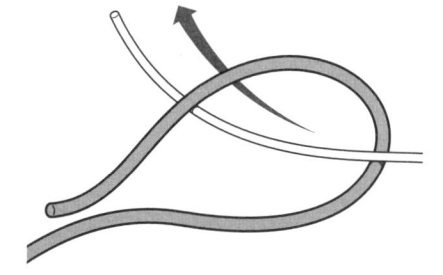

1 목줄로 고리를 만든 뒤 PE 라인을 고리에 통과시킨다.

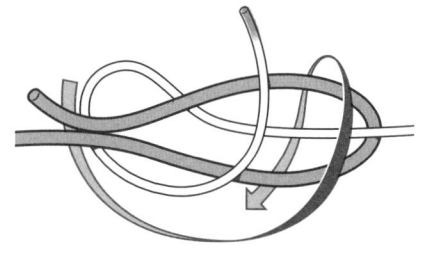

2 고리 시작 부분을 눌러 잡고 목줄을 PE 라인으로 감싸듯이 감는다.

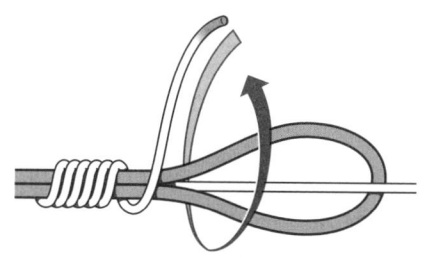

3 7~8회 정도 단단히 감는다.

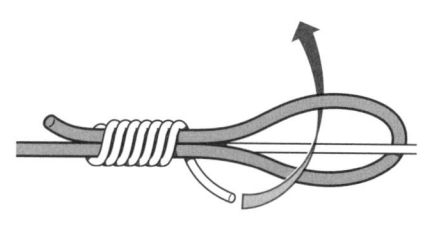

4 다 감은 뒤에 PE 라인 끝을 고리에 통과시킨다.

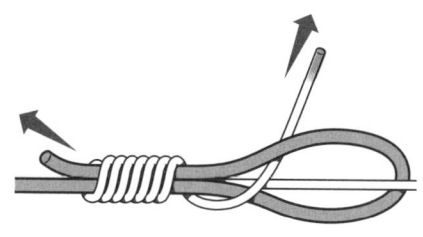

5 각 줄의 끝과 본선을 당겨서 매듭을 단단히 조인다.

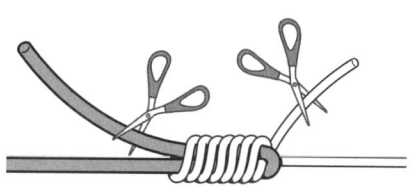

6 끝의 여분을 자른다.

낚싯줄과 목줄 직결하기

[PR 노트]

이 매듭은 PE 라인과 목줄을 직결하는 방법이다. 강도가 높아서 바다낚시에서 주로 쓰인다.

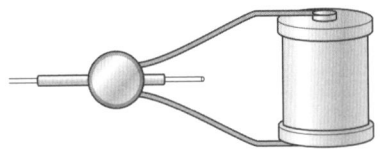

1 PR 노트 전용 보빈을 준비한다.

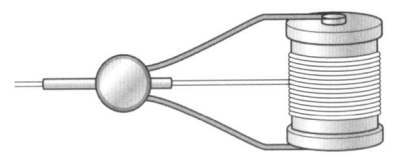

2 PE 라인을 20~25회 감는다.

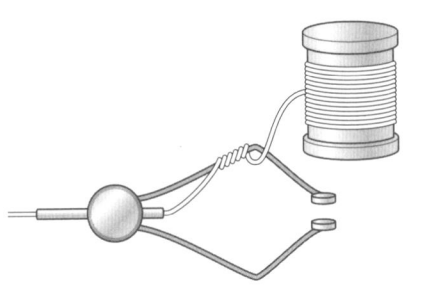

3 PE 라인을 보빈 알람에 5~6회 감는다.

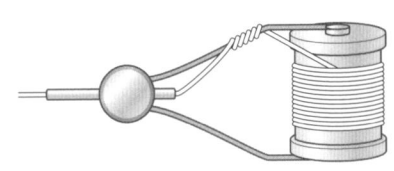

4 보빈 알람을 그림과 같이 장착한다.

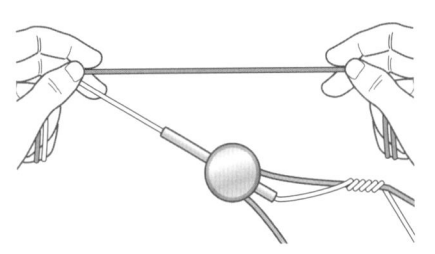

5 PE 라인과 목줄 끝을 왼손으로 2~3회 감는다.

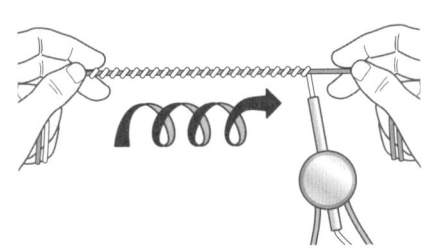

6 보빈을 안쪽에서 바깥쪽으로 돌려서 PE 라인을 목줄에 7~10센티미터 정도 감는다.

※ 낚시 내용에 맞춰서 PE 라인을 적절한 길이로 감는다. 초보자는 짧은 편이 좋다.

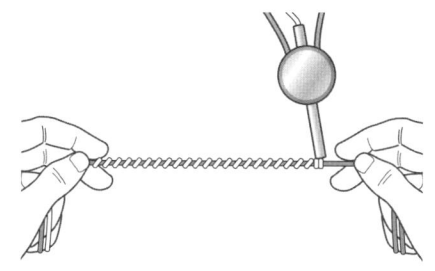

7 매듭 뭉치를 만들듯이 반대 방향으로 2~3회 감는다.

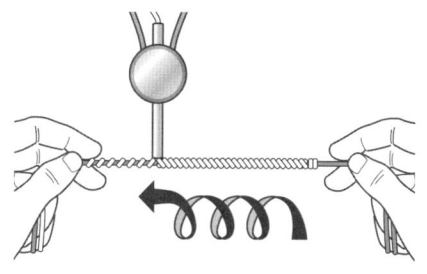

8 다시 보빈을 안쪽에서 바깥쪽으로 돌려서 PE 라인을 반대 방향으로 0.5~1센티미터 정도 길게 감는다.

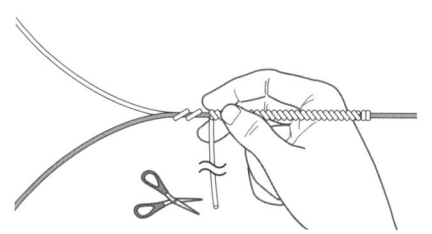

9 다 감은 뒤에 PE 라인을 10센티미터 정도 남기고 자른다.

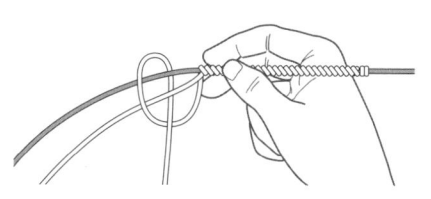

10 그림과 같이 PE 라인에서 한 매듭(200쪽 참조)을 묶는다.

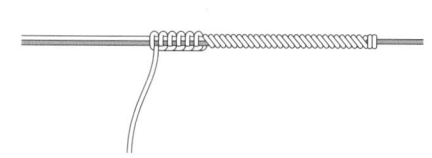

11 한 매듭을 6~8회 반복한다.

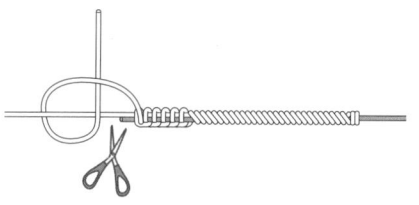

12 마지막으로 PE 라인을 그림과 같이 묶어서 조인다. 목줄과 PE 라인 끝의 여분을 자른다.

드로퍼 루프 만들기

[드로퍼 루프]

'드로퍼 루프'(dropper loop)는 낚싯줄 끝이나 중간에 만드는 고리를 말한다. 연결 도구나 새 낚싯줄을 달아서 물고기를 낚기 위한 장치를 만든다.

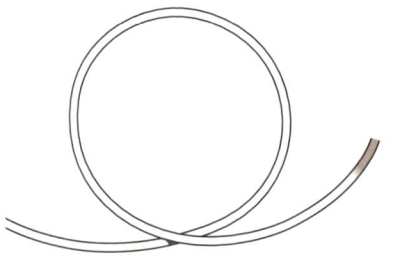

1 낚싯줄 중간에 고리를 만든다.

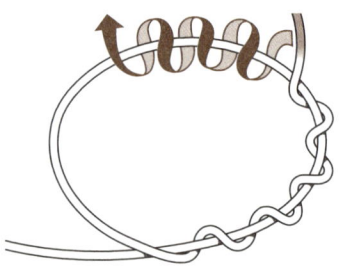

2 줄 끝을 그림과 같이 7~8회 감는다.

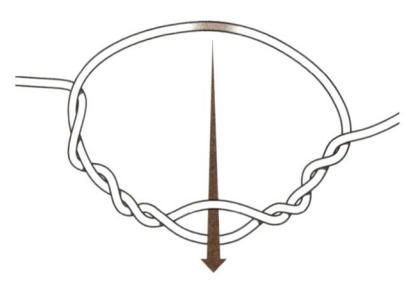

3 감은 부분의 가운데가 고리가 되도록 넓히고, 그 고리에 그림과 같이 큰 고리의 일부를 통과시킨다.

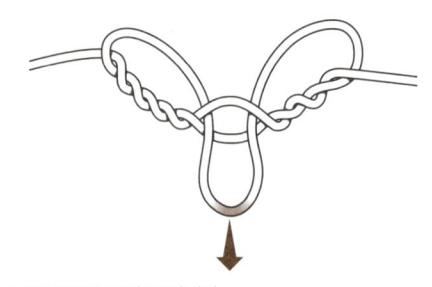

4 통과시킨 고리를 빼낸다.

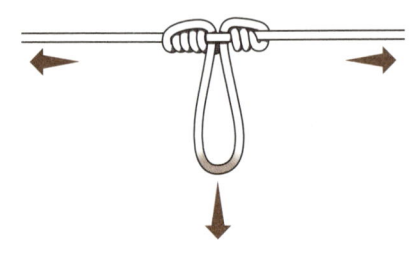

5 고리와 본선을 당겨서 매듭을 조인다.

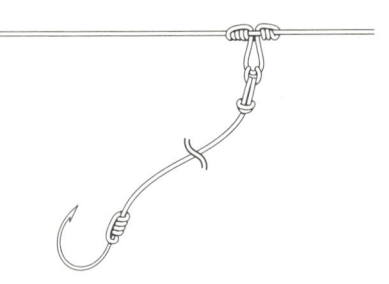

6 완성된 드로퍼 루프에 가짓줄을 달아서 사용한다.

가짓줄 달기 1

[가짓줄+한 매듭]

'가짓줄'은 바늘을 단 낚싯줄을 기둥줄에 가지처럼 묶는 것을 말한다.

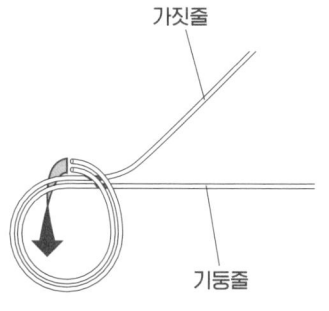

1 가짓줄을 기둥줄에 겹쳐서 고리를 만든다.

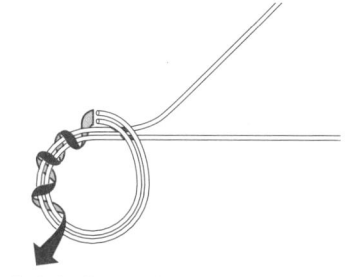

2 기둥줄과 가짓줄을 그림과 같이 2~3회 감는다.

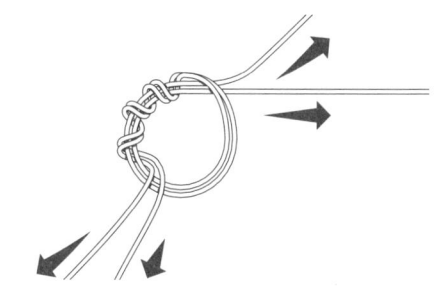

3 다 감은 뒤에 기둥줄과 가짓줄의 양끝을 당겨서 매듭을 조인다.

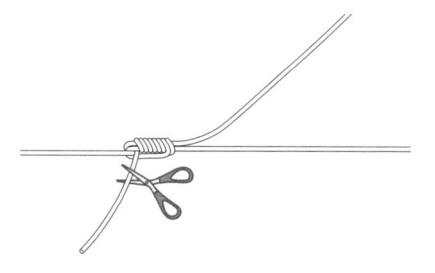

4 가짓줄 끝의 여분을 자른다.

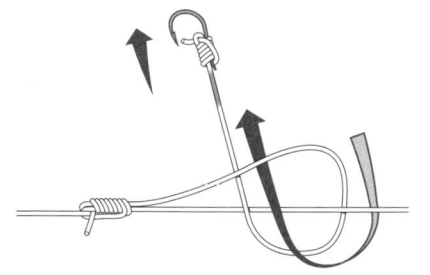

5 가짓줄을 기둥줄에 한 매듭(200쪽 참조)으로 묶어서 고정한다.

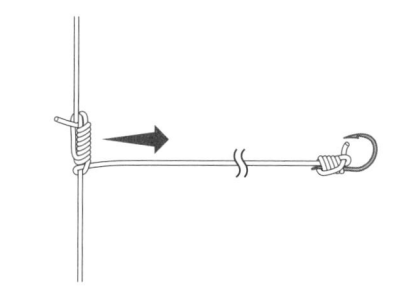

6 ❸의 매듭을 조이면 가짓줄이 기둥줄에서 수직으로 나온다.

가짓줄 달기 2

[8자 매듭+유니 노트]

기둥줄에 '8자 매듭'으로 고리를 만들고 가짓줄을 통과시켜서 '유니 노트'로 묶는 방법이다.

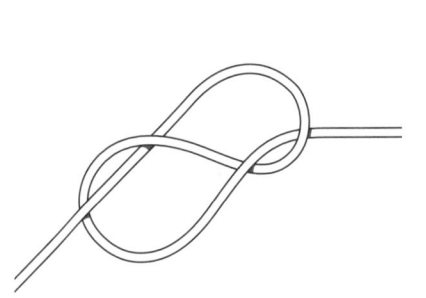

1 기둥줄에 8자 매듭(203쪽 참조)을 만든다.

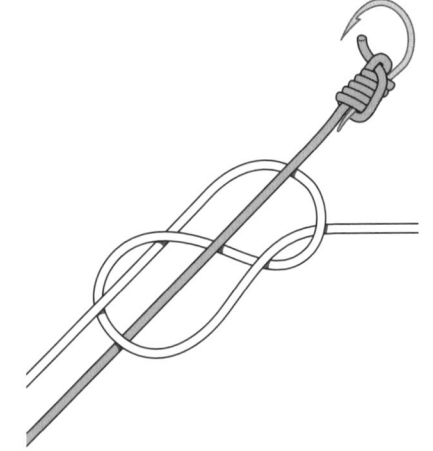

2 가짓줄을 그림과 같이 고리 안에 통과시킨다.

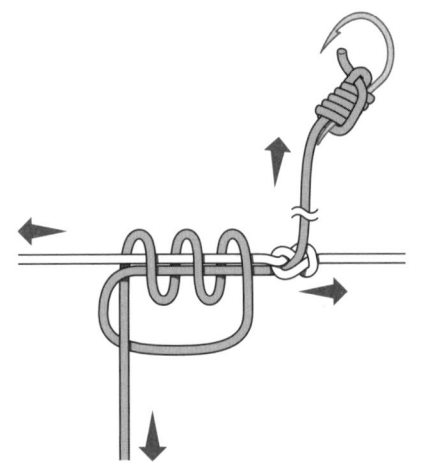

3 8자 매듭을 조이고 가짓줄을 기둥줄에 유니 노트(102쪽 참조)로 묶어 고정한다.

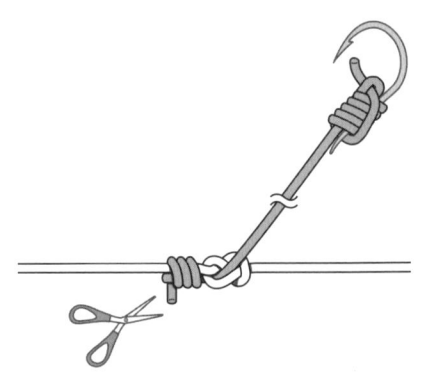

4 매듭을 조인 뒤 가짓줄 끝의 여분을 자른다.

드로퍼 루프를 기둥줄에 만들어서 가짓줄 달기

[클린치 노트]

낚시 매듭의 기본인 '가짓줄'은 '클린치 노트'로 묶어서 만들 수도 있다.

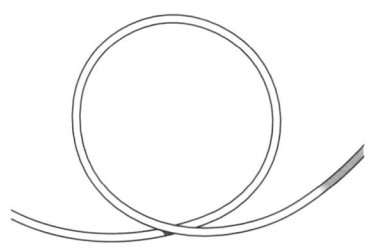

1 낚싯줄 중간에 고리를 만든다.

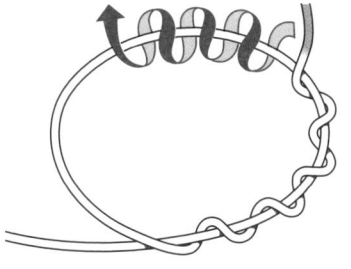

2 줄 끝을 그림과 같이 7~8회 감는다.

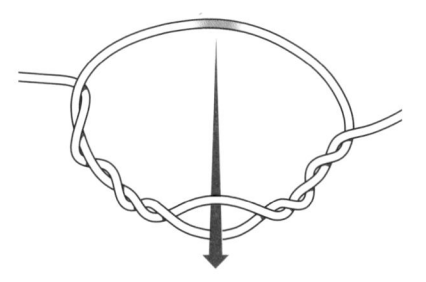

3 감은 부분의 가운데가 고리가 되도록 넓히고, 그 고리에 그림과 같이 큰 고리의 일부를 통과시킨다.

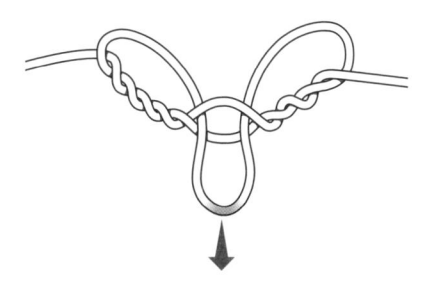

4 통과시킨 고리를 빼내고 매듭을 조이면 기둥줄에 드로퍼 루프가 만들어진다.

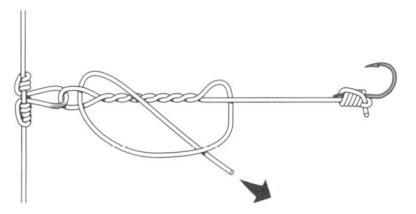

5 ❹에서 만든 드로퍼 루프에 목줄을 통과시킨 다음 클린치 노트(98쪽 참조)로 묶는다.

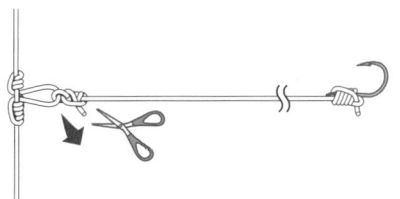

6 줄 끝을 힘껏 당겨서 매듭을 조인다. 가짓줄 끝의 여분은 자른다.

루어에 낚싯줄 묶기 1

[프리 노트]

'프리 노트'(free knot)는 굵은 낚싯줄을 루어에 묶을 때 사용하는 매듭법이다. 루어의 아이*와 매듭 사이가 고리로 되어 있어서 루어가 자연스럽게 움직인다.

* 루어에 달린 고리

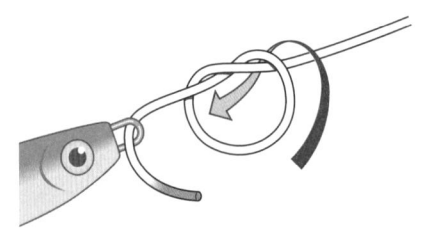

1 옭매듭(66쪽 참조)으로 묶은 낚싯줄을 루어의 아이에 끼운다.

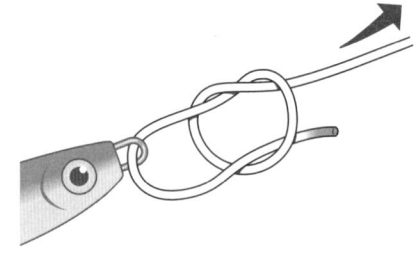

2 그림과 같이 줄 끝을 고리에 통과시키고 본선을 당겨서 매듭을 조인다.

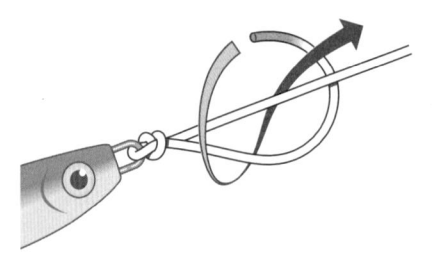

3 아이와 낚싯줄을 묶은 뒤 줄 끝에서 다시 한 번 옭매듭을 묶는다.

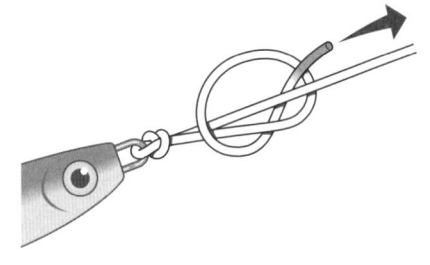

4 임의로 정한 위치에서 매듭을 조인다.

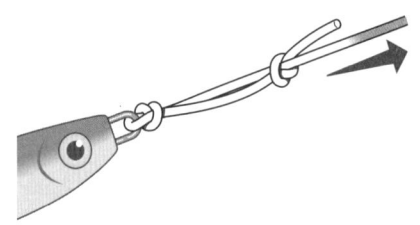

5 낚싯줄 본선을 당겨서 매듭 두 개를 한데 모은다.

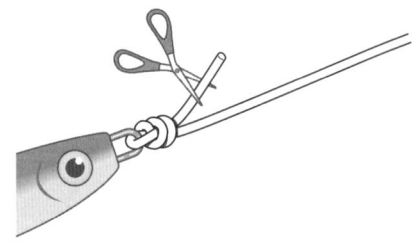

6 마지막으로 줄 끝의 여분을 자른다.

루어에 낚싯줄 묶기 2

[유니 노트]

만능 매듭인 '유니 노트'는 낚싯줄을 루어에 묶을 때도 사용한다.

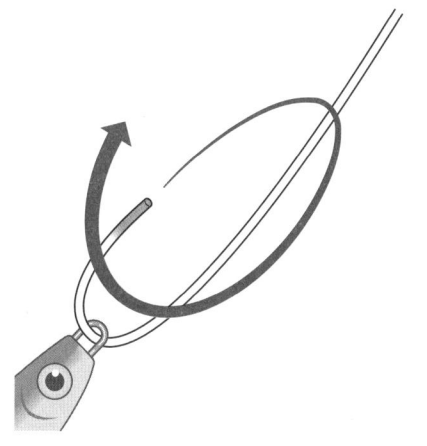

1 루어의 아이에 낚싯줄을 끼우고 5센티미터 정도 빼내서 고리를 만든다.

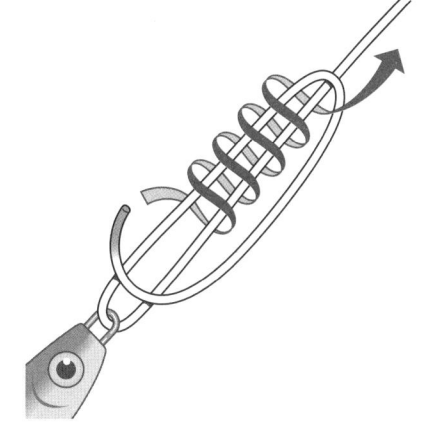

2 줄 끝에서 본선을 3~4회 감는다.

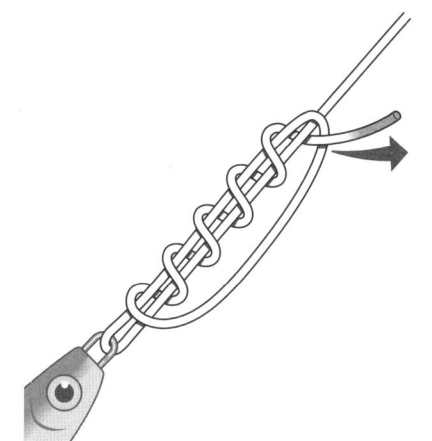

3 줄 끝을 고리에서 빼낸다.

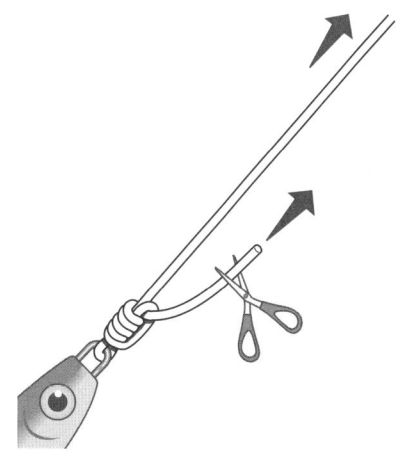

4 낚싯줄의 끝과 본선을 당겨서 매듭을 조인다. 줄 끝의 여분은 자른다.

루어에 낚싯줄 묶기 3

[클린치 노트]

매듭법이 간단하고 강도도 높은 '클린치 노트'는 낚시뿐만 아니라 다양한 분야에서 인기 있는 매듭이다.

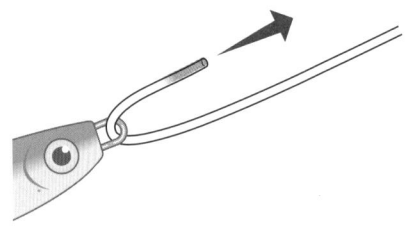

1 루어의 아이에 낚싯줄을 끼운다.

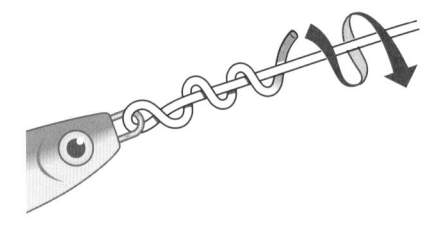

2 낚싯줄을 4~5회 정도 감는다.

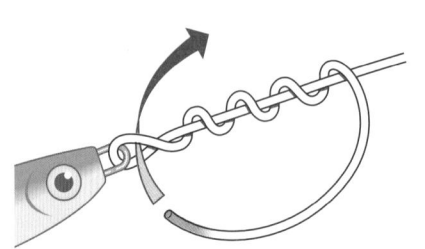

3 끝을 꺾어서 감기 시작한 부분에 생긴 고리 안에 통과시킨다.

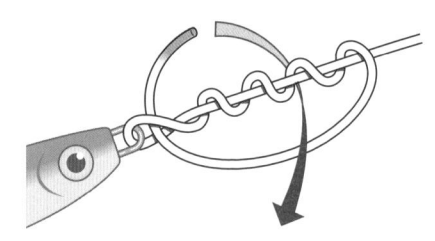

4 줄 끝을 ❸에서 만들어진 큰 고리 안에 통과시킨다.

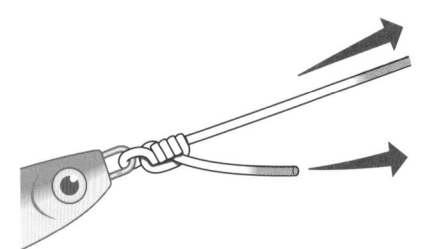

5 낚싯줄 끝과 본선을 당겨서 매듭을 조인다.

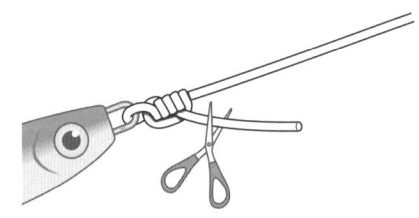

6 줄 끝의 여분은 자른다.

루어에 낚싯줄 묶기 4

[루프 노트]

'루프 노트'(loop knot)는 루어의 아이에서 떨어진 위치에 매듭을 만드는 방법이다. 루어를 고정하지 않으므로 자연스러운 움직임을 연출할 수 있다.

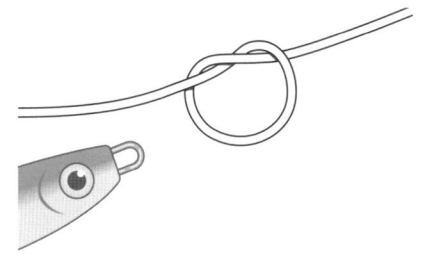

1 그림과 같이 낚싯줄을 묶어서 고리를 만든다.

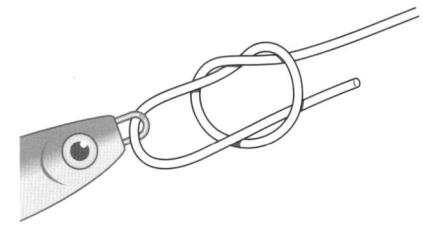

2 낚싯줄 끝을 루어의 아이에 끼운 뒤 ❶에서 만든 고리에 통과시킨다.

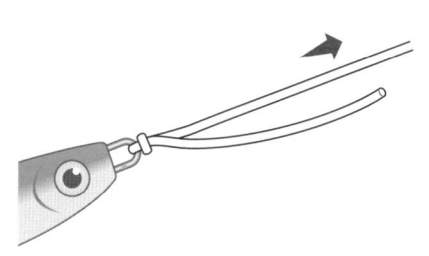

3 본선을 당겨서 아이와 낚싯줄을 고정한다.

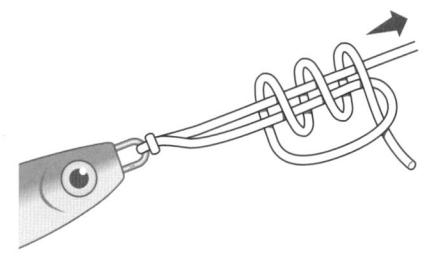

4 줄 끝에서 유니 노트(117쪽 참조)를 묶고 천천히 본선을 당겨서 조인다.

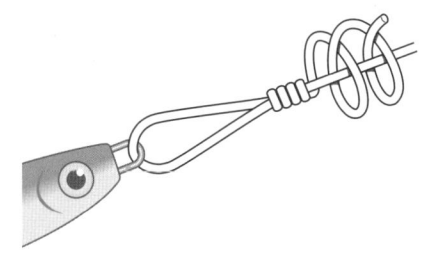

5 ❸의 매듭이 이동해서 루프 모양이 된다. 다시 그림과 같이 낚싯줄 끝을 감는다. (두 매듭)

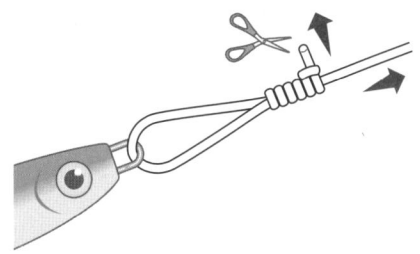

6 줄 끝과 본선을 당겨서 매듭을 단단히 조인다. 끝의 여분은 자른다.

릴에 원줄 감기

[클린치 노트]

'클린치 노트'는 낚싯줄을 릴의 스풀*이나 연결 도구에 묶을 때에도 사용할 수 있다.

* 낚싯줄을 감는 실패와 같은 도구.

1 원줄을 스풀에 감은 뒤 본선에 4~5회 감는다.

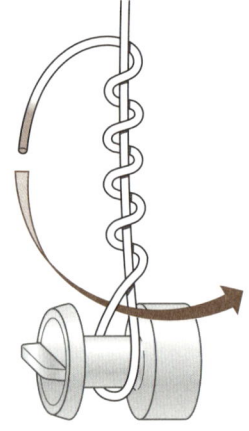

2 그림과 같이 줄 끝을 스풀 쪽에 생긴 고리에 통과시킨다.

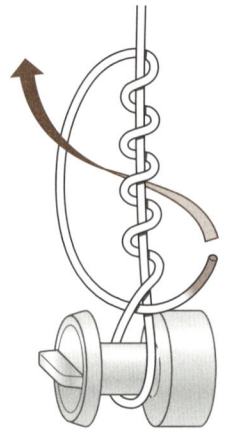

3 줄 끝을 ❷에서 생긴 큰 고리 안에 통과시킨다.

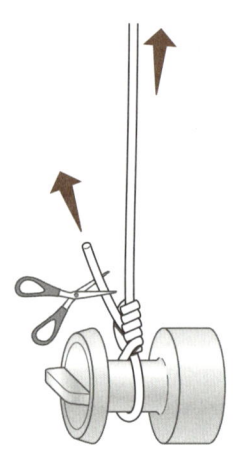

4 줄 끝과 본선을 당겨서 매듭을 조인다. 끝의 여분은 자른다.

찌멈춤 매듭

[유니 노트]

'유니 노트'는 찌멈춤용 낚싯줄을 원줄에 묶을 때도 사용한다. 빨리 묶을 수 있도록 익히자.

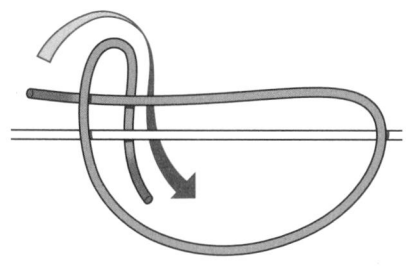

1 찌멈춤용 낚싯줄(약 20센티미터)로 고리를 만들고 기둥줄에 겹친다.

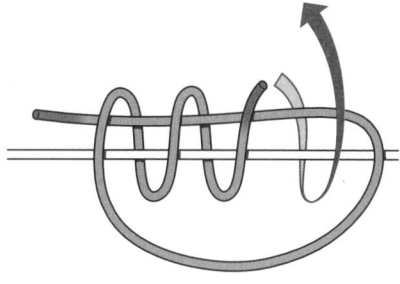

2 그림과 같이 찌멈춤용 낚싯줄 끝을 기둥줄에 4~5회 감는다.

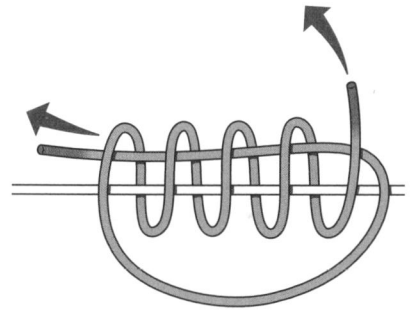

3 찌멈춤용 낚싯줄의 양끝을 당겨서 매듭을 조인다.

4 찌멈춤용 낚싯줄 끝의 여분을 자른다.

매듭법 메모 3

낚싯줄의 종류와 특징

낚시에서 주로 사용하는 낚싯줄은 세 종류다.
각각의 장점과 단점을 이해해서 목적에 맞는 낚싯줄을 선택하자.

낚싯줄은 소재와 굵기가 다양하다. 어떤 루어를 사용하고 또 어떤 물고기를 잡느냐에 따라 낚싯줄의 굵기 등이 바뀌므로 잘 구분해서 사용해야 한다.

주로 사용되는 낚싯줄은 나일론 라인, 플로로카본 라인, PE 라인의 3종류가 있는데, 최근에는 배스나 송어용 등 용도별로 개량된 전용 낚싯줄도 구입할 수 있다.

낚싯줄 케이스에는 기본적으로 색, 강도, 굵기, 길이가 표시되어 있다. 낚싯줄 색 중에는 형광색이 많은데, 형광색은 잘 보여서 편리하지만 물고기도 알아채기 쉽다. 최근에는 물속에서는 보이지 않는 형광색도 개발되었으니 확인해보자. 낚싯줄의 강도는 파운드 테스트(lb)로, 굵기는 호수로 표시된다. 즉 호수(굵기)가 같더라도 낚싯줄 종류에 따라서 강도는 저마다 차이가 있다.

초보자는 가격이 저렴하고 묶기 쉬운 나일론 줄을 기본으로 사용하고, 용도에 맞춰서 플로로카본 라인이나 PE 라인을 구분해서 사용하도록 하자.

주요 낚싯줄의 종류와 특징

	장점	단점
나일론 라인	• 묶기 쉽다. • 종류가 다양하다. • 가격이 저렴하다.	• 물을 흡수한다(품질이 쉽게 저하된다).
플로로카본 라인	• 감도가 좋다. • 물을 흡수하지 않는다(품질이 쉽게 저하되지 않음). • 굴절률이 물에 가깝다(물속에서 눈에 띄지 않음).	• 줄 감는 버릇이 생기기 쉽다. • 종류가 적다. • 가격이 약간 비싸다.
PE 라인	• 감도가 높다. • 줄 감는 버릇이 생기지 않는다.	• 묶기 힘들다. • 가격이 비싸다. • 색이 눈에 띈다.

주요 낚싯줄의 호수와 강도

나일론 라인, 플로로카본 라인									
호수	1.0호	1.5호	2.0호	2.5호	3.0호	4.0호	5.0호	6.0호	8.0호
강도 (lb)	4lb	6lb	8lb	10lb	12lb	16lb	20lb	24lb	32lb
PE 라인									
호수	0.6호	0.8호	1.0호	1.2호	1.5호	2.0호	2.5호	2.8호	3.2호
강도 (lb)	6lb	8lb	10lb	12lb	15lb	20lb	25lb	28lb	32lb

4장
배
(보트, 카누)

BOAT
배

로프를 닻에 묶거나 배를 매어 두는 경우와 같이 매듭법은 배에서 꼭 필요한 기술이자 지식이다. 잘못 묶지 않도록 매듭법에 대해 확실하게 배우자. 매듭법은 배를 만드는 방법에서 탄생한 종류도 많다.

닻에 로프 묶기
130쪽 131쪽

드로우백 고정하기 135쪽

배 매어 두기 1
[말뚝 매듭]

'말뚝 매듭'은 한 번 접어 고리를 만든 로프를 말뚝에 거는 매듭법이다. 빨리 묶을 수 있고 부하가 가해지는 동안에는 풀어지지 않는다.

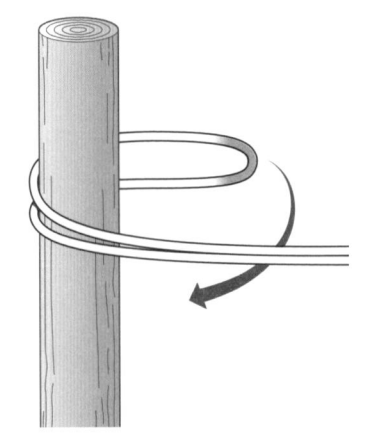

1 로프를 두 겹으로 만들어서 말뚝에 감는다.

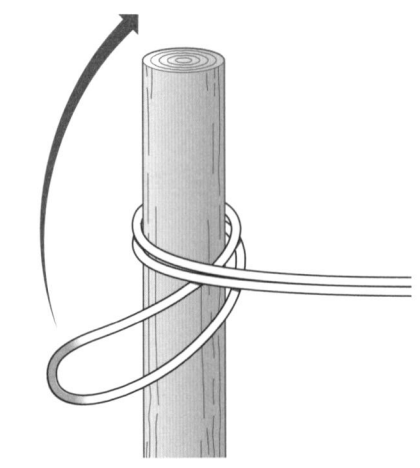

2 말뚝에 감은 로프 끝의 고리를 말뚝에 건다.

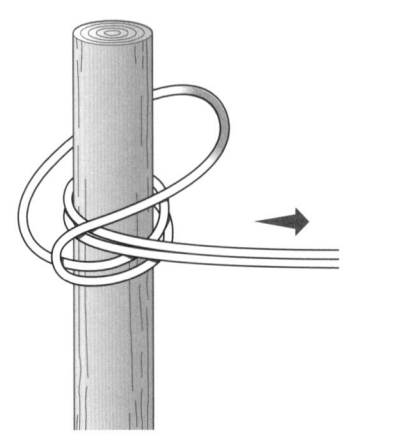

3 로프를 말뚝에 건 다음 로프 원가닥을 당겨서 매듭을 조인다.

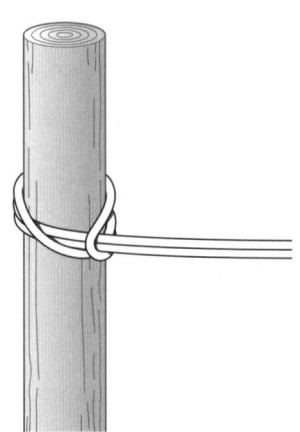

4 원가닥에 배를 연결하는 등 부하를 가하면 로프가 느슨해지지 않는다.

배 매어 두기 2
[클로브 히치]

'클로브 히치'는 로프 중간에 만든 고리 2개를 겹쳐서 말뚝에 걸기만 하면 된다. 상당히 쉽게 묶을 수 있어서 배를 매어 둘 때 자주 사용된다.

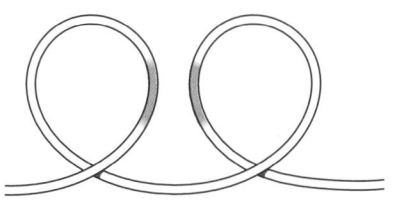

1 로프 중간에 고리 두 개를 만든다.

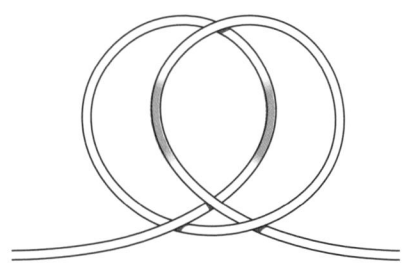

2 ❶에서 만든 고리 두 개를 겹친다.

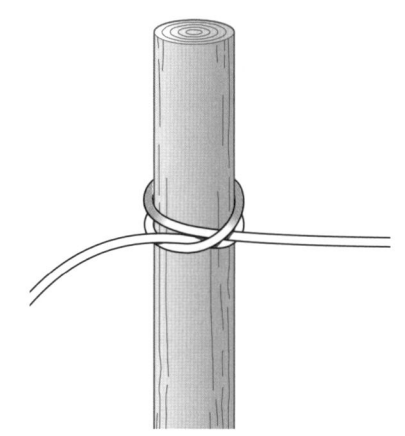

3 겹친 고리를 말뚝에 걸고 클로브 히치(202쪽 참조)로 묶는다.

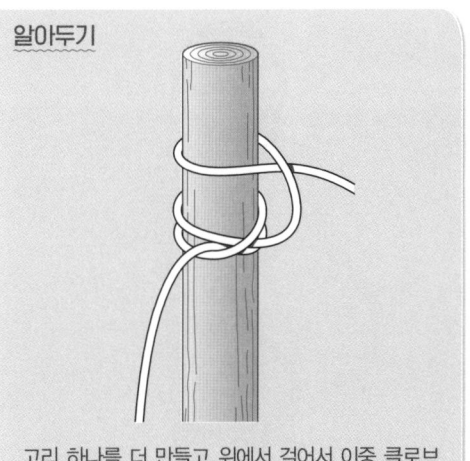

알아두기

고리 하나를 더 만들고 위에서 걸어서 이중 클로브 히치로 묶으면 강도가 더 높아져서 잘 풀어지지 않는다.

배 매어 두기 3
링
[보라인 매듭]

'보라인 매듭'은 로프를 계류 링에 걸 경우에 가장 많이 사용되는 매듭법이다.

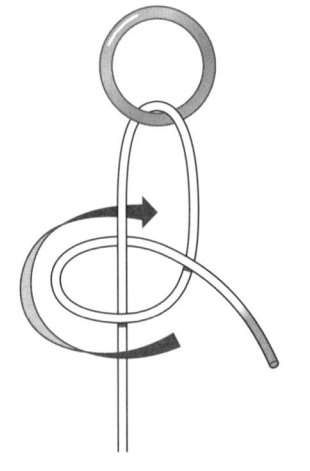

1 로프를 링에 통과시켜서 한 매듭(200쪽 참조)을 묶는다.

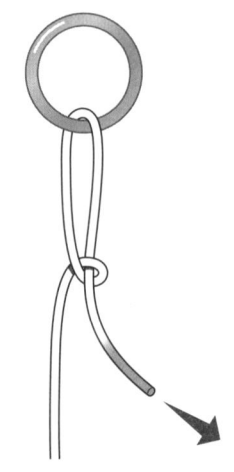

2 로프 끝가닥을 세게 잡아당기면 그림과 같은 매듭이 만들어진다.

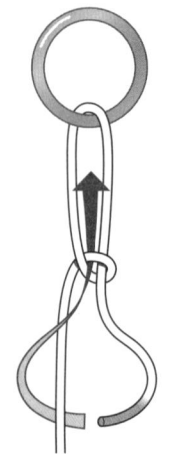

3 그림과 같이 끝가닥을 고리에 통과시킨다.

4 로프의 끝가닥과 원가닥을 당겨서 매듭을 조인다.

배 매어 두기 4
클리트
[클리트 히치]

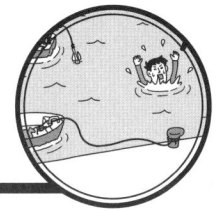

로프를 클리트(cleat, 계류용 밧줄걸이)에 돌려 감아서 배를 매어 놓을 때 사용하는 매듭법이다.

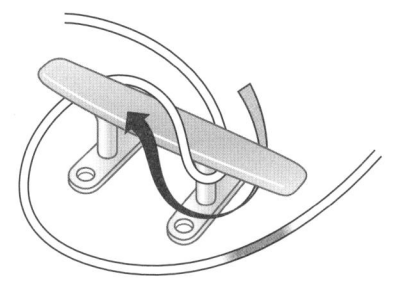

1 로프를 클리트에 건다.

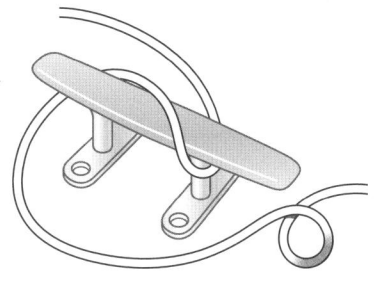

2 그림과 같이 로프 중간에 고리를 만든다.

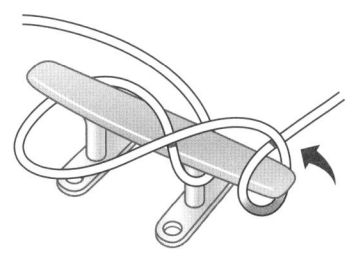

3 ❷에서 만든 고리를 클리트에 건다.

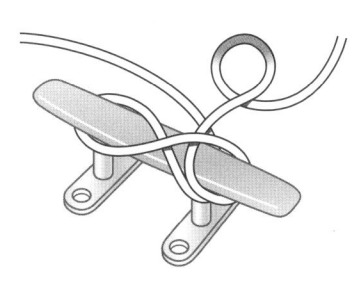

4 다시 한 번 로프 중간에 고리를 만든다.

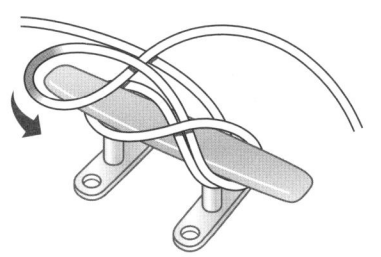

5 ❸에서 만든 고리를 클리트 반대쪽에 건다.

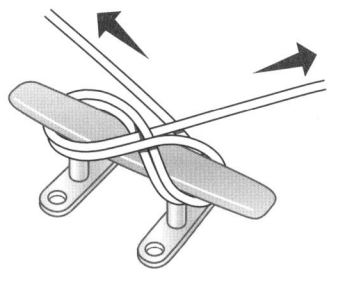

6 로프의 양끝을 당겨서 매듭을 조인다. ❷~❺를 반복해서 감은 횟수를 늘리면 강도가 높아진다.

닻에 로프 묶기 1

[닻 매듭]

로프를 닻에 감는 '닻 매듭'은 닻에 걸려 있는 링에 두 번 감는 만큼 쉽게 닳지 않는다.

1 로프를 닻에 걸려 있는 링에 두 번 감는다.

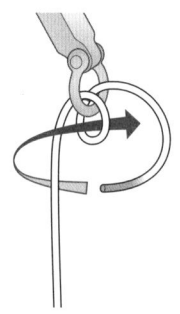

2 로프 끝가닥을 감은 로프의 고리에 통과시킨다.

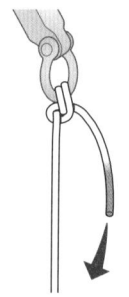

3 끝가닥을 당겨서 매듭을 조인다.

4 로프 원가닥에서 고리를 만들고 끝가닥을 이 고리에 통과시킨다.

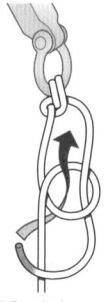

5 끝가닥을 그림과 같은 방법으로 고리에 통과시킨다.

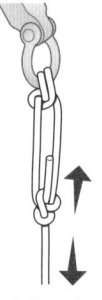

6 로프의 원가닥과 끝가닥을 당겨서 보라인 매듭을 만든다.

닻에 로프 묶기 2

[변형 보라인 매듭]

'보라인 매듭'에 과정을 한 번 더 해서 더욱 믿음직스러운 '변형 보라인 매듭'으로 로프를 닻에 묶는 방법이다.

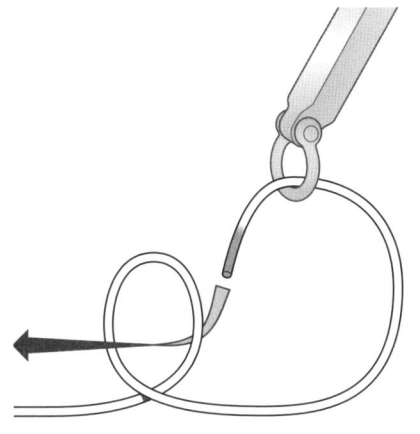

1 로프 중간에 고리를 만들고 닻에 걸려 있는 링에 통과시킨 로프 끝가닥을 이 고리로 빼낸다.

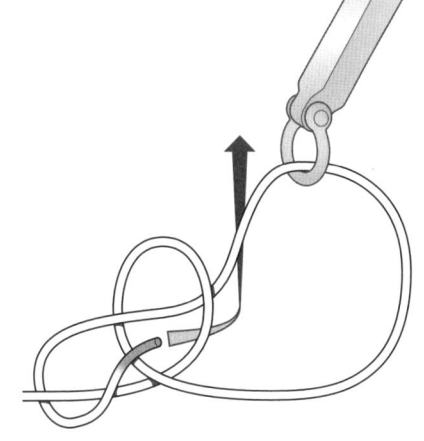

2 로프 끝가닥을 원가닥에 휘감아서 다시 한 번 고리 안에 넣는다.

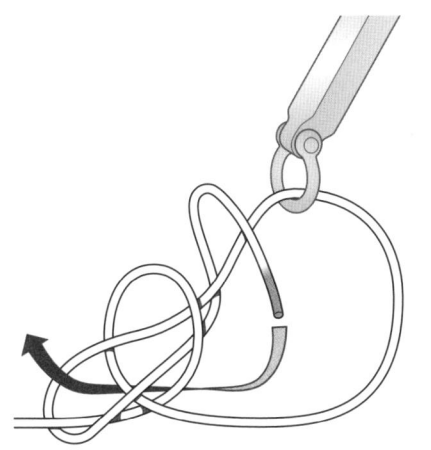

3 끝가닥을 그림과 같이 휘감아서 이번에는 아래쪽에서 로프의 고리에 통과시킨다.

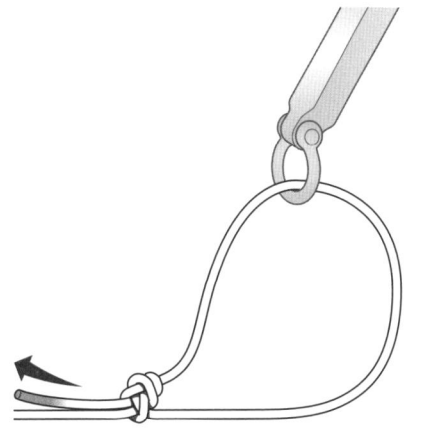

4 끝가닥을 당겨서 매듭을 조인다.

배 견인하기 1

[접친 매듭]

'접친 매듭'(시트 벤드)은 로프 두 가닥을 잇기 위한 매듭법이다. 멈춰버린 보트를 로프로 연결해서 견인할 때 사용할 수 있다.

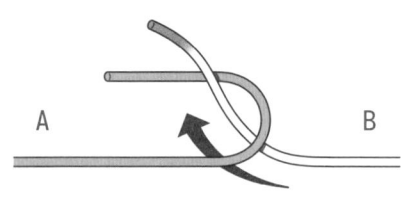

1 로프 A의 끝을 접어서 로프 B를 화살표와 같이 통과시킨다.

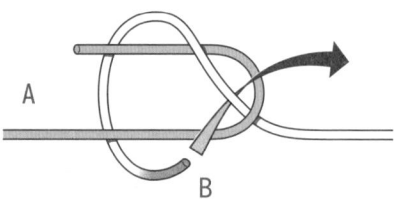

2 B를 그림과 같이 돌려 감아서 화살표 방향으로 통과시킨다.

3 ❷에서 B를 통과시키면 그림과 같은 모양이 된다.

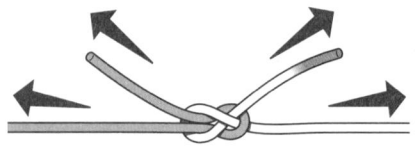

4 로프 끝가닥과 원가닥을 당겨서 매듭을 조이면 '접친 매듭'이 완성된다.

배 견인하기 2
[이중 접친 매듭]

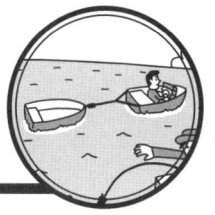

'이중 접친 매듭'(이중 시트 벤드)은 '접친 매듭'(132쪽 참조)에서 로프 감는 횟수를 늘려서 강도를 높인 것이다. 이 매듭 역시 보트나 배를 견인할 때 사용된다.

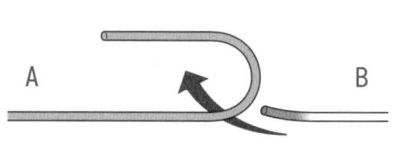

1 로프 A의 끝을 한 번 접어서 로프 B를 화살표와 같이 통과시킨다.

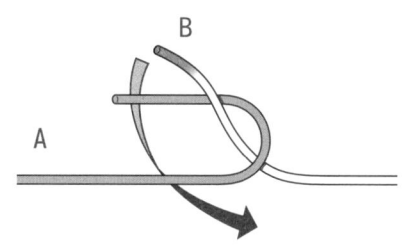

2 B를 그림과 같이 돌려 감는다.

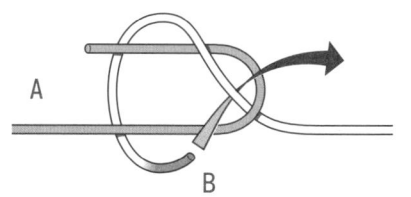

3 돌려 감은 B를 화살표와 같이 통과시킨다.

4 여기까지는 접친 매듭(132쪽 참조)과 순서가 동일하다.

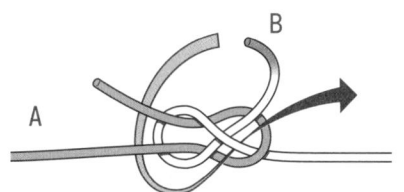

5 다시 한 번 같은 방법으로 B를 돌려 감는다.

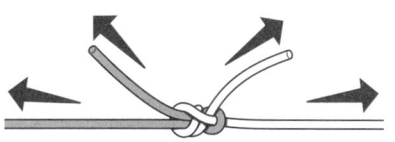

6 로프 두 가닥의 끝가닥과 원가닥을 당겨서 매듭을 조이면 '이중 접친 매듭'이 완성된다.

배 견인하기 3

[보라인 매듭]

카누나 보트 등의 손잡이에 로프를 묶어서 인력으로 견인할 때는 '보라인 매듭'을 사용한다.

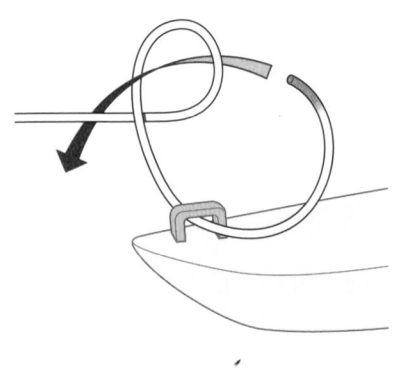

1 로프 중간에 고리를 만든다. 끝가닥을 보트 손잡이에 통과시킨 후 로프 중간에 만든 고리에 통과시킨다.

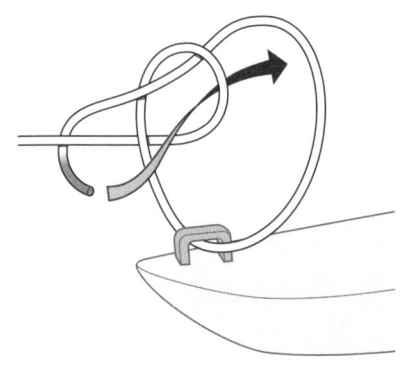

2 끝가닥을 그림과 같이 감는다.

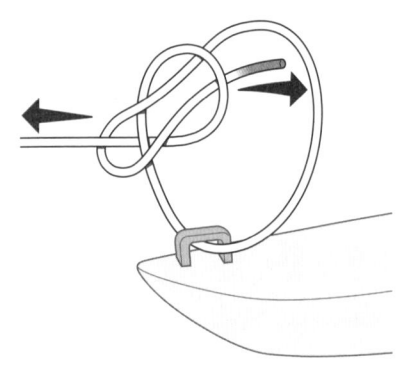

3 로프의 끝가닥과 원가닥을 당겨서 매듭을 단단히 조인다.

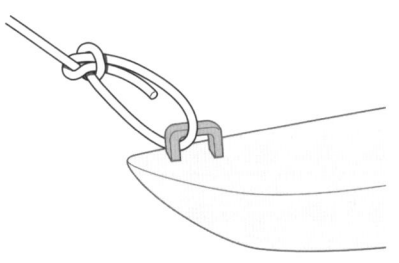

4 로프의 원가닥을 잡고 당겨서 보트를 견인한다.

드로우백 고정하기

[이중 8자 매듭]

드로우백(throw bag)은 10~20미터 정도의 로프가 주머니 속에 담긴 구조용품이다. 여기서는 카누의 그랩 루프에 고정하는 방법에 대해 소개한다.

1 드로우백의 로프 끝을 두 겹으로 접는다.

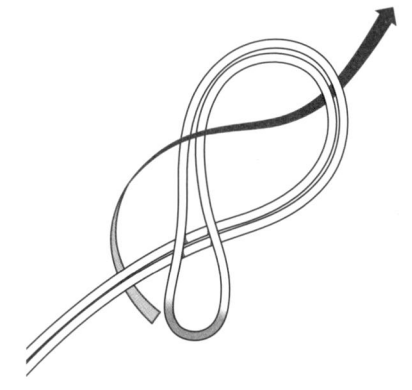

2 그림과 같이 두 겹으로 접은 로프 부분을 8자 매듭 (203쪽 참조)으로 묶는다.

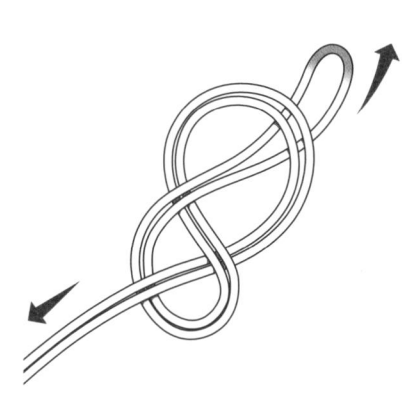

3 로프 끝의 고리와 원가닥을 당겨서 매듭을 단단히 조인다.

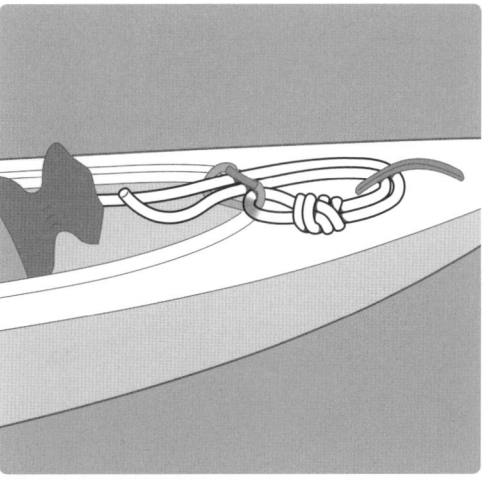

4 ❸에서 만들어진 고리에 카라비너를 걸어서 그림과 같이 카누에 고정한다.

로프 던지기 1

[더블 오버핸드 노트]

'더블 오버핸드 노트'(double overhand knot)는 로프 매듭을 두껍게 만들기 위한 매듭법 중 하나다. 매듭 모양을 깔끔하게 정돈하면서 묶는 것이 요령이다.

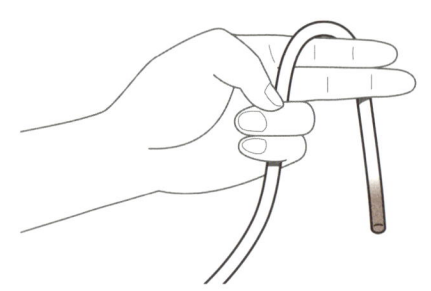

1 로프를 손가락 두 개에 건다.

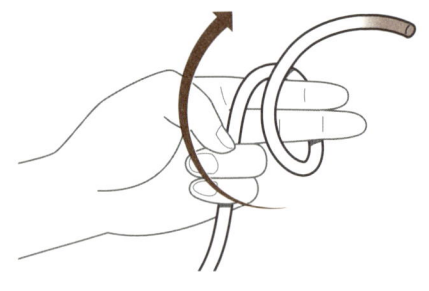

2 그림과 같이 로프를 손가락 두 개에 돌려 감는다.

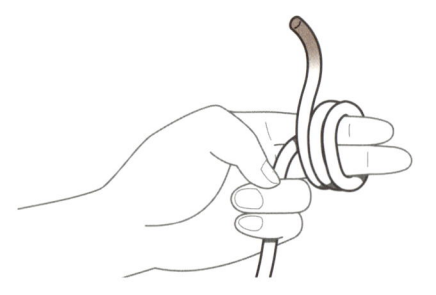

3 손가락 끝에서 뿌리 쪽으로 로프를 감는다.

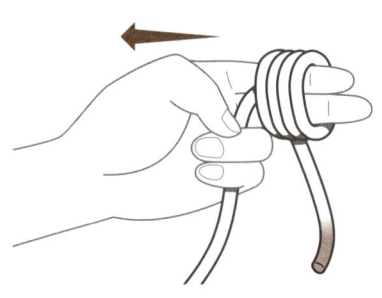

4 4~5회 감은 뒤 감은 모양이 흐트러지지 않게 주의해서 손가락을 뺀다.

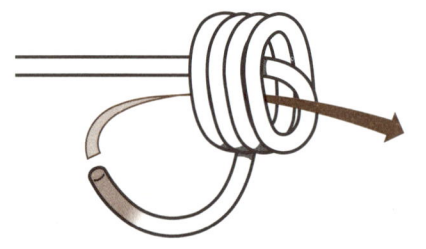

5 로프 끝가닥을 손가락을 빼서 생긴 구멍에 통과시킨다.

6 로프의 끝가닥과 원가닥을 당겨서 매듭을 조인다.

로프 던지기 2

[히빙라인 매듭]

'히빙라인 매듭'(heaving line knot)은 로프에 큰 매듭을 만들어서 매듭의 무게로 로프를 훨씬 멀리 던질 수 있다.

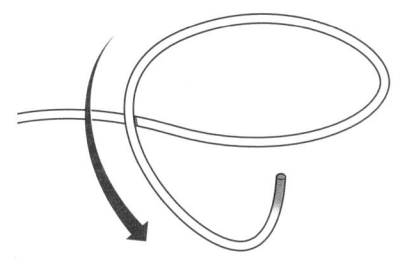

1 로프를 교차해서 고리를 만든다.

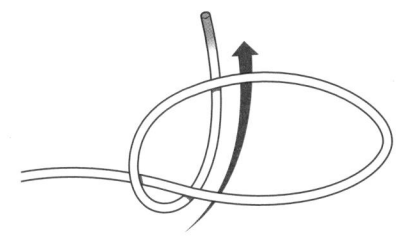

2 로프 끝가닥을 고리에 감는다.

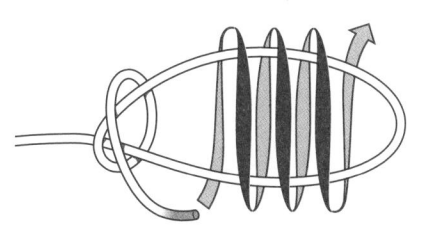

3 끝가닥을 고리에 여러 번 감는다.

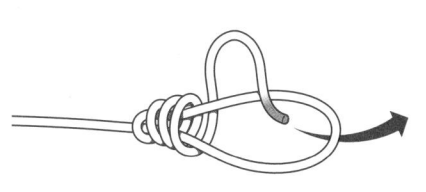

4 감고 난 끝가닥을 고리에 통과시킨다.

5 로프의 끝가닥과 원가닥을 당겨서 매듭을 조인다.

6 로프를 고리에 많이 감을수록 매듭을 크게 만들 수 있다.

매듭법 메모 4

단단하게 묶인 로프를 푸는 방법

단단하게 묶인 로프를 풀지 못할 경우에는
여기서 소개하는 두가지 방법을 시도해보자.

사각 매듭 (205쪽 참조)

매듭이 단단하게 조여지는 사각 매듭은 매듭을 자주 풀지 않아도 되는 경우에 사용된다. 하지만 이 방법을 익히면 쉽게 풀 수 있다.

이중 8자 매듭 (203쪽 참조)

이중 8자 매듭을 단단히 조인 경우에는 다음과 같은 방법으로 매듭을 푼다. 이 방법은 대부분 다른 매듭에도 응용할 수 있다.

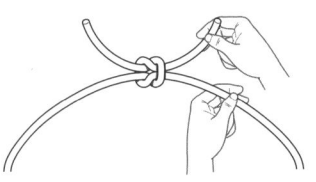

1 그림과 같이 사각 매듭 로프의 끝가닥과 원가닥을 잡는다.

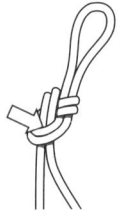

1 매듭의 화살표 부분에 손가락을 끼운다.

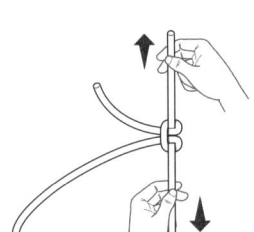

2 손에 잡은 로프의 끝가닥과 원가닥을 위아래로 세게 당긴다.

2 손가락을 끼운 상태에서 매듭을 아래쪽으로 내린다.

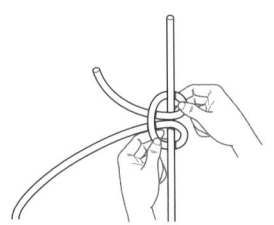

3 매듭이 느슨해져서 쉽게 풀 수 있다.

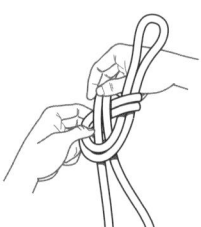

3 매듭이 풀어진다.

DAILY
일상생활

신문지나 잡지를 묶거나 전선을 정리하는 등 일상생활에서도 매듭법을 알아두면 유용하게 쓸 수 있다. 5장에서는 가드닝에 필요한 매듭법부터 보자기 싸는 법까지 소개한다.

전선 정리하기 156쪽 157쪽
옷장 옮기기 158쪽

신문지나 잡지 묶기 148쪽 149쪽
상자 묶기 150쪽
봉지 묶기 152쪽 153쪽

작은 지주대 만들기 144쪽
큰 지주대 만들기 146쪽

로프로 통나무 울타리 만들기 142쪽
가느다란 대나무나 나무를 사용해서
울타리 만들기 143쪽

보자기로 포장하기
159쪽 160쪽 161쪽
162쪽 163쪽 164쪽

병 묶기 154쪽

로프로 통나무 울타리 만들기

[더블 오버핸드 노트]

로프와 말뚝을 사용해서 꽃밭에 통나무 울타리를 만드는 방법이다. 울타리로 에워싸고 싶은 범위에서 필요한 로프 길이를 계산해 놓도록 한다.

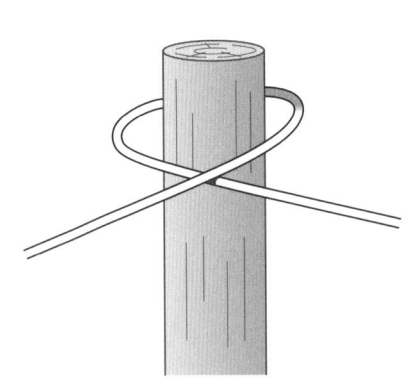

1 로프를 말뚝에 한 번 감는다.

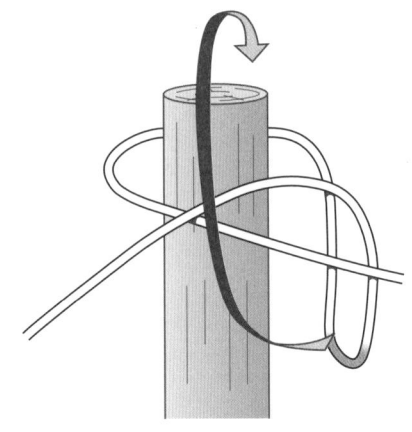

2 감은 부분을 조금 느슨하게 해서 고리를 만든다. 그런 다음 고리를 그림과 같이 로프 밑으로 빼낸다.

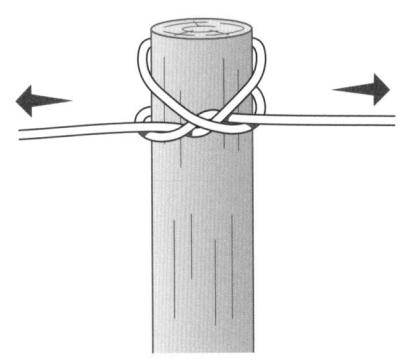

3 밑으로 빼낸 고리를 위쪽으로 가져가서 말뚝에 걸고 조인다.

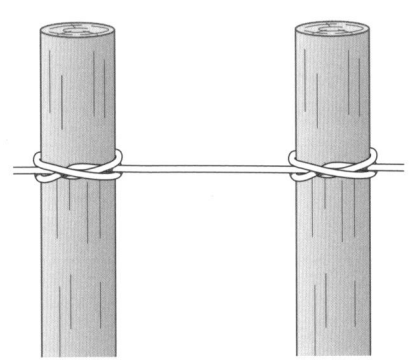

4 ❶~❸을 반복해서 말뚝이 일정한 간격으로 늘어서도록 말뚝과 로프를 묶어나간다.

가느다란 나무로 울타리 만들기

[울타리 매듭]

울타리로 사용할 대나무나 나무를 십자 모양으로 고정하는 매듭법이다. 교차하는 부분을 일일이 묶어야 해서 시간이 걸리기는 하지만 완성한 모습은 보기에 좋다.

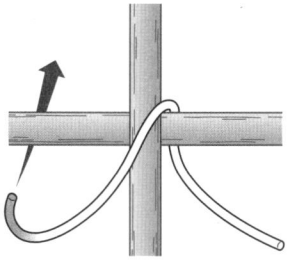

1 로프를 나무가 교차하는 부분에 비스듬히 건다.

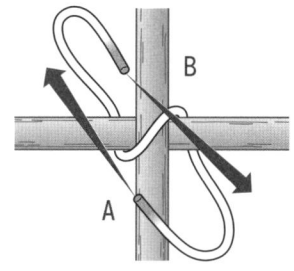

2 로프의 양끝을 그림과 같이 움직인다.

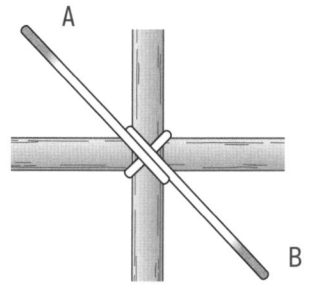

3 X자로 교차시켜서 조인다.

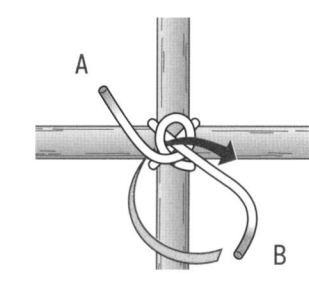

4 A의 끝을 B에 한 번 감아서 생긴 고리에 B의 끝을 통과시킨다.

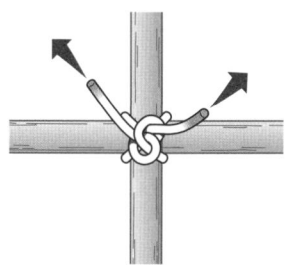

5 양끝을 잡아당겨서 매듭을 조인다.

6 가는 로프를 사용하면 매듭 크기가 작아져서 깔끔해진다.

작은 지주대 만들기
[네모 얽기]

지주대가 되는 목재를 단단히 묶어서 얽는 방법이다. 이 방법은 길이가 짧고 줄기도 가는 나무에 사용한다.

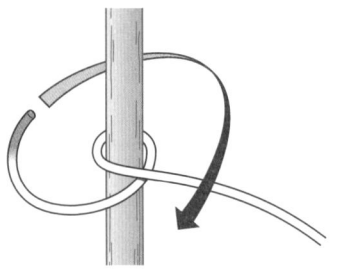

1 로프의 끝가닥을 세로 방향으로 놓은 나무에 한 번 감고 원가닥 밑으로 교차시킨다.

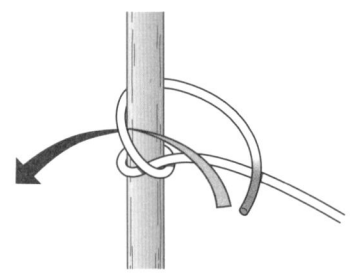

2 다시 한 번 감아서 끝가닥을 그림과 같이 통과시킨다.

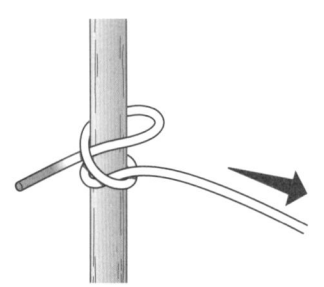

3 원가닥을 조이면 클로브 히치(202쪽)가 완성된다.

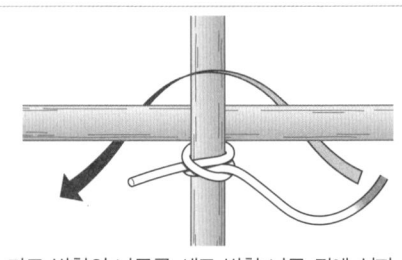

4 가로 방향의 나무를 세로 방향 나무 뒤에 십자 모양으로 교차시켜 놓는다. 이 가로 방향 나무는 매듭 위에 바싹 댄다. 그림과 같이 로프의 끝가닥을 뒤쪽과 앞쪽으로 돌린다.

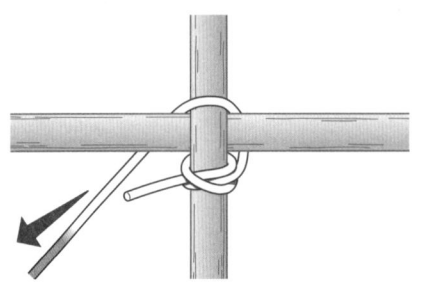

5 원가닥을 잡아당겨서 조인다. 이때 클로브 히치의 매듭이 90도로 틀어지는 경우가 있다.

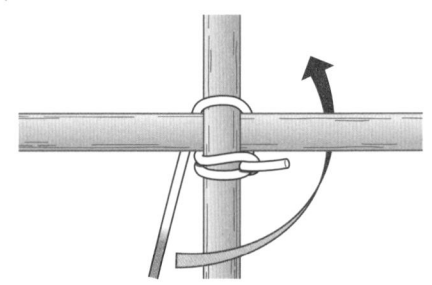

6 로프를 세로 방향 나무의 아래쪽 바깥에서 가로 방향 나무의 오른쪽 뒤로 돌린다.

> **이런 경우에도 활용할 수 있다!**
>
> '네모 얽기'는 십자로 교차하는 통나무 두 개를 동여매기 위한 방법이다. 통나무를 이용해서 여러 가지 공작물을 만들 때 사용된다. 로프가 느슨해지지 않도록 세게 조이면서 묶자.

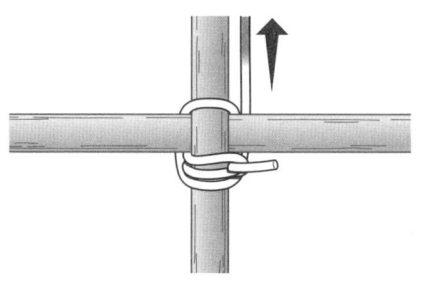

7 한 번 돌릴 때마다 잡아당겨 조이면서 ❹~❻의 과정을 3회 반복한다.

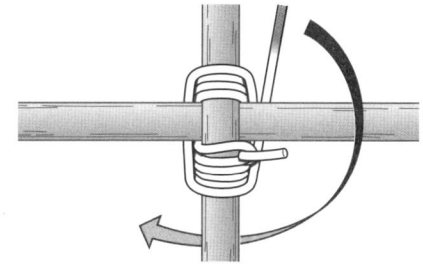

8 로프 끝을 가로 방향 나무의 오른쪽 앞에서 세로 방향 나무의 아래쪽 뒤로 돌려 감는다.

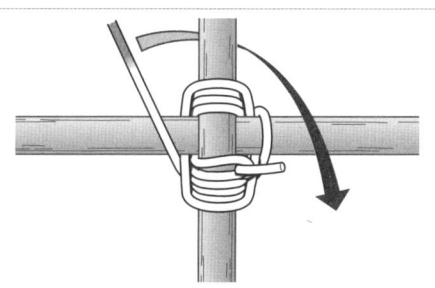

9 다시 가로 방향 나무의 왼쪽 앞, 세로 방향 나무의 위쪽 뒤, 가로 방향 나무의 오른쪽 앞으로 돌려 감는다.

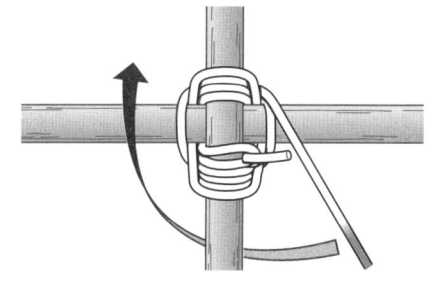

10 ❽~❾의 과정을 3회 반복한다.

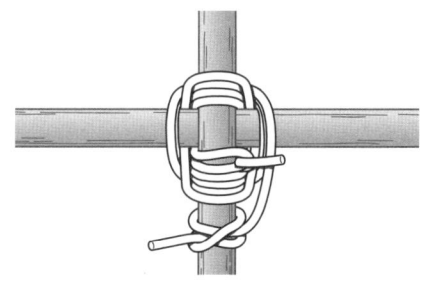

11 세로 방향 나무의 아랫부분에 클로브 히치(202쪽 참조)로 묶는다.

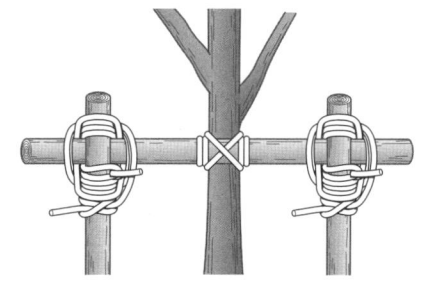

12 지주대 부분을 그림과 같이 엮는다.

큰 지주대 만들기

[맞모금 얽기]

지주대를 X자로 엮어서 나무를 안전하게 보조한다. 어느 정도 자라서 길이가 길고 줄기가 두꺼운 나무에 사용하는 방법이다.

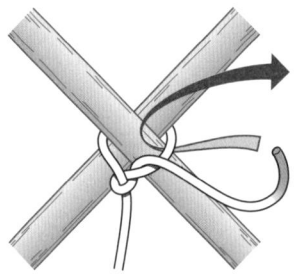

1 나무가 교차하는 지점을 비틀어 매기(29쪽 참조)로 묶어서 조인다.

2 로프를 그림과 같이 오른쪽에서 가로 방향으로 감는다.

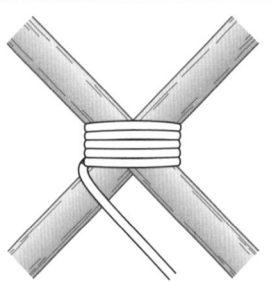

3 로프를 한 번 감을 때마다 잡아당겨 조여가면서 가로 방향으로 여러 번 감는다.

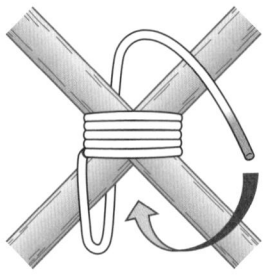

4 다시 로프를 그림과 같이 아래쪽으로 돌려서 세로 방향으로 감는다.

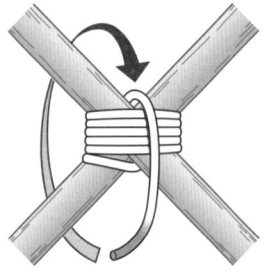

5 그림과 같이 세로 방향으로 3회 감는다.

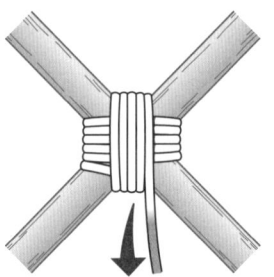

6 4회 감은 지점에서 로프를 밑으로 세게 잡아당겨서 조인다.

> **이런 경우에도 활용할 수 있다!**
>
> '맞모금 얽기'는 X자로 교차한 통나무를 엮기 위한 방법이다. '네모 얽기'와 마찬가지로 통나무를 엮어서 의자나 테이블, 울타리 등을 만들 때 쓰인다.

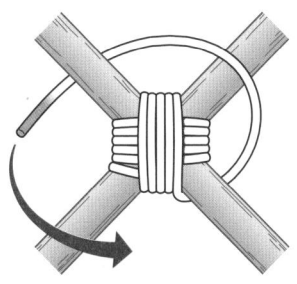

7 오른쪽 아래의 뒤, 오른쪽 위의 앞, 왼쪽 위의 뒤, 왼쪽 아래의 앞 순서로 로프를 돌려 감는다.

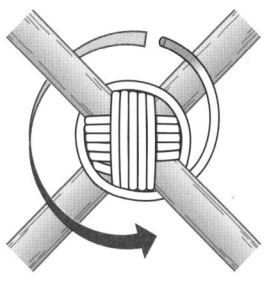

8 마찬가지로 세게 잡아당기면서 로프를 3회 감는다.

9 로프가 왼쪽 아래의 앞으로 오면 ❼~❽의 과정을 3회 반복한다.

10 로프를 다 감았을 때 로프 끝이 앞으로 오면 왼쪽 아래에 클로브 히치(202쪽 참조)를 한다.

11 매듭을 세게 묶어서 조인다.

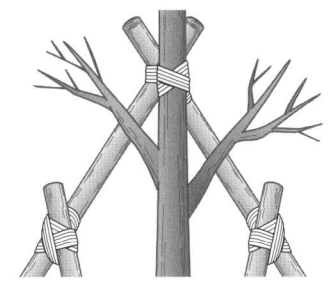

12 나무를 받치고 싶은 부분에 로프를 걸고 지주대를 사용해서 보강한다.

신문지나 잡지 묶기 1

[가마니 매듭]

쉽게 묶을 수 있어서 폐지 등을 내놓을 때 편리한 방법이다. 로프의 한쪽 끝을 잡아당기면 즉시 풀어진다. 물건의 모서리에서 매듭을 묶는 것이 중요하다.

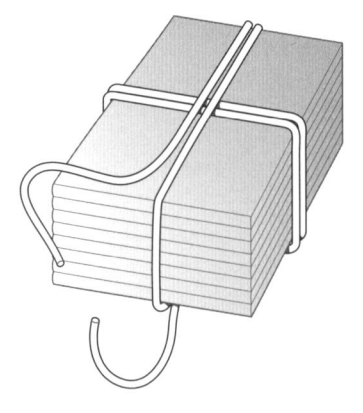

1 로프를 가로와 세로 방향으로 두 번씩 돌려 감은 뒤 양끝을 모서리로 가져온다.

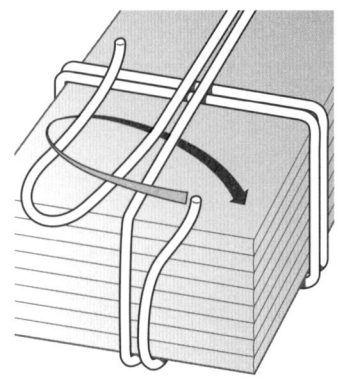

2 한쪽 끝을 두 겹으로 접어서 그 로프에 다른 한쪽 끝을 감는다.

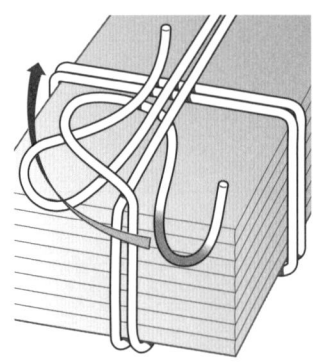

3 감은 로프 끝을 한 번 접어서 그림과 같이 고리 안에 통과시킨다.

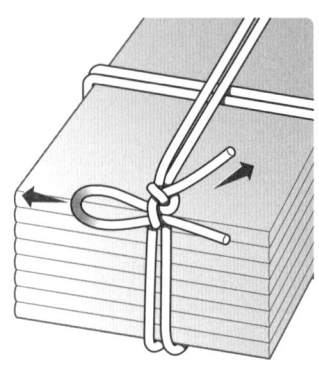

4 고리에 통과시킨 부분과 다른 한쪽 끝을 당겨서 매듭을 조인다.

신문지나 잡지 묶기 2

[외과의 매듭]

'가마니 매듭'(surgeon's knot)(148쪽 참조)보다 튼튼하게 묶고 싶을 때 사용하는 매듭법으로, 강도가 높아서 느슨해지지 않는다. 외과 수술에서 사용되어온 데서 이름이 유래했다.

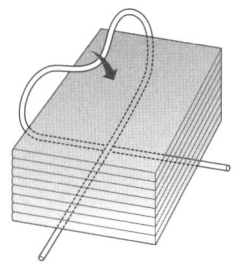

1 미리 로프 가운데에 고리를 만들고 그 고리를 물건 위쪽의 모서리에 느슨하게 걸어 놓는다.

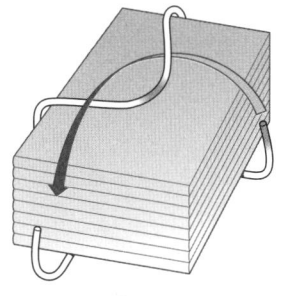

2 로프의 한쪽 끝을 ❶에서 걸어 놓은 고리에 통과시킨다.

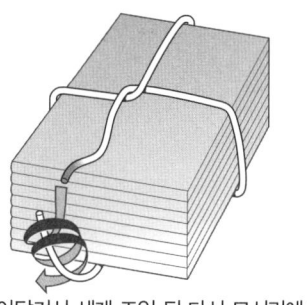

3 양끝을 잡아당겨서 세게 조인 뒤 다시 모서리에서 두 번 감는다.

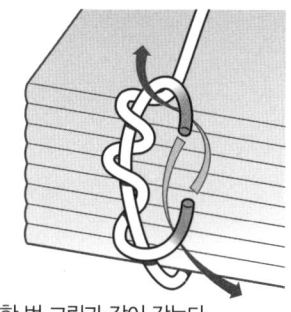

4 다시 한 번 그림과 같이 감는다.

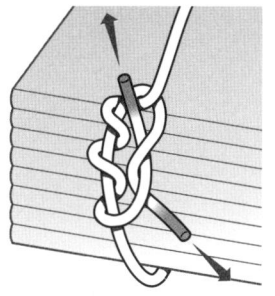

5 마지막으로 양끝을 잡아당겨서 매듭을 조인다.

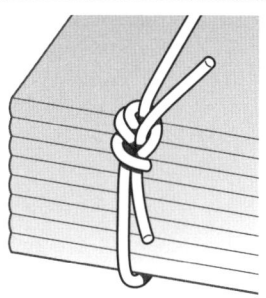

6 매듭이 완성되었다. 강도를 좀 더 높이고 싶으면 ❺에서 매듭을 한 번 더 묶어도 된다.

상자 묶기

[이중 십자 묶기 + 외과의 매듭]

로프를 이중 십자 모양으로 걸어 놓은 다음 '외과의 매듭'으로 묶어서 고정한다. 큰 짐을 옮길 때 효과적인 매듭법이다.

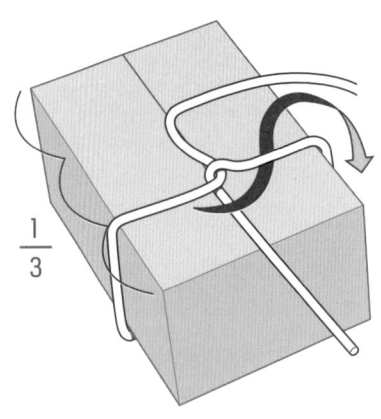

1 로프를 그림과 같이 긴 쪽의 3분의 1 정도 되는 위치에서 교차시킨다.

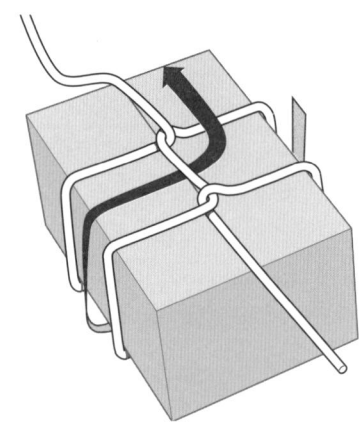

2 같은 방법으로 다시 한 번 로프를 교차시킨다.

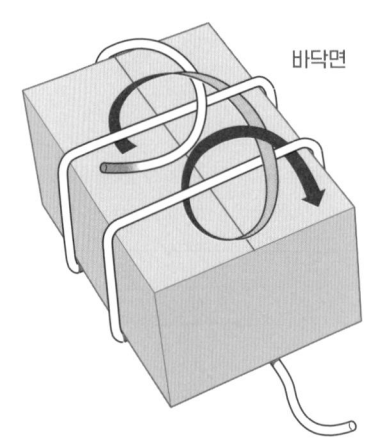

3 상자를 뒤집어서 그림과 같이 각각 로프를 감아서 교차시킨다.

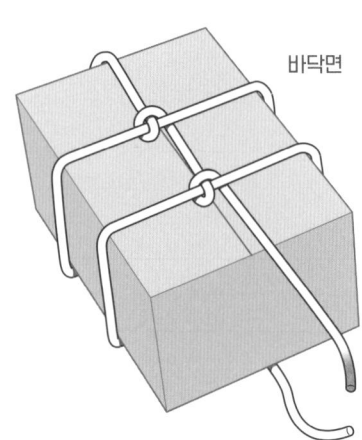

4 그림과 같은 상태가 된다.

이런 경우에도 활용할 수 있다!

로프를 이중 십자 모양으로 거는 방법은 이불을 묶을 때에도 사용할 수 있다. 그럴 때는 이불을 이불 주머니에 넣거나 큰 천으로 감싼 뒤에 묶도록 한다.

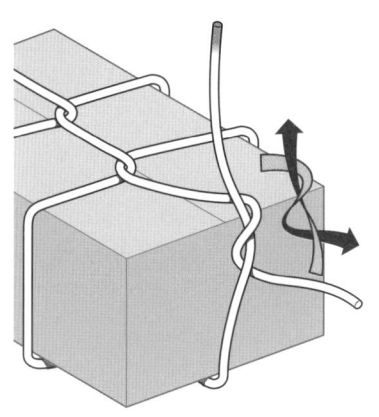

5 상자를 다시 원래대로 뒤집고 로프의 양끝을 모서리에서 감는다.

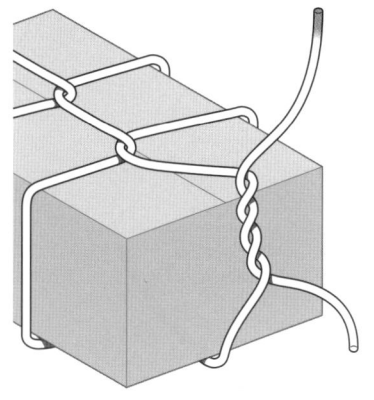

6 다시 한 번 감는다.

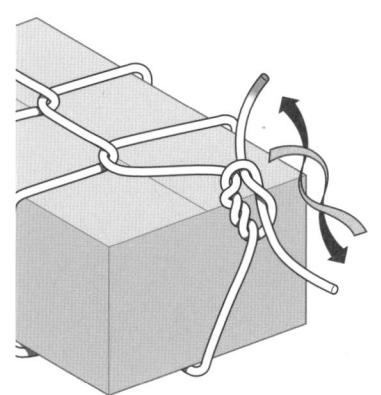

7 양끝을 당겨서 외과의 매듭(149쪽 참조)으로 묶는다.

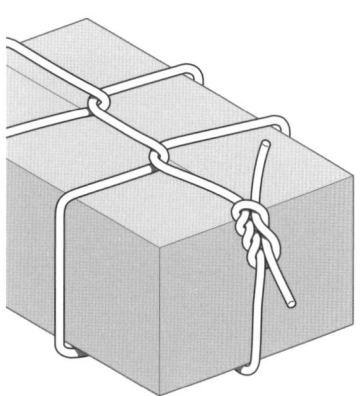

8 ❶~❷에서 교차시킨 로프의 위치가 어긋나지 않도록 하는 것이 중요하다.

봉지 묶기 1
[끈으로 입구 묶기]

한 손으로 봉지 입구를 잡은 상태에서 묶을 수 있는 방법이다. 끈에 리본을 사용하면 예쁜 선물용 포장으로도 사용할 수 있다.

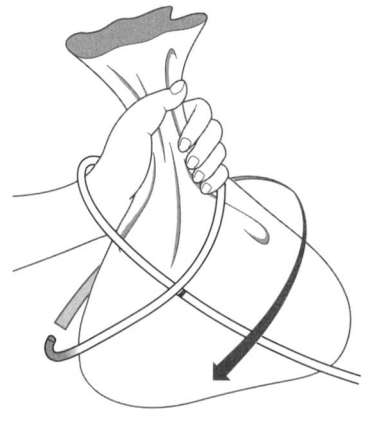

1 봉지 입구와 손목에 끈을 두 번 감는다. 두 번째에는 봉지 입구에만 감는다.

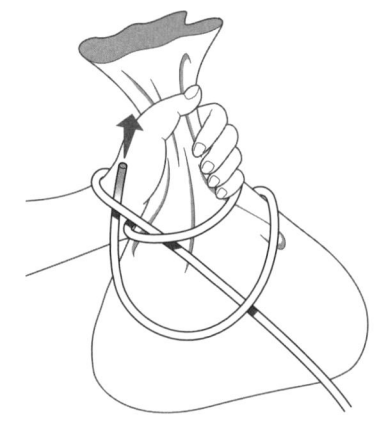

2 끝가닥을 손목에 걸친 끈 밑에서 통과시킨다.

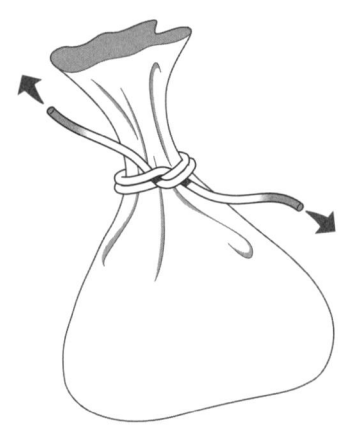

3 천천히 손목을 빼내고 끈의 양끝을 잡아당겨서 매듭을 조인다.

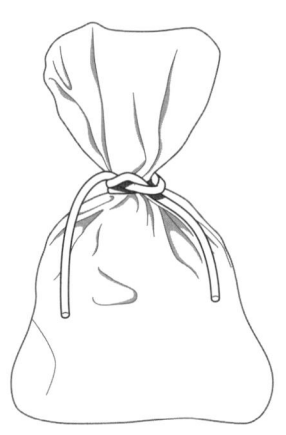

4 쉽고 빠르게 묶을 수 있어서 많은 양을 묶어야 할 경우에도 활용할 수 있다.

봉지 묶기 2

[비닐봉지 묶기]

비닐봉지 손잡이를 사용해서 간단히 묶는 방법이다. 자전거 바구니나 차 안에서 내용물이 쏟아질 걱정이 없다.

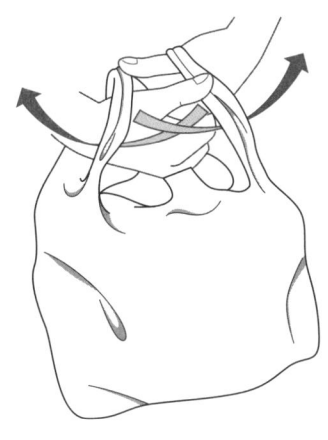

1 양손을 손잡이 바깥쪽에서 끼워 넣고 각각 반대쪽 손잡이를 잡아서 손을 그대로 빼낸다.

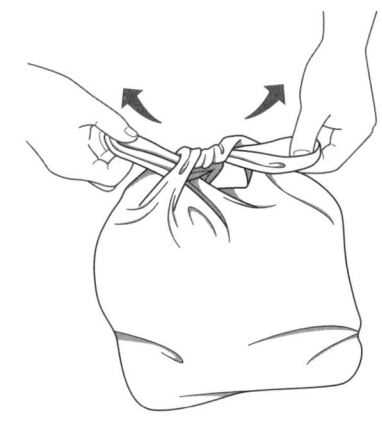

2 찢어지지 않을 정도로 꽉 조인다.

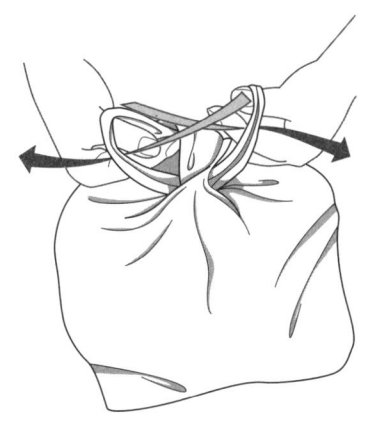

3 ❶~❷의 과정을 다시 한 번 반복한다.

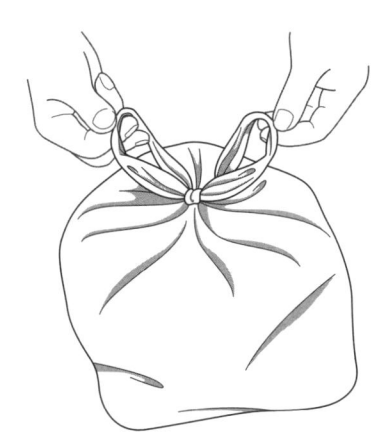

4 단단히 매어졌는데도 비교적 쉽게 매듭을 풀 수 있다.

병 묶기

[사각 매듭+한쪽 나비 매듭]

술병이나 음료수병과 같이 모양이 다양해서 옮기기 힘든 물건도 한데 모아 옮길 수 있는 것이 매듭법의 가장 큰 매력이다. 여기에서는 로프 두 가닥으로 묶는 방법을 소개한다.

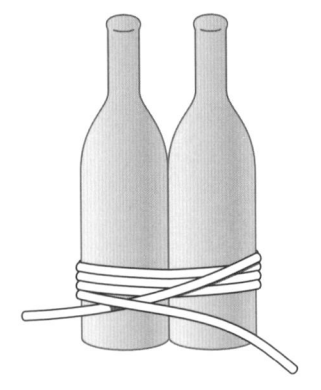

1 병 두 개를 나란히 놓고 로프를 사용해서 아랫부분을 3~4회 감은 뒤 로프의 양끝을 교차시킨다.

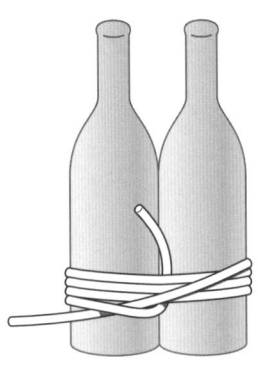

2 교차시킨 로프의 한쪽을 감아 놓은 로프의 아래쪽에서 넣어 빼낸다.

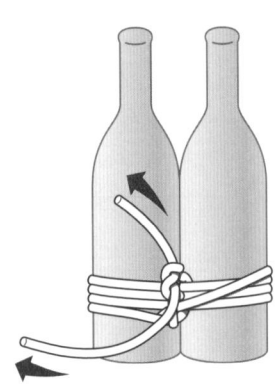

3 사각 매듭(205쪽 참조)으로 묶은 다음 병이 흔들리지 않도록 로프의 양끝을 잡아당겨서 단단히 조인다.

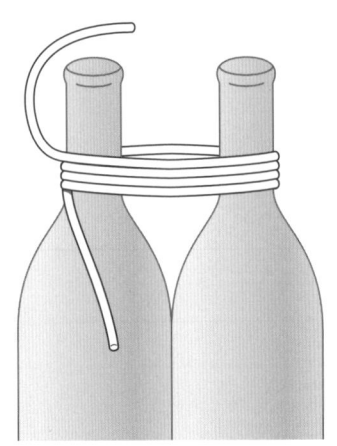

4 다른 쪽 로프를 사용해서 병의 윗부분을 3~4회 감는다.

이런 경우에도 활용할 수 있다!

미끄러지기 쉬운 병 두 개를 묶어서 옮기기 위한 방법이다. 병이 미끄러져서 떨어지는 일이 없도록 세게 감는 것이 중요하다. 하지만 너무 힘을 주면 병이 깨지므로 주의해야 한다.

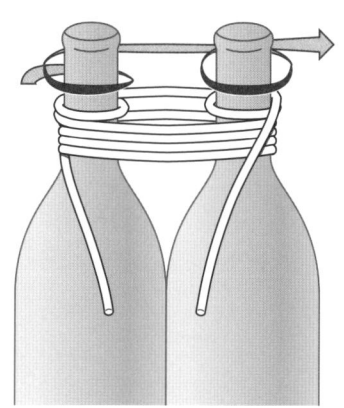

5 로프의 한쪽을 그림과 같이 병에 각각 감는다.

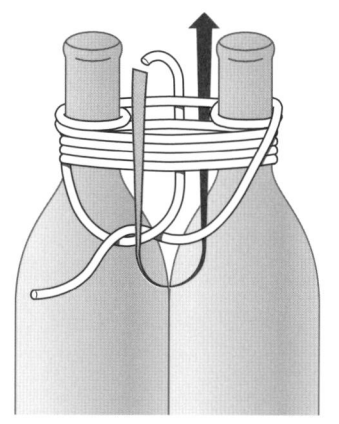

6 로프의 양끝을 휘감은 뒤 한쪽을 그림과 같이 아래쪽에서 위로 감는다.

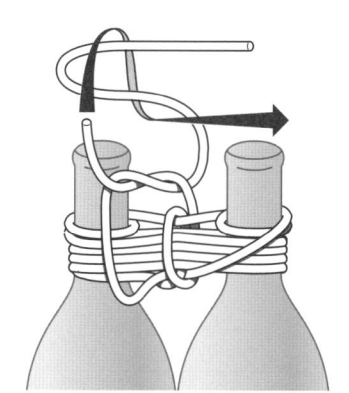

7 로프의 양끝을 그림과 같이 통과시킨다.

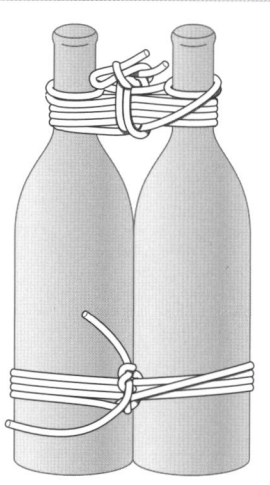

8 양끝을 묶어서 한쪽 나비 매듭으로 묶는다.

전선 정리하기 1
[사슬 매듭]

'사슬 매듭'(chain knot)을 사용하면 긴 선을 정리하기가 좋다. 하지만 전선에 따라 지나치게 구부리거나 합쳐 놓으면 발열할 수도 있으므로 주의해야 한다.

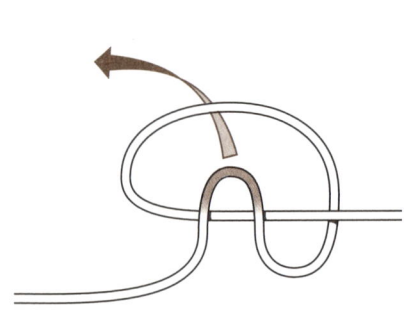

1 적당한 위치에서 고리를 만들고 그림과 같이 아래쪽 선을 고리에 통과시킨다.

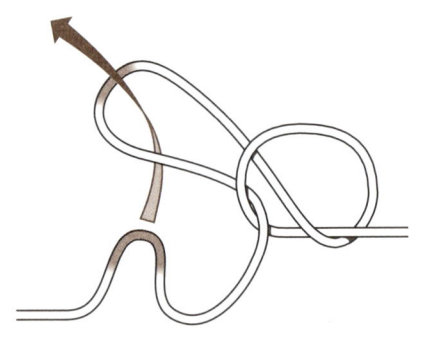

2 통과시킨 부분에 생긴 고리에 ❶과 같은 방법을 반복한다.

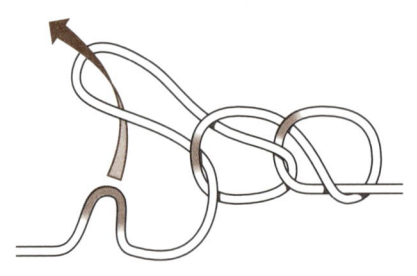

3 같은 방법을 여러 번 반복한다. 이때 고리의 크기를 맞추면 보기 좋다.

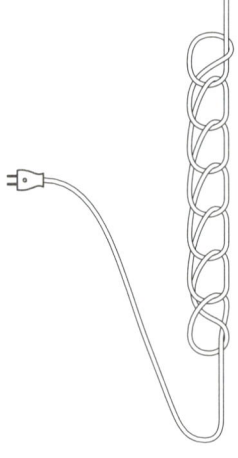

4 고리가 연결되는 모양이 사슬 같아서 사슬 매듭이라고 불린다.

전선 정리하기 2

[줄임 매듭]

'줄임 매듭'(sheep shank)을 쓰면 사슬 매듭보다 쉽게 전선을 정리할 수 있다. 하지만 어느 정도의 힘이 가해지지 않으면 매듭이 느슨해진다.

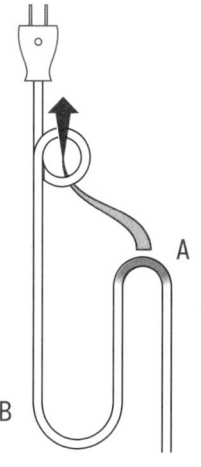

1 짧게 정리하고 싶은 길이로 두 번 접는다. A 부분을 그림과 같이 미리 만들어 놓은 고리에 통과시킨다. 이 때 플러그에서 떨어진 위치에 고리를 만든다.

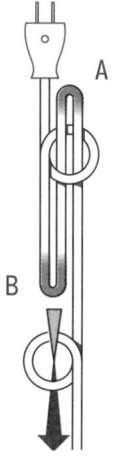

2 그림과 같이 아래쪽에도 고리를 만들어 B를 통과시킨다.

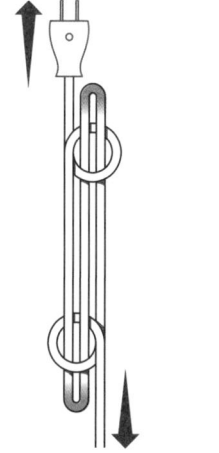

3 양끝을 천천히 잡아당긴다. 너무 세게 당기지 않도록 주의한다.

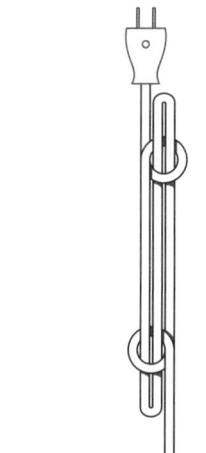

4 고리 부분을 길게 늘이면 전선 길이를 조절할 수 있다.

옷장 옮기기
[이중 보라인 매듭]

큰 짐을 끌어 올리거나 내릴 때 사용하는 방법이다. 이 방법으로 2층 창문에서 옷장 등을 옮길 수 있다. '이중 십자 묶기'(150쪽 참조)와 '이중 보라인 매듭'을 사용한다.

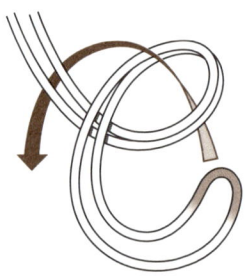

1 두 겹으로 접은 로프로 고리를 만들고 로프를 그 고리에 통과시킨다.

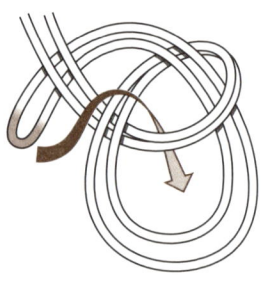

2 그림과 같이 감아서 다시 한 번 로프를 고리에 통과시킨다.

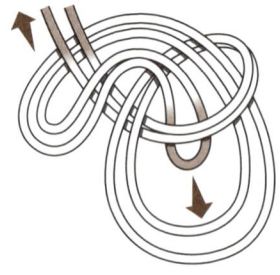

3 로프의 접은 부분과 원가닥을 당겨서 매듭을 조인다.

4 이중 보라인 매듭이 완성되었다.

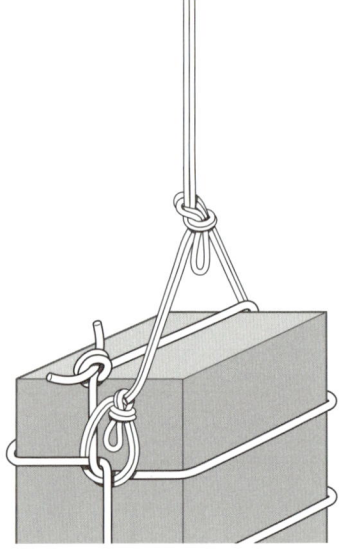

5 ❶에서 만든 고리를 이중 십자 묶기(150쪽 참조)를 한 물건의 양옆으로 가져와서 이중 십자 교차 부분에 통과시킨 뒤 이중 보라인 매듭을 묶는다.

보자기로 포장하기 1

[선물 상자 싸기]

매듭을 만들지 않고 물건을 쌀 수 있다. 선물 포장에서 가장 격식을 차리는 방법으로 보자기 포장의 기본형으로 불린다.

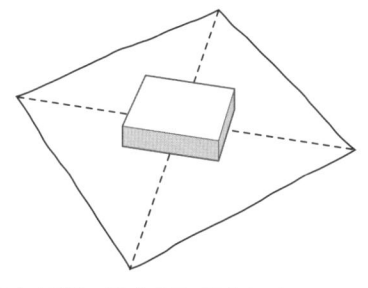

1 보자기 안쪽 가운데에 물건을 놓는다.

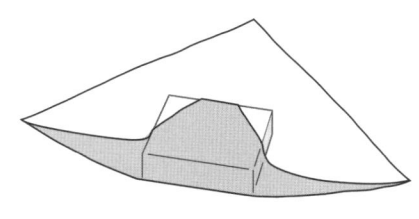

2 앞쪽을 덮는다.

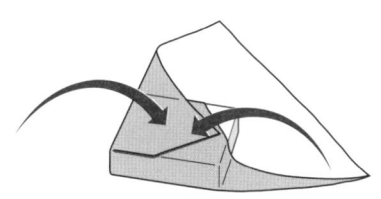

3 왼쪽, 오른쪽 순서로 덮는다.

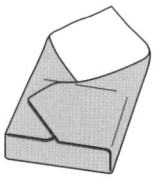

4 사각 모양을 깔끔하게 정돈한다. 조문할 경우에는 좌우를 덮는 순서가 반대가 되므로 주의한다.

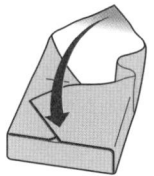

5 마지막으로 바깥쪽을 덮는다.

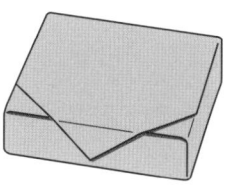

6 선물을 가져갈 때 사용한다.

보자기로 포장하기 2

[감아 싸기]

쉽게 포장할 수 있는데 비교적 잘 풀어지지도 않는다. 도시락과 같이 네모난 물건을 포장할 때 사용하는 일반적인 방법이며 일상생활에서 쉽게 사용할 수 있다.

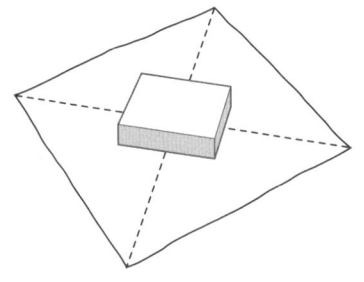

1 보자기 안쪽 가운데에 물건을 놓는다.

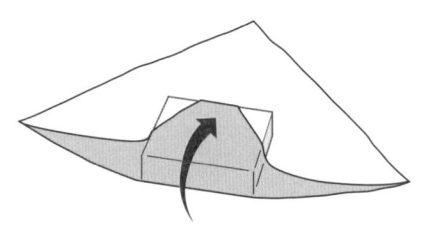

2 앞쪽을 덮는다.

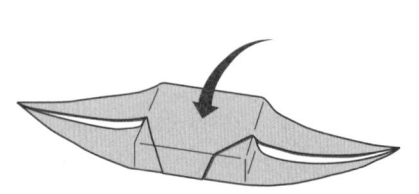

3 바깥쪽을 덮는다.

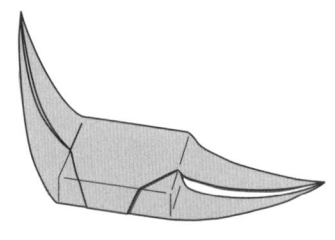

4 좌우의 끝을 살짝 잡아당겨서 사각 모양을 정돈한다.

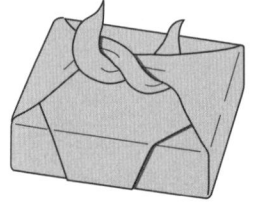

5 좌우의 끝을 물건 한가운데로 가져와서 사각 매듭 (205쪽 참조)으로 묶는다.

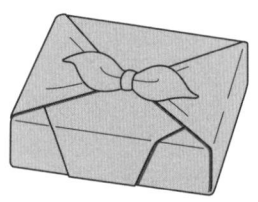

6 매듭을 정리하면 완성된다.

보자기로 포장하기 3

[와인병 감싸기 (1병)]

와인병 등을 포장해서 운반할 수 있는 방법이다.

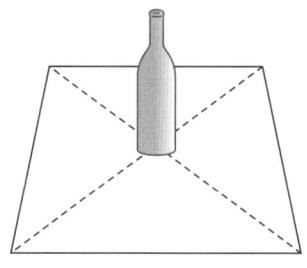

1 보자기 안쪽 가운데에 병을 세워 놓는다.

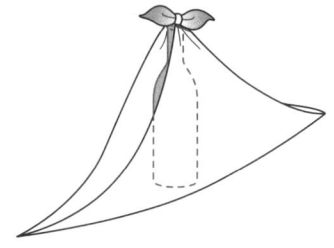

2 대각선 위에 있는 귀퉁이를 병 입구 부분에서 사각 매듭(205쪽 참조)으로 묶는다.

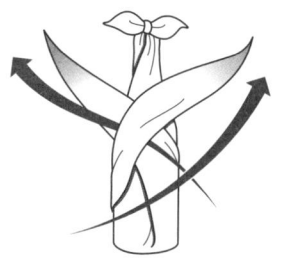

3 귀퉁이를 그림과 같이 병 앞에서 교차시키고 다시 병 뒤쪽 부분에서 교차시킨다.

4 교차시킨 부분을 감으면서 병 앞쪽으로 돌린다.

5 병의 정면에서 사각 매듭을 묶는다.

6 매듭을 정리하면 완성된다.

보자기로 포장하기 4

[와인병 감싸기 (2병)]

와인 두 병을 한데 모아 포장하는 방법으로, 한손으로 들고 옮길 수 있어서 매우 편리하다. 병끼리 부딪치지 않아서 안심할 수 있다.

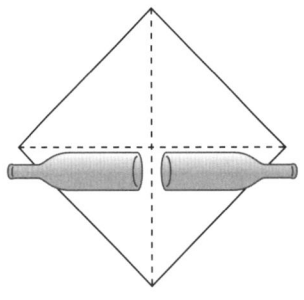

1 보자기 안쪽에 그림과 같이 병을 배치한다. 병 두 개의 바닥에 공간을 남겨 놓는다.

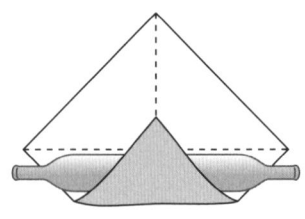

2 보자기를 앞쪽에서 덮는다.

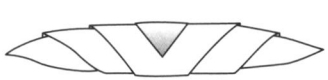

3 그 상태로 병을 위쪽으로 굴리면서 보자기를 감는다.

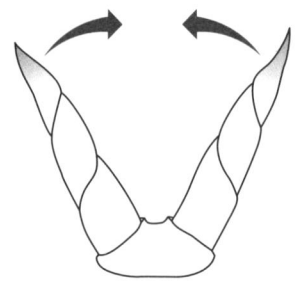

4 병을 세울 수 있도록 안쪽으로 접어 일으킨다.

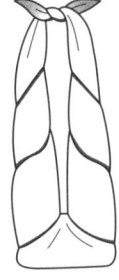

5 모양을 잡고 병의 입구 부분에서 사각 매듭(205쪽 참조)을 묶는다.

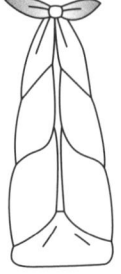

6 매듭을 정리하면 완성된다.

보자기로 포장하기 5

[수박 싸기]

둥근 물체나 일정하지 않은 모양의 물건을 포장하는 방법이다. 손잡이가 생겨서 무거운 물건도 쉽게 들고 다닐 수 있다.

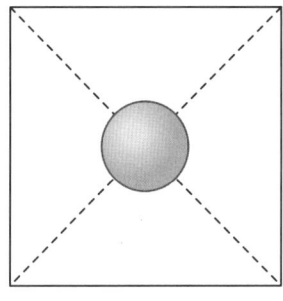

1 보자기 안쪽의 가운데에 물건을 놓는다.

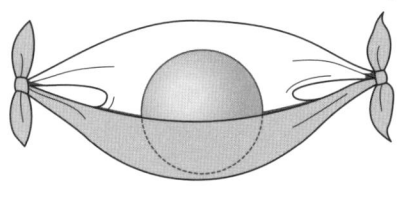

2 서로 만나는 귀퉁이를 그림과 같이 각각 사각 매듭(205쪽 참조)으로 묶는다.

3 한쪽 매듭 부분을 다른 한쪽 매듭에 생긴 고리에 통과시킨다.

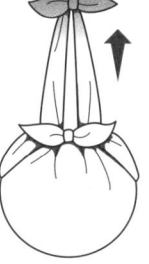

4 통과시킨 쪽 매듭을 위로 잡아당겨서 손잡이를 만들고 들기 쉽게 모양을 잡는다.

보자기로 포장하기 6

[가방 만들기]

보자기가 두 가지 유형의 가방으로 순식간에 변신한다.

[유형 1]

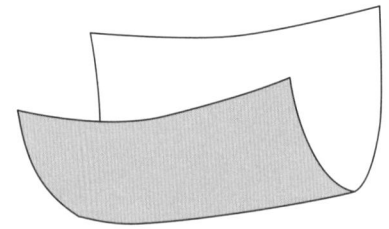

1 보자기를 반으로 접어서 직사각형을 만든다.

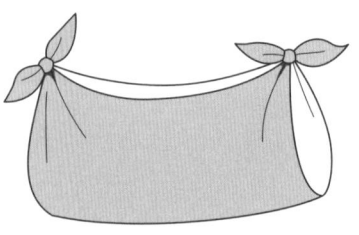

2 서로 만난 귀퉁이를 사각 매듭(205쪽 참조)으로 묶는다.

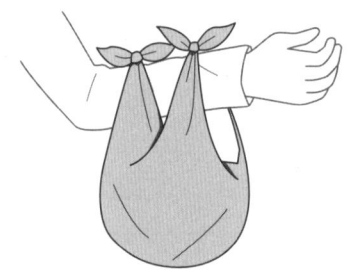

3 매듭을 묶어 만들어진 고리에 팔을 통과시켜 가방으로 사용한다.

[유형 2]

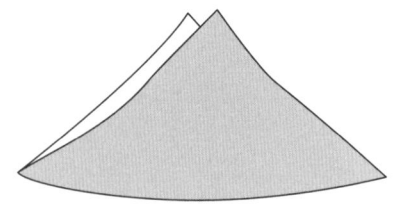

1 보자기를 삼각형으로 접는다.

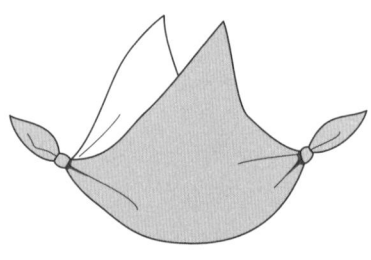

2 그림과 같이 양끝을 옭매듭(66쪽 참조)으로 묶는다.

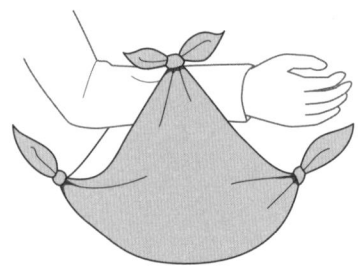

3 나머지 두 귀퉁이를 사각 매듭(205쪽 참조)으로 묶어서 손잡이를 만든다. 팔을 손잡이에 통과시켜서 가방으로 사용한다.

매듭법 메모 5

세로 매듭에 주의하자!

사각 매듭을 잘못 묶으면 세로 매듭이 되는 경우가 종종 있다.
이 상태는 상당히 잘 풀어져서 위험하므로 주의하자.

사각 매듭(205쪽 참조)　　　　　**나비 매듭**(64쪽 참조)

세로 매듭은 그래니 매듭(granny knot)이라고도 하는데, 사각 매듭을 잘못 묶은 것을 가리킨다. 매듭을 조이면 로프 끝단이 세로 방향이 되므로 잘못 묶었는지 바로 알 수 있다.

나비 매듭도 로프를 잘못 휘감으면 사각 매듭처럼 끝단이 세로 방향이 된다. 이 나비 매듭도 쉽게 풀어지므로 정확한 순서대로 다시 묶자.

◯ 올바른 예

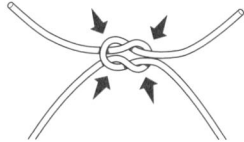

로프 두 가닥이 각각 같은 쪽에서 고리를 지나가므로 바르게 묶인 사각 매듭이다.

✕ 잘못된 예

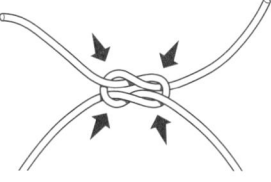

로프 두 가닥이 각각 고리 안쪽과 바깥쪽을 지나가므로 잘못 묶인 사각 매듭이다.

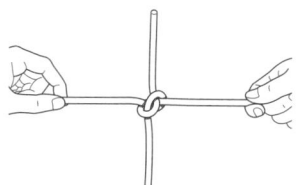

잘못 묶은 사각 매듭은 로프를 세게 조이면, 평행으로 늘어서야 하는 로프 두 가닥이 십자 모양이 된다.

◯ 올바른 예

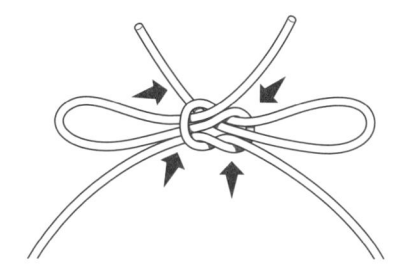

✕ 잘못된 예

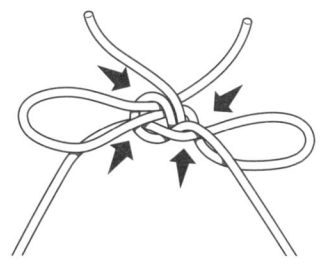

매듭법 메모 6

매듭의 유형과 메커니즘

언뜻 보면 복잡한 듯한 매듭도 각각의 순서는 의외로 간단하다.
여기서는 매듭의 기본이 되는 유형과 메커니즘에 대해 이해하자.

매듭의 기본 유형은 4가지

매듭의 기본 유형은 걸기, 한 번 감기, 둘러 감기, 묶기의 네 가지로 매우 간단하다. 이 네 가지를 조합하거나 반복해서 다양한 목적과 상황에 적합한 로프 매듭을 만들 수 있다.

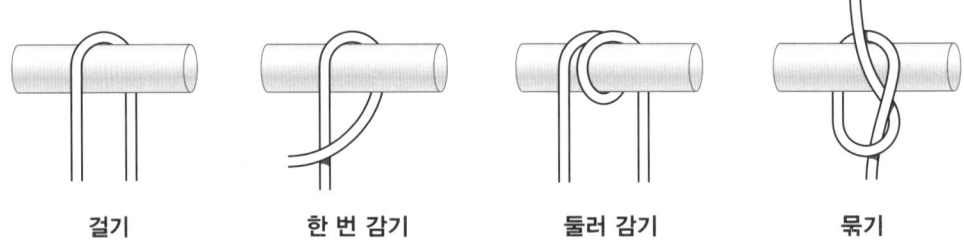

걸기　　한 번 감기　　둘러 감기　　묶기

마찰의 구조

매듭 지은 로프가 풀어지지 않고 고정되어 있는 것은 로프와 로프, 또는 로프와 다른 물건 사이에 마찰이 생기기 때문이다. 즉 매듭법이 복잡해지고 접촉하는 면적이 커질수록 마찰의 저항도 커져서 로프가 쉽게 풀어지지 않는다. 또한 마찰을 만들려면 로프에 가해지는 힘의 방향도 중요하다.

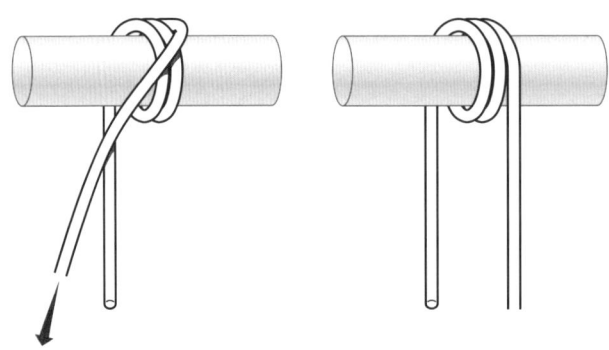

로프를 화살표 방향으로 당기려고 해도 친친 둘러 감은 로프와 당기는 로프 사이에 마찰이 생겨서 풀어지지 않는다. 하지만 로프를 수직으로 잡아당기면 둘러 감은 로프와의 사이에 마찰이 생기지 않으므로 즉시 풀어진다.

6장
구조 상황

SOS 구조 상황

멈춰버린 자동차를 로프로 묶어 견인하거나 부상자를 업을 때 로프를 사용하는 등 긴급 사태에 필요한 매듭법을 중심으로 소개한다. 또한 붕대나 삼각건의 기본적인 사용 방법에 대해서도 설명하므로 유사시에 유용하게 활용하자.

부상자 업기
196쪽 197쪽

줄사다리 만들기
170쪽
손상된 로프를
임시로 사용하기
172쪽
시트를 로프 대용으로
사용하기 181쪽

무거운 짐 운반하기
173쪽 174쪽 175쪽
로프 두 가닥 연결하기 178쪽
굵기가 다른 로프 연결하기 180쪽

붕대 감기
182쪽 183쪽 184쪽
185쪽 186쪽 187쪽
삼각건 사용하기
188쪽 190쪽 191쪽 192쪽
193쪽 194쪽 195쪽

짐칸에 화물 고정하기 176쪽

줄사다리 만들기

[지레 매듭]

로프와 통나무가 있으면 '지레 매듭'으로 간이 사다리를 만들 수 있다.

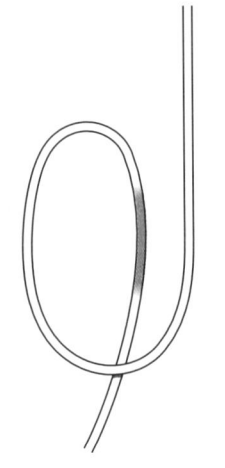

1 로프 중간에 그림과 같이 고리를 만든다.

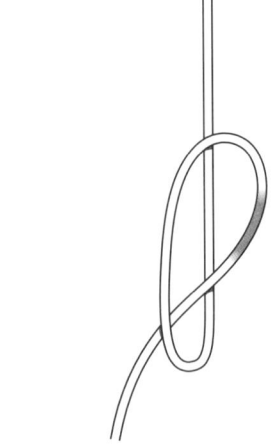

2 고리를 원가닥에 겹친다.

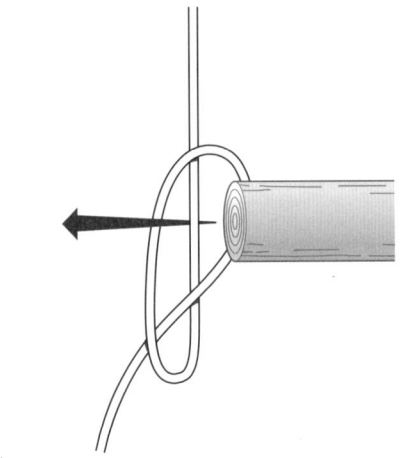

3 그림과 같이 고리 안에 통나무를 통과시킨다.

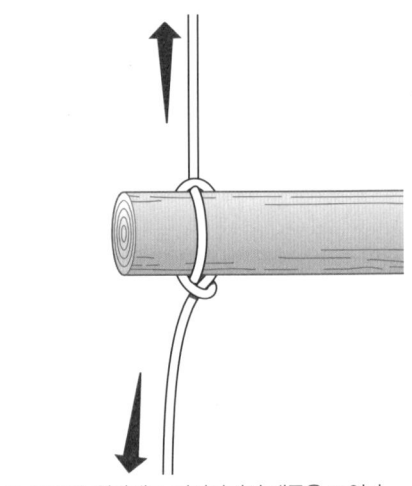

4 로프를 위아래로 잡아당겨서 매듭을 조인다.

이런 경우에도 활용할 수 있다!

캠프에서 아이들의 놀이기구로 줄사다리나 그네 등을 만들 때 이 방법을 사용한다. 또 '지레 매듭'은 로프에 손잡이를 만들 때도 쓰인다.

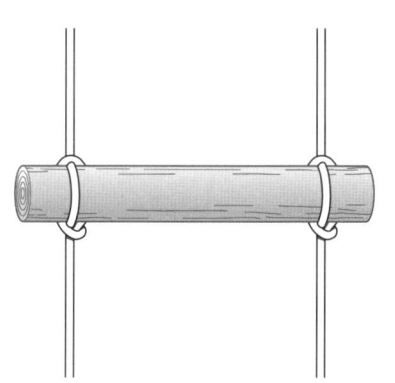

5 다른 로프 한 가닥을 통나무의 반대쪽 끝에 묶는다.

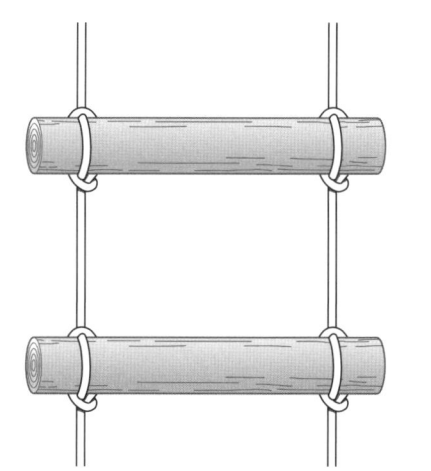

6 ❶~❺를 반복해서 줄사다리를 만든다. 통나무가 나란히 늘어서도록 로프의 길이를 조절해가면서 묶는다.

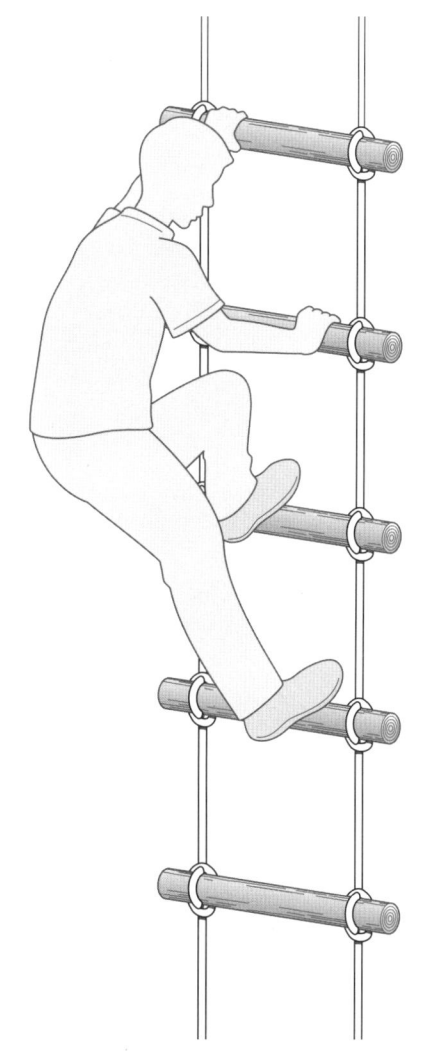

7 통나무를 필요한 수만큼 로프로 묶으면 줄사다리가 완성된다.

손상된 로프를 임시로 사용하기

[고리 옭매듭]

손상된 로프라도 '고리 옭매듭'(double overhand loop)으로 묶으면 임시로 사용할 수 있다.

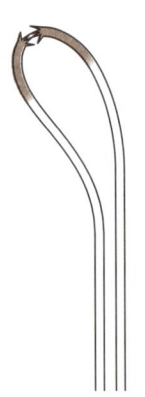

1 손상된 부분에서 로프를 한 번 접는다.

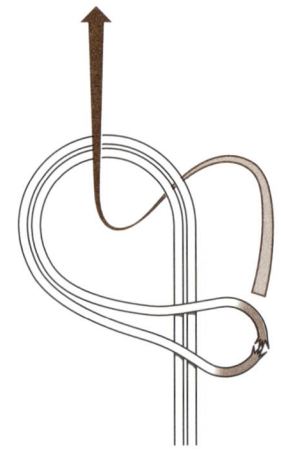

2 손상된 부분을 원가닥 위로 교차시켜서 옭매듭(66쪽 참조)으로 묶는다.

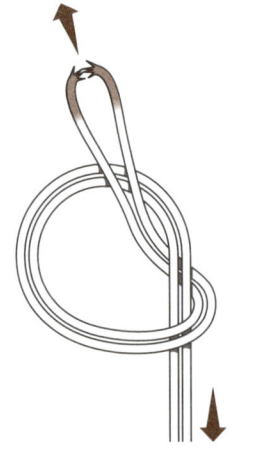

3 손상된 부분과 원가닥을 잡아당겨서 매듭을 꽉 조인다.

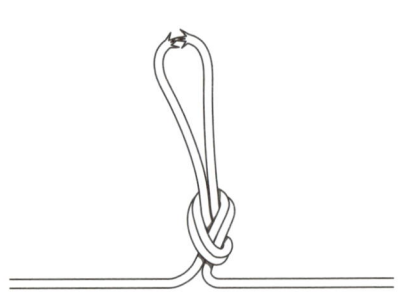

4 손상된 부분에는 힘이 가해지지 않는다. 하지만 어디까지나 임시방편이므로 즉시 새 로프로 교환한다.

무거운 짐 운반하기 1
[거스 히치]

간이 들것의 테두리에 '거스 히치'로 로프 슬링을 묶어서 어깨에 걸면 운반 시의 무게가 줄어든다.

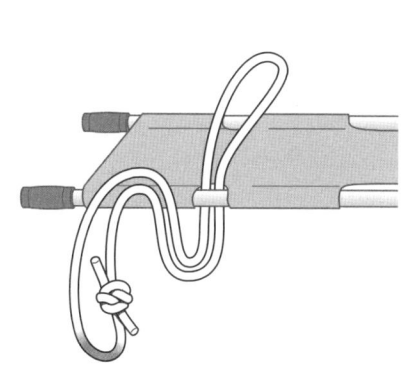

1 로프 슬링(72쪽 참조)을 간이 들것의 테두리 사이에 통과시킨다.

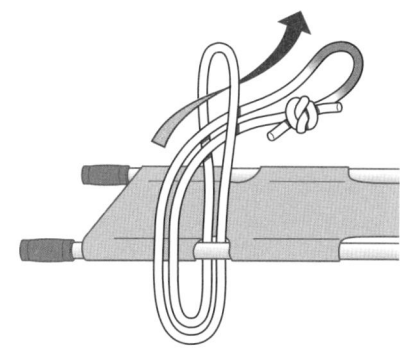

2 거스 히치(24쪽 참조)로 묶어서 로프 슬링을 건다.

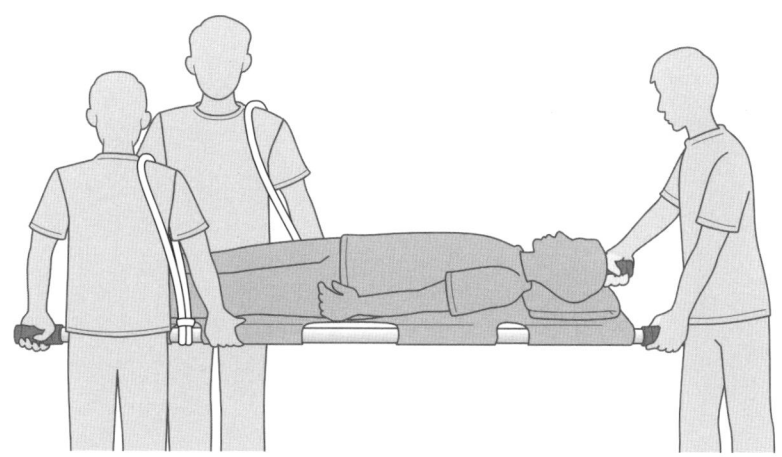

3 운반하는 사람 수에 따라 로프 슬링을 묶고, 그것을 어깨에 걸어서 운반한다.

무거운 짐 운반하기 2

[멜빵 매듭]

고장난 자동차와 같이 무거운 물건을 인력으로 옮길 때 사용한다. 로프 중간에 만든 고리를 어깨에 걸어서 끌어당긴다.

1 로프 중간에 고리를 만들어서 앞쪽으로 빼낸다.

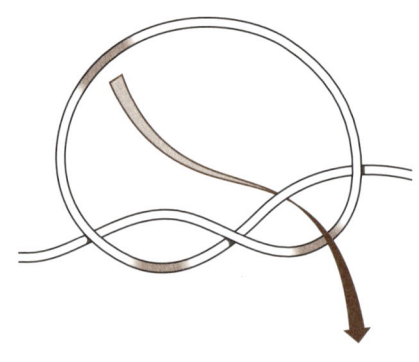

2 로프의 일부를 앞쪽으로 빼면서 생긴 틈에 통과시킨다.

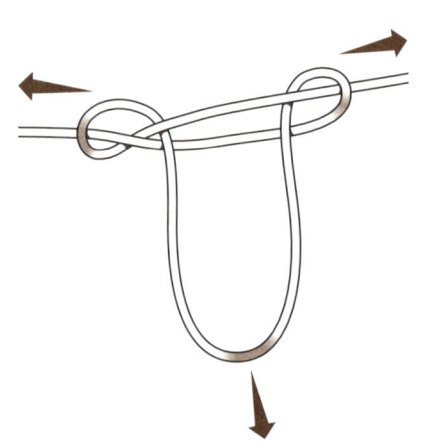

3 통과시킨 로프와 원가닥의 양끝을 당겨서 매듭을 조인다.

4 로프 한 가닥에 고리를 필요한 수만큼 만들고, 그 고리를 어깨에 걸어서 무거운 물건을 끌어 옮긴다.

무거운 짐 운반하기 3

[변형 보라인 매듭 + 한 매듭]

자동차끼리 연결해서 견인할 때는 강도가 높고 잘 풀어지지 않는 '변형 보라인 매듭'을 사용한다. 중간에 '한 매듭'을 묶어 놓으면 매듭을 풀 때 비교적 풀기 쉽다.

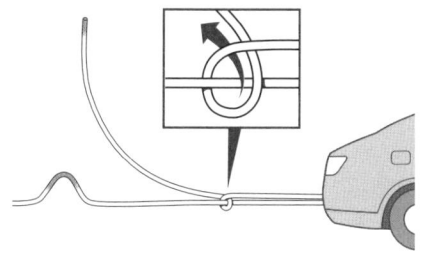

1 로프를 차량 견인용 고리에 통과시킨다. 그림과 같이 중간에 한 매듭(200쪽 참조)을 묶는다.

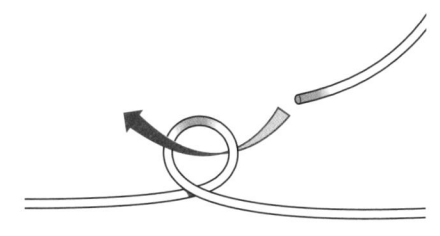

2 로프 중간에 고리를 만들어서 끝가닥을 통과시킨다.

3 로프 끝가닥을 그림과 같이 휘감는다.

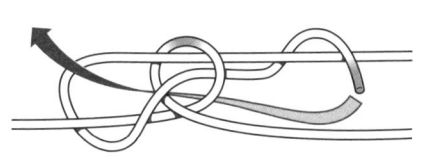

4 휘감은 로프 끝을 그림과 같이 통과시킨다.

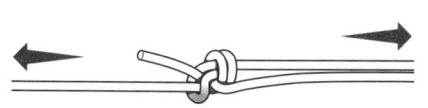

5 로프의 끝가닥과 원가닥을 당겨서 매듭을 단단히 조인다.

6 다른 차량에도 ❶~❺를 반복한 뒤 변형 보라인 매듭(78쪽 참조)으로 로프를 묶는다.

짐칸에 화물 고정하기

[웨거너스 히치]

'웨거너스 히치'(wagoner's hitch)는 트럭 짐칸에 화물을 고정하는 방법으로, 지레의 원리를 이용해 강한 장력을 가해서 묶을 수 있다.

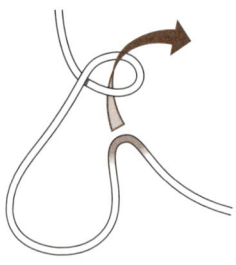

1 로프 중간에 고리를 만든 다음 끝을 한 번 접어서 고리에 통과시킨다.

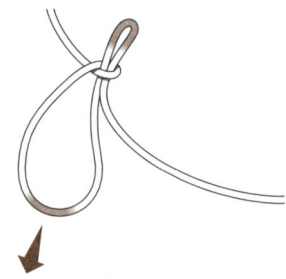

2 아래쪽에 생긴 고리를 잡아당겨서 위쪽 고리를 조인다.

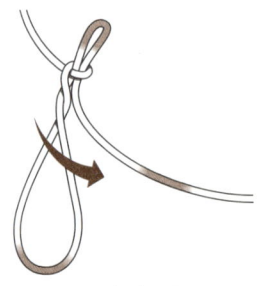

3 아래쪽 고리를 두 번 비튼다.

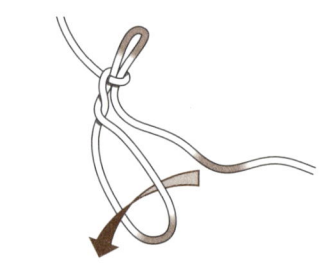

4 그림과 같이 로프를 아래쪽 고리에 통과시킨다.

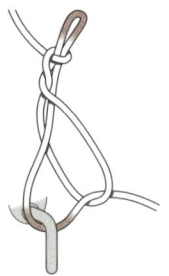

5 통과시킨 부분을 짐칸에 달려 있는 고리에 건다.

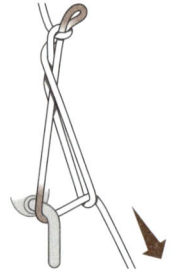

6 로프 끝가닥을 세게 잡아당겨서 화물을 고정한다.

이런 경우에도 활용할 수 있다!

트럭이나 자동차 지붕 등에 화물을 싣고 운반할 때 가장 기본적으로 사용하는 매듭법이다. 요령을 익히면 로프를 조여가면서 재빨리 묶을 수 있다.

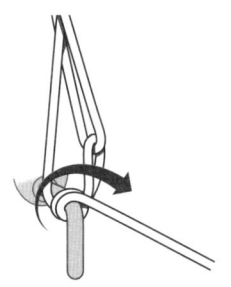

7 로프를 세게 당긴 상태에서 고리에 한두 번 감는다.

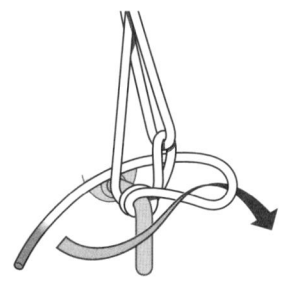

8 그림과 같이 로프를 통과시킨다.

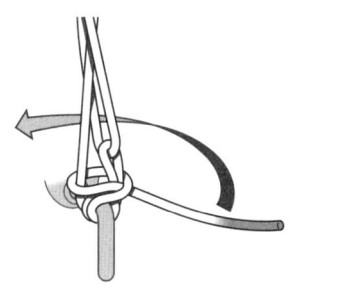

9 로프를 매듭에 한 번 감는다.

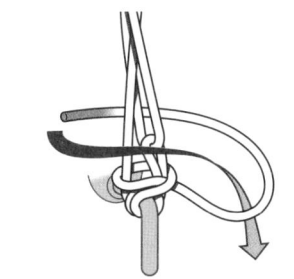

10 클로브 히치(200쪽 참조)로 매듭을 조인다.

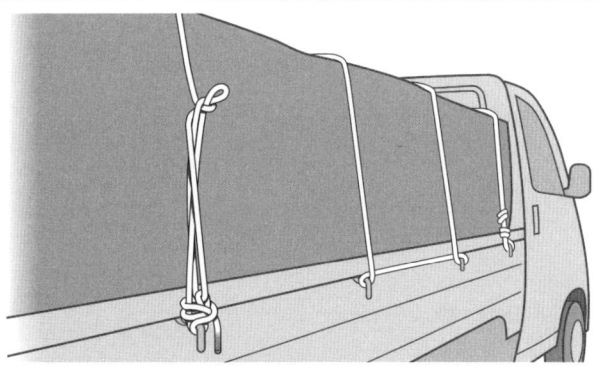

11 로프를 차체의 양 측면으로 넘겨가면서 화물을 고정한다.

로프 두 가닥 연결하기

[이중 피셔맨 매듭]

'이중 피셔맨 매듭'(72쪽 참조)은 '피셔맨 매듭'(204쪽 참조)과 '옭매듭'(66쪽 참조)을 한 번씩 더 감아 만드는 매듭법이다. 로프를 서로 이어서 긴 구명줄을 만들 때 효과적이다.

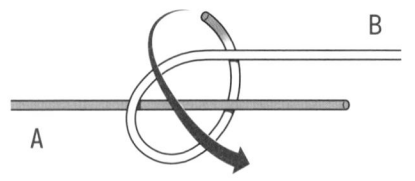

1 나란히 늘어놓은 로프 B를 그림과 같이 돌려 감는다.

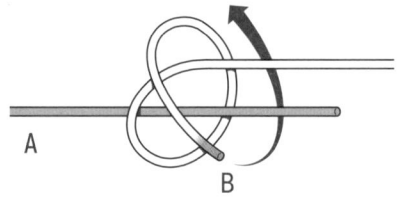

2 B의 끝가닥을 다시 한 번 감는다.

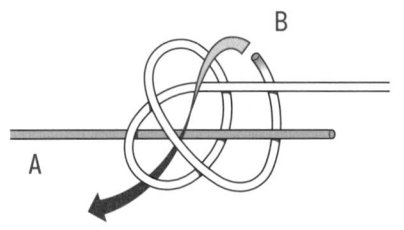

3 B의 끝가닥을 ❶~❷에서 만들어진 고리 안에 통과시킨다.

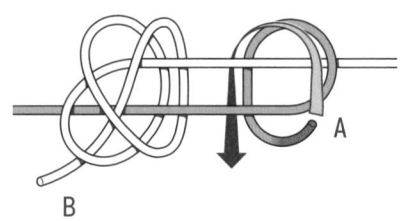

4 A도 같은 방법으로 두 번 감는다.

> **이런 경우에도 활용할 수 있다!**
>
> 튼튼해서 믿을 수 있는 이중 피셔맨 매듭은 구명줄이나 무거운 물건을 견인하는 경우와 같이 로프에 큰 부하가 가해질 때 주로 사용된다. 하지만 매듭 크기가 커지면 부하가 가해졌을 때 매듭을 풀기 어려워지는 문제가 있다.

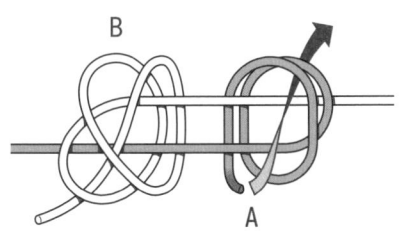

5 A의 끝가닥을 ❹에서 만들어진 고리 안에 통과시킨다.

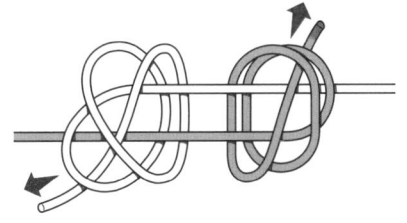

6 A와 B의 끝가닥을 각각 당겨서 매듭을 조인다.

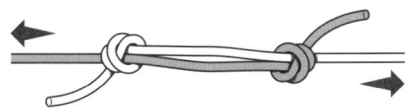

7 A와 B의 원가닥을 동시에 잡아당긴다.

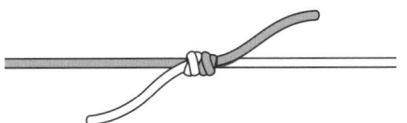

8 매듭 두 개가 한데 모이면 이중 피셔맨 매듭이 완성된다.

굵기가 다른 로프 연결하기

[이중 접친 매듭]

긴급 시 굵기가 다른 로프밖에 없더라도 '이중 접친 매듭'을 이용하면 튼튼하고 긴 로프를 만들 수 있다.

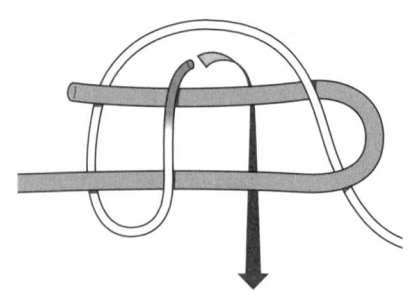

1 굵은 로프를 한 번 접고 그림과 같이 가는 로프를 '접친 매듭'(27쪽 참조)의 요령으로 통과시킨다.

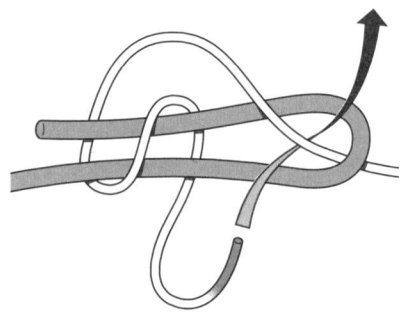

2 가는 로프의 끝가닥을 다시 한 번 고리에 감아서 화살표 방향으로 통과시킨다.

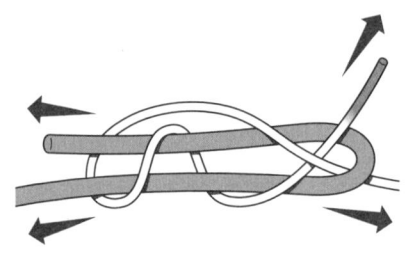

3 두 로프의 끝가닥과 원가닥을 양쪽으로 세게 잡아당긴다.

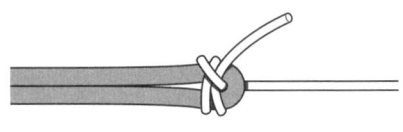

4 이중 접친 매듭으로 묶으면 굵기가 다른 로프 두 가닥을 이을 수 있다.

시트를 로프 대용으로 사용하기

[사각 매듭 + 옭매듭]

시트와 같이 천으로 된 것이라도 '사각 매듭'과 '옭매듭'을 묶으면 로프 대용으로 사용할 수 있다.

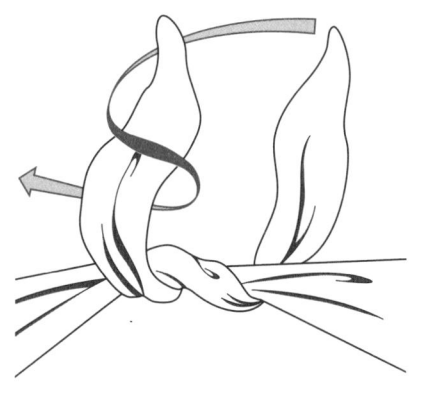

1 시트 두 장의 모서리를 동여맨 뒤 사각 매듭(205쪽 참조)을 묶는다.

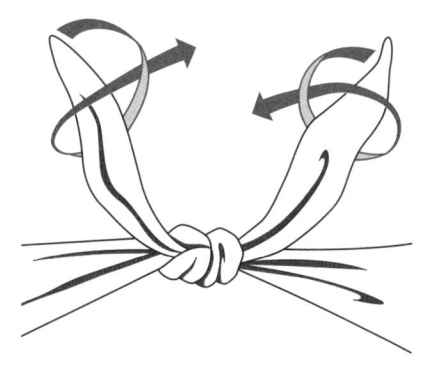

2 다시 양끝을 옭매듭(66쪽 참조)으로 묶는다.

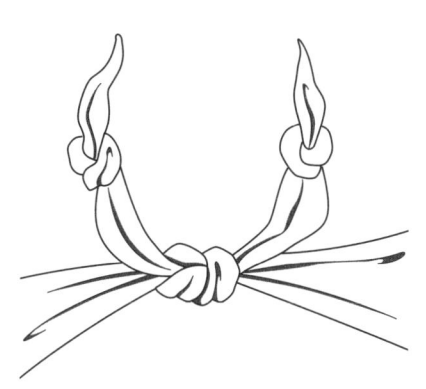

3 이 방법으로 시트 여러 장을 연결한다.

4 비상시 탈출 방법으로 기억해 놓으면 좋다.

붕대 감기 1
[시작 감기]

'시작 감기'는 붕대를 환부에 감는 첫 번째 과정이다. 붕대가 느슨해지는 것을 방지하기 위한 필수 요소다.

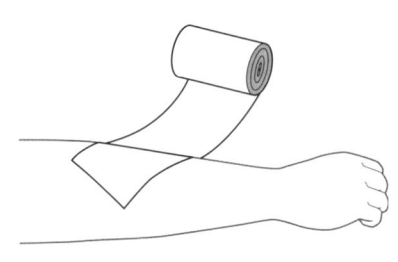

1 붕대 끝을 환부에 비스듬히 댄다.

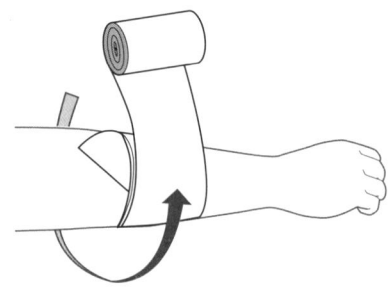

2 끝이 밖으로 살짝 나온 상태에서 붕대를 두 번 감는다.

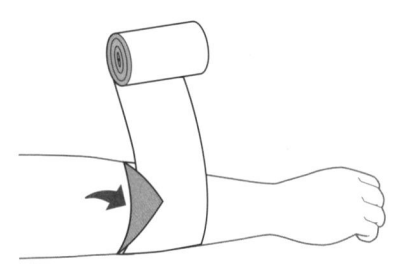

3 밖으로 나온 붕대 끝을 그림과 같이 접어 넣는다.

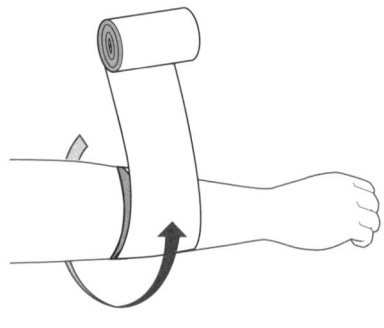

4 접어 넣은 부분을 덮듯이 붕대를 감는다.

붕대 감기 2

[마무리 감기]

'마무리 감기'는 붕대 감기의 마지막 과정이다. 마지막에는 환부에 직접 자극을 주지 않는 위치에서 '사각 매듭'으로 단단히 고정한다.

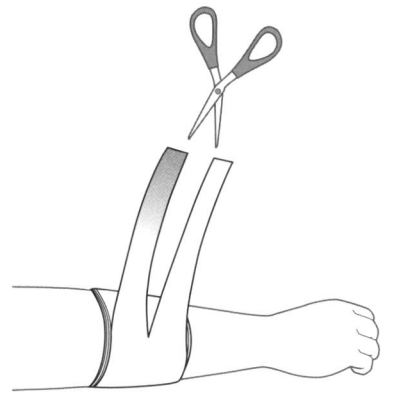

1 붕대를 다 감은 뒤에 끝을 어느 정도 남겨서 그림과 같이 가위로 자른다.

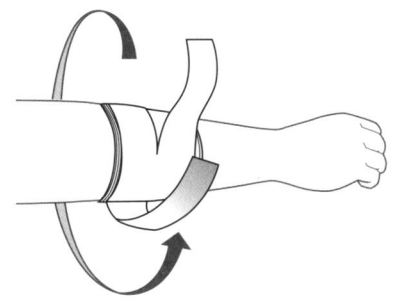

2 가위로 자른 한쪽 끝을 팔에 돌려 감는다.

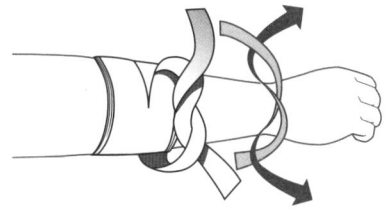

3 양쪽 끝을 사각 매듭(205쪽 참조)으로 고정한다.

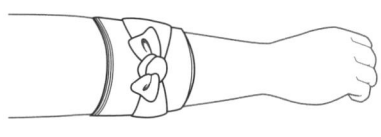

4 마지막으로 여분을 자른다.

붕대 감기 3

[손가락]

붕대를 손가락에 감을 때는 다친 손가락과 손목에 붕대를 감는다. 붕대가 지나는 곳을 최대한 줄이면 다른 손가락이나 손바닥이 자유롭게 움직일 수 있다.

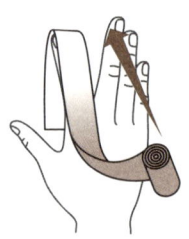

1 붕대를 다친 손가락에 씌운 다음 손가락 끝 쪽으로 접는다.

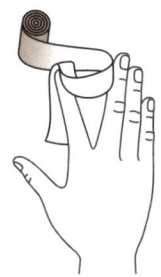

2 손가락 끝에서부터 붕대를 감는다.

3 붕대를 손가락 뿌리까지 다 감고 나면 다시 손목으로 돌려서 여러 번 감는다.

4 그림과 같이 붕대를 다친 손가락 사이로 붕대를 빼서 다시 한 번 손목에 감는다.

5 붕대 끝을 잘라서 한쪽을 손목에 감는다.

6 마무리 감기(183쪽 참조)의 순서대로 사각 매듭(205쪽 참조)을 묶어서 붕대를 고정한다.

붕대 감기 4

[손바닥, 손등]

손바닥과 손등은 쉽게 구부렸다 폈다 할 수 있고 붕대가 잘 틀어지지 않는 '맥수대*' 방법으로 묶는다.

* 8자 붕대의 한 종류. 교차부가 관절의 오금과는 반대쪽인 뻗는 부위에 오도록 감는 방법으로 앞에 감은 붕대와 교차가 되도록 8자형을 그려가듯이 감는다.

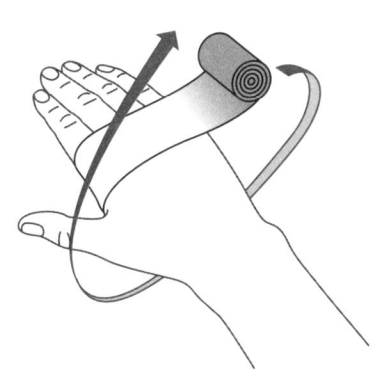

1 붕대를 손바닥(손등)에 두 번 감은 다음 엄지손가락 뿌리 위로 돌린다.

2 엄지손가락에서 한 번 감고 집게손가락과 엄지손가락 사이로 붕대를 돌린다.

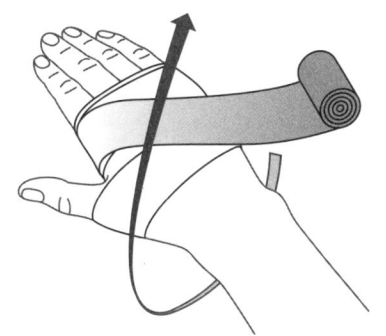

3 손바닥(손등)에서 대각선을 그리듯이 손목에서 붕대를 돌린다. 붕대가 그리는 대각선이 조금씩 아래쪽으로 어긋나게 해서 ❷와 ❸을 반복한다.

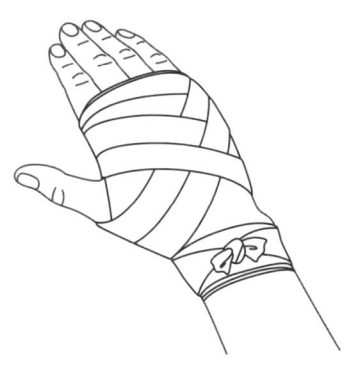

4 붕대를 손목에 여러 번 감은 뒤에 마무리 감기(183쪽 참조)의 순서대로 붕대를 고정한다.

붕대 감기 5

[관절]

관절은 붕대를 감는 기점이 같은 '귀갑대'*로 묶는다.

* 8자 붕대의 한 종류. 감는 붕대의 교차되는 부분이 반드시 관절을 구부리는 안쪽 오금에 오도록 감는 방법으로 팔꿈치, 무릎관절을 감는 방법이다.

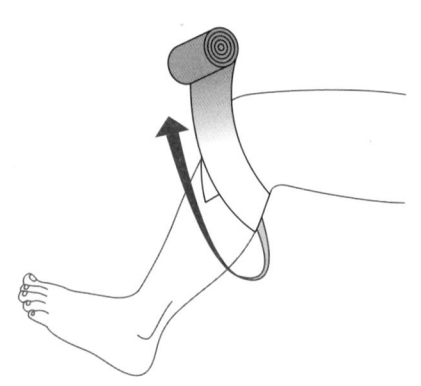

1 다친 관절 아래쪽에 붕대를 두 번 감는다.

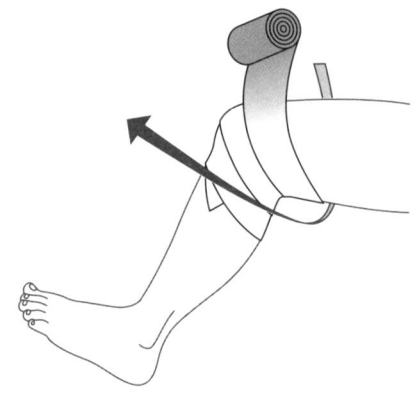

2 관절을 붕대로 한 번 감고 다시 관절 위쪽에 한 번 감는다.

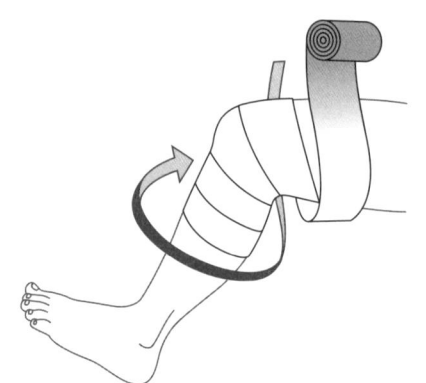

3 ❶에서 감은 위치보다 조금 아래쪽에서 붕대를 한 번 감는다. 붕대 감는 위치를 위아래로 조금씩 비켜가면서 ❷와 ❸을 반복한다.

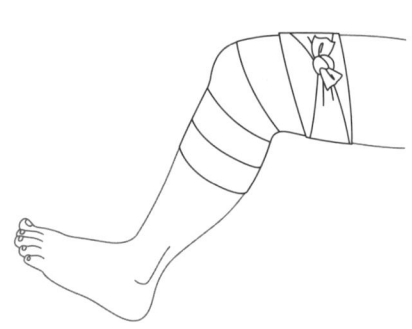

4 여러 번 감은 뒤에 마무리 감기(183쪽 참조)의 순서대로 붕대를 고정한다. 팔꿈치 관절도 같은 방법으로 붕대를 감는다.

붕대 감기 6

[다리]

다리는 손바닥이나 손등과 마찬가지로 '맥수대'(8자 붕대) 방법으로 감는다.

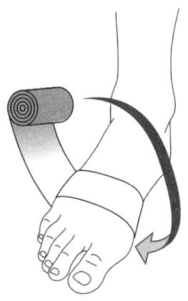

1 발가락 뿌리 쪽에서 뒤꿈치 쪽으로 조금씩 위치를 비켜가면서 붕대를 감는다.

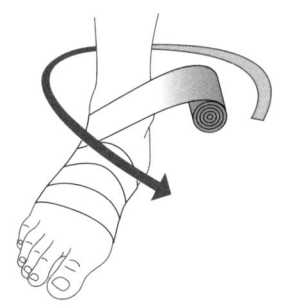

2 뒤꿈치까지 감은 다음 그림과 같이 발목에 붕대를 돌려 감는다.

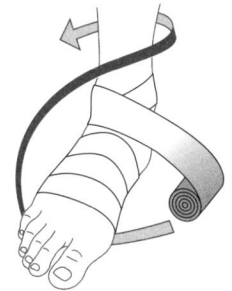

3 붕대를 발바닥으로 돌려서 다시 한 번 발목을 감는다.

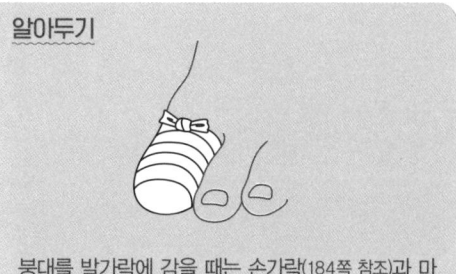

알아두기

붕대를 발가락에 감을 때는 손가락(184쪽 참조)과 마찬가지로 발가락 위에 붕대를 씌운 다음 발가락에만 감는다.

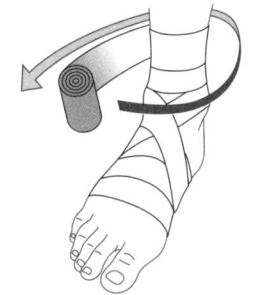

4 붕대를 발목에 여러 번 감는다.

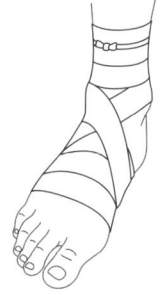

5 마무리 감기(183쪽 참조)의 순서대로 붕대를 고정한다.

삼각건 사용하기 1

[사용 전 처리 방법]

삼각건은 긴급할 때 주로 많이 사용한다. 여기에서는 삼각건을 '4번 접기' 방식으로 접어서 붕대로 사용하는 방법을 소개한다.

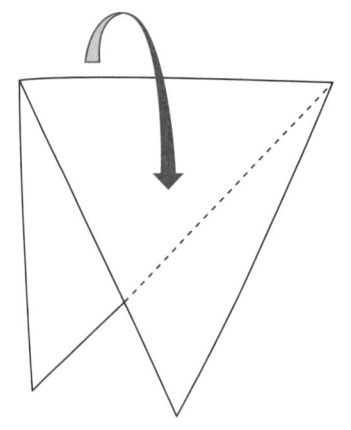

1 삼각건을 반으로 접는다.

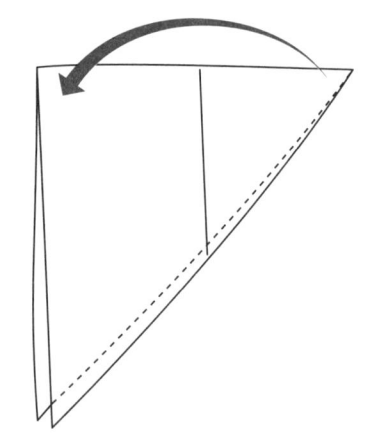

2 다시 그림과 같이 접는다.

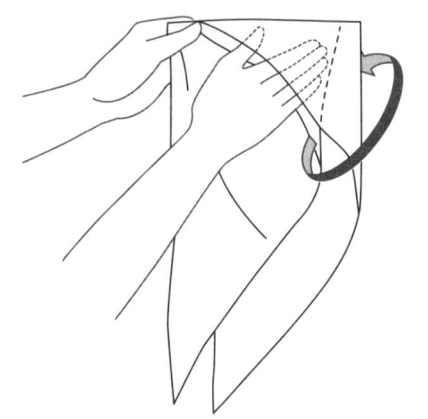

3 ❷에서 접은 안쪽 부분에 손을 넣어서 모서리를 잡아 밖으로 빼낸다.

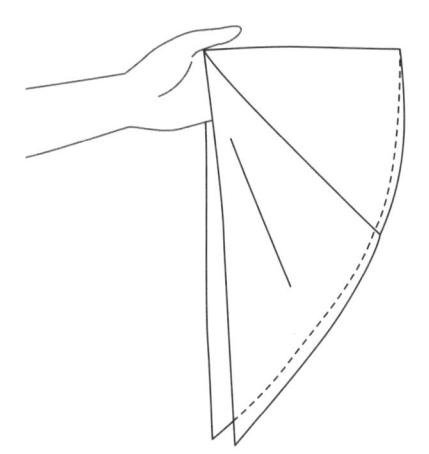

4 이 상태를 '두 번 접기'라고 한다.

> **이런 경우에도 활용할 수 있다!**
>
> 삼각건은 이 책에서 소개한 방법 외에도 상처를 보호하기 위한 원좌 쿠션이나 압박 지혈대로 사용하는 등 상처에 따라 다양하게 사용할 수 있다. 야외에서 활동할 때는 하나씩 꼭 갖고 다니자.

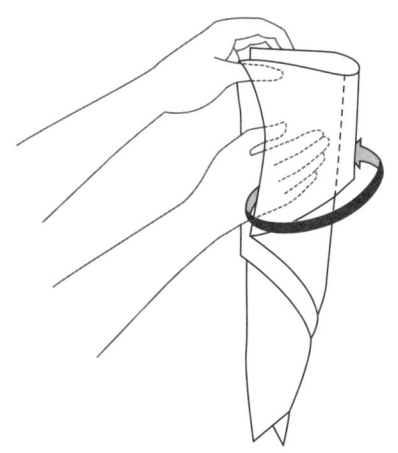

5 다시 세로로 반을 접는다. ❸과 마찬가지로 접은 안쪽 부분에 손을 넣어서 모서리를 잡아 빼낸다.

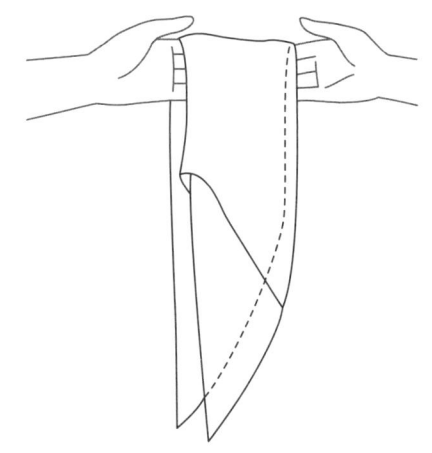

6 이 상태를 '세 번 접기'라고 한다.

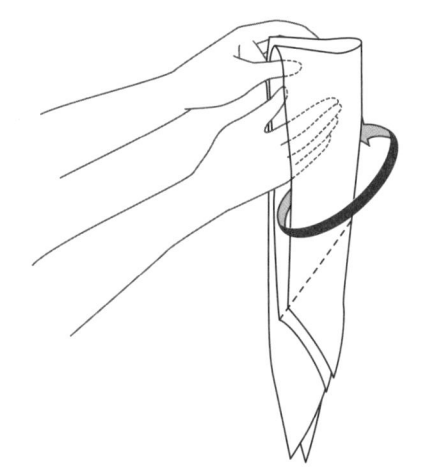

7 ❺~❻을 다시 한 번 반복한다.

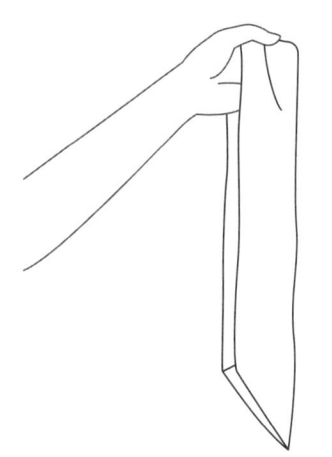

8 네 번 접은 삼각건이 완성되었다. 접은 선이 모두 안쪽으로 들어간다.

삼각건 사용하기 2

[머리, 뺨, 턱 부분]

뺨이나 이마, 턱 등에 삼각건을 대고 묶는 방법에 대해 소개한다.

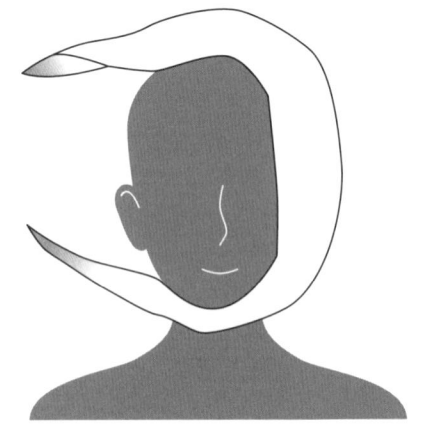

1 네 번 접은 삼각건(188쪽 참조)을 상처에 댄다.

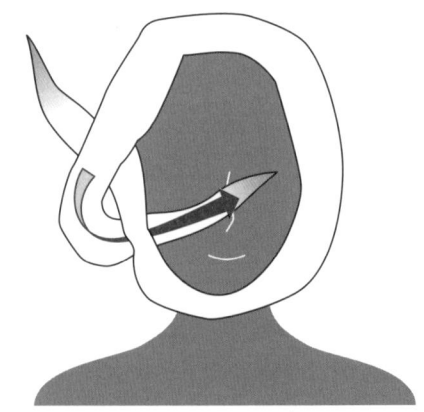

2 삼각건의 양끝을 반대쪽 귀 부근에서 교차시킨다.

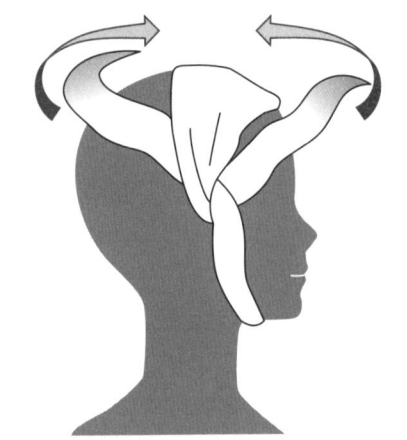

3 교차시킨 양끝을 머리 부분에 돌려 감는다.

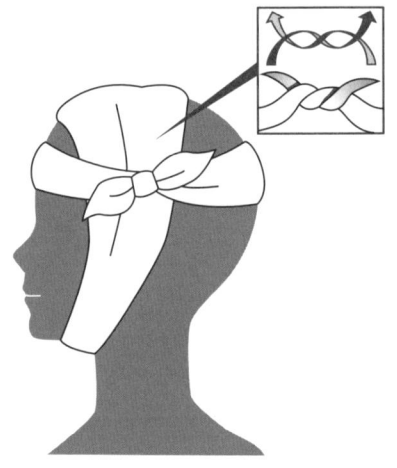

4 반대쪽에서 삼각건의 양끝을 사각 매듭(205쪽 참조)으로 고정한다.

삼각건 사용하기 3

[손바닥, 손등, 발바닥, 발등]

삼각건을 손바닥이나 손등에 댈 때는 주머니처럼 전체를 감싼다. 발도 동일한 방법으로 삼각건을 댈 수 있다.

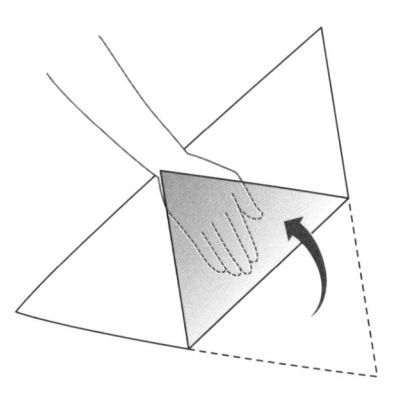

1 펼쳐 놓은 삼각건 위에 손바닥을 올린 뒤 그림과 같이 접는다.

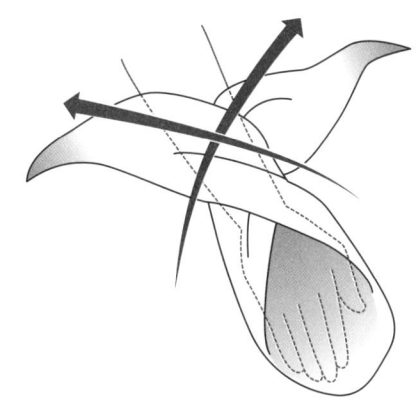

2 손을 감싸듯이 삼각건의 양끝을 교차시킨다.

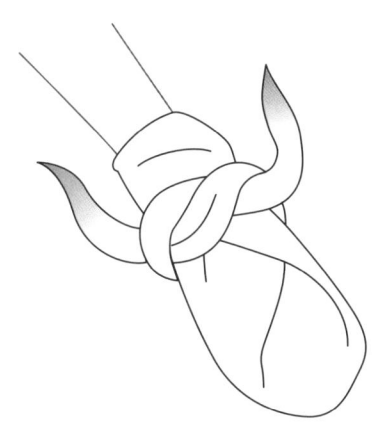

3 교차시킨 부분을 그림과 같이 감는다.

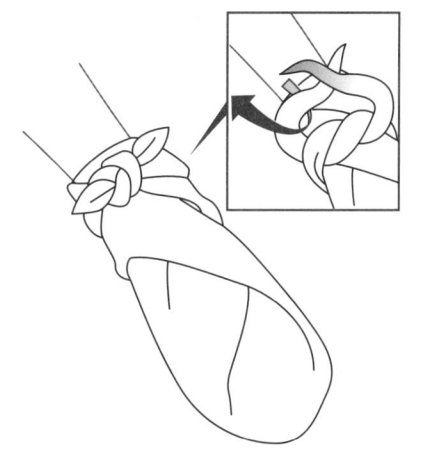

4 삼각건의 양끝을 사각 매듭(205쪽 참조)으로 묶어 고정한다.

삼각건 사용하기 4

[발목]

발목을 삐었을 때 삼각건으로 고정하는 방법이다.

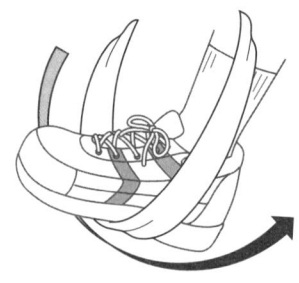

1 신발 바닥을 든 상태에서 네 번 접은 삼각건(188쪽 참조)을 그림과 같은 방법으로 댄다.

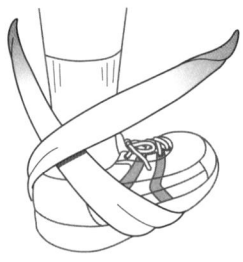

2 그림과 같이 삼각건의 양끝을 뒤꿈치에서 교차한다.

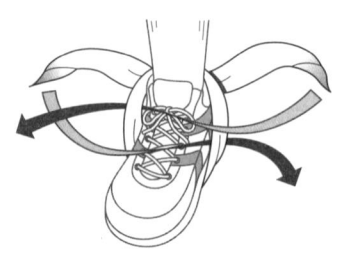

3 양끝을 앞으로 돌려서 그림과 같이 삼각건 사이로 각각 통과시킨다.

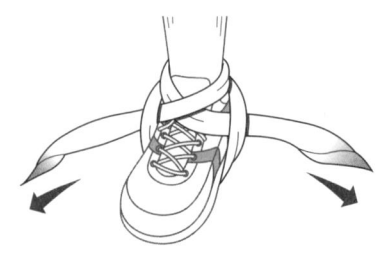

4 꽉 잡아당겨서 발을 고정한다.

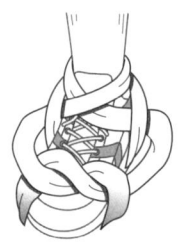

5 삼각건의 양끝을 사각 매듭(205쪽 참조)으로 고정한다.

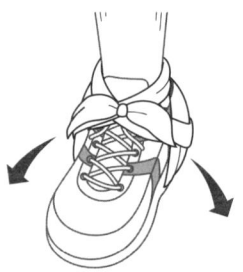

6 양끝을 잡아당겨서 매듭을 조인다. 실내에서 발목을 삐었을 때는 맨발 상태에서 위와 같은 순서대로 묶어 고정한다.

삼각건 사용하기 5

[팔 매달기]

삼각건을 목에 둘러서 팔을 매다는 방법이다.

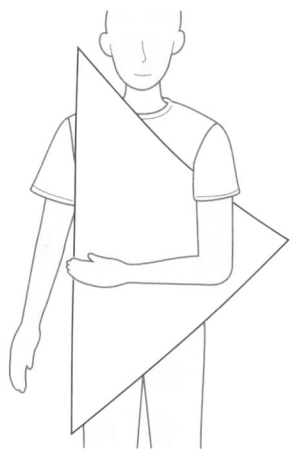

1 펼친 삼각건을 몸에 대고 팔을 구부려 고정한다.

2 그림과 같이 목 뒤쪽에서 양끝을 모은다.

3 사각 매듭(205쪽 참조)으로 묶어 고정한다. 목 뒤쪽의 한가운데에서 묶는 것보다 견갑골 부근으로 돌려서 묶으면 목이 피곤하지 않다.

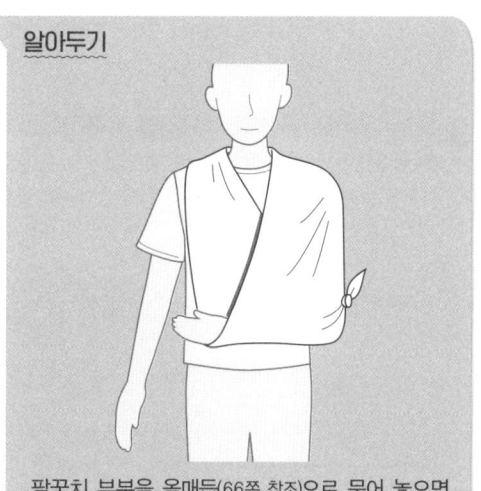

알아두기

팔꿈치 부분을 옭매듭(66쪽 참조)으로 묶어 놓으면 훨씬 안정적이다.

삼각건 사용하기 6

[팔 고정하기]

팔이 골절된 경우에 고정하는 방법이다. 나무판이나 두껍게 접은 신문지 등과 같이 확실하게 고정할 수 있는 부목이 필요하다.

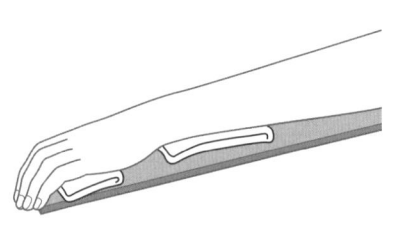

1 부목을 팔에 대고 손바닥과 손목 사이에 접은 손수건이나 수건을 끼운다.

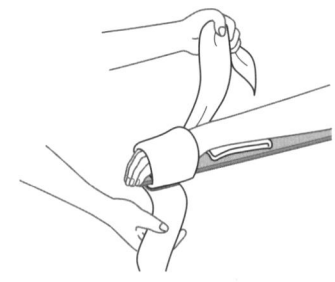

2 손바닥에 네 번 접은 삼각건(188쪽 참조)을 2~3회 감는다.

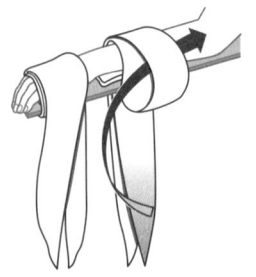

3 손바닥과 팔꿈치 사이에는 네 번 접은 삼각건을 반으로 접어서 대고 한쪽 끝을 고리에 통과시킨다.

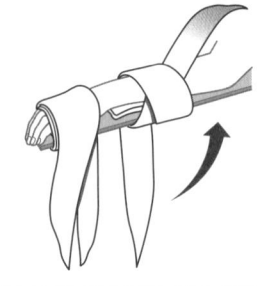

4 고리에 통과시킨 끝 부분과 다른 한쪽 끝을 사각 매듭(205쪽 참조)으로 묶어서 고정한다.

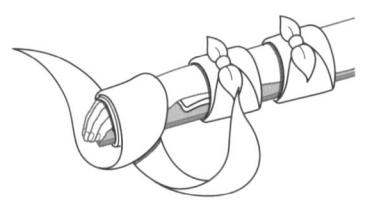

5 팔꿈치도 ❸~❹와 같은 방법으로 고정한다.

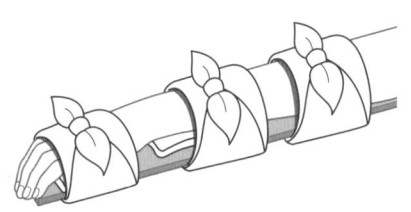

6 마지막으로 손바닥의 삼각건을 사각 매듭으로 묶어서 고정한다.

삼각건 사용하기 7

[다리 고정하기]

다리가 골절되었을 때 고정하는 방법이다. 팔 고정하기(194쪽 참조)와 같은 방법으로 고정할 수 있다.

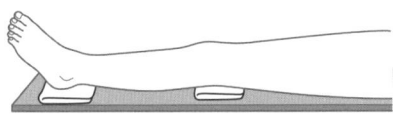

1 다리에 부목을 대고 발목이나 뒤꿈치, 무릎 등에 접은 손수건이나 수건을 끼운다.

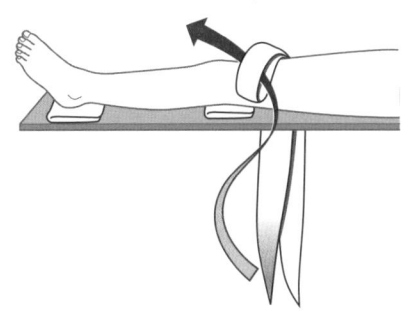

2 네 번 접은 삼각건(188쪽 참조)을 반으로 접어서 무릎 위에 대고 한쪽 끝을 고리에 통과시킨다.

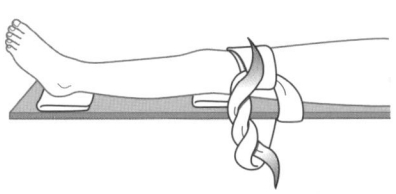

3 고리에 통과시킨 끝 부분과 다른 한쪽 끝을 사각 매듭(205쪽 참조)으로 묶어서 고정한다.

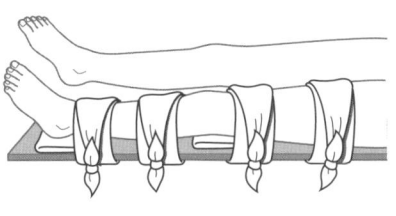

4 무릎 아래, 발목, 허벅지의 순서로 ❷~❸과 같은 방법을 이용해서 다리를 고정한다.

부상자 업기 1

[슬링 사용하기]

2장에서 소개한 '테이프 슬링'(69쪽 참조) 등을 사용해서 부상자나 환자를 업는 방법이다. 장시간 이동에는 알맞지 않다.

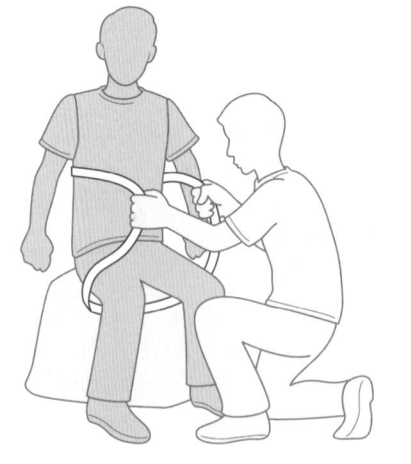

1 등산용 슬링(직경 약 120센티미터)을 부상자의 등과 허벅지 부근에 돌려 감는다.

2 운송자는 그림과 같이 양팔에 슬링을 건다.

3 부상자의 양팔을 운송자의 어깨에 걸친 뒤 업어서 옮긴다.

4 운송자의 어깨와 부상자의 허벅지에는 슬링이 파고들어서 아프기 때문에 쿠션 대용으로 수건을 사이에 끼워 넣는다. 또 짧은 슬링을 그림과 같이 묶어 주면 업기가 수월해진다.

부상자 업기 2

[로프 다발 사용하기]

코일 모양으로 묶은 로프를 사용해서 부상자를 업는 방법이다. 긴 등산용 로프를 휴대했을 때 효과적으로 사용할 수 있다.

1 코일 모양의 로프 다발(218쪽 참조)을 8자 모양으로 비틀어 놓는다.

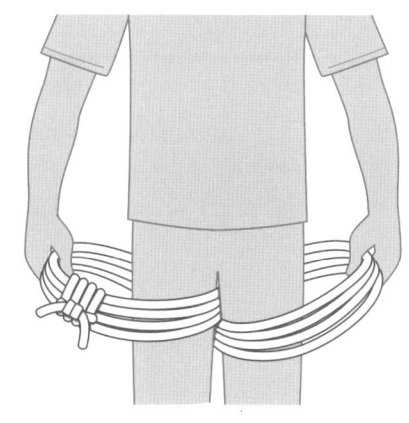

2 부상자의 두 다리에 끼운다.

3 로프 고리의 틈에 운송자의 양팔을 끼운다.

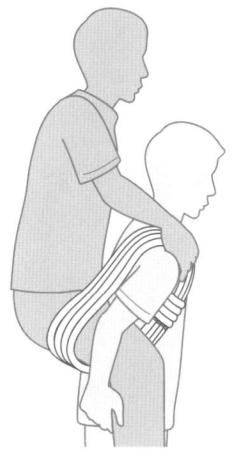

4 부상자의 양팔을 운송자의 어깨에 걸친 뒤 업어서 옮긴다.

매듭법 메모 7

스톡을 목발로 사용하는 방법

트레킹이나 등산 도중 다리를 다친 경우에는
스톡*을 목발 대용으로 사용한다.

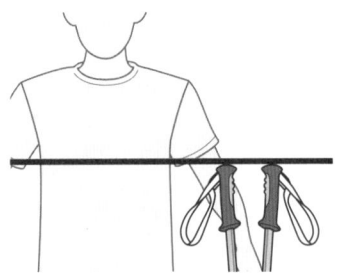

1 스톡 두 개의 높이를 겨드랑이 아래쪽에 맞춘다.

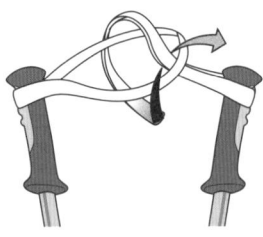

2 스톡에 달린 손잡이 고리를 접친 매듭(132쪽 참조)으로 묶는다.

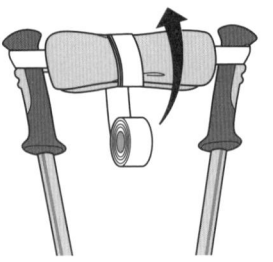

3 고리에 수건을 감은 뒤 테이핑용 테이프로 고정한다.

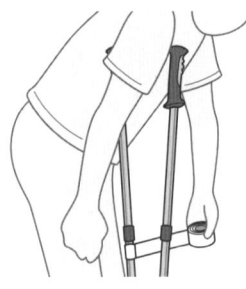

4 겨드랑이를 스톡에 대고 손잡이 위치를 정한 뒤 테이프를 5~6회 정도 수평 방향으로 감는다.

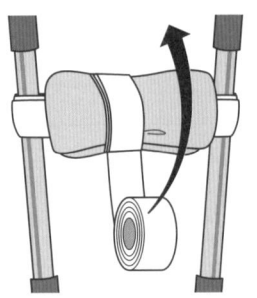

5 ❹에 수건을 감고 테이프로 고정한다.

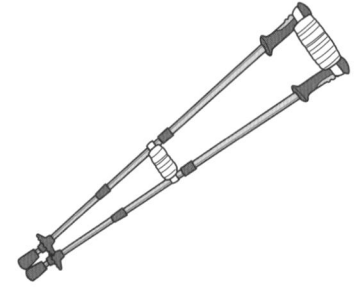

6 스톡을 사용한 간이 목발이 완성된다.

* 등산용 스틱.

- 기본 매듭법 정리
- 로프의 기초 지식

기본 매듭법

한 매듭(half hitch)
두 매듭(two half hitch)

가장 간단한 매듭이다. 임시로 고정할 때 사용하는 경우가 많으며, 단단히 묶고 싶을 때는 한 매듭을 두 번 반복해서 두 매듭으로 묶는다.

1 로프를 통나무에 걸고 사진과 같이 끝가닥을 고리에 통과시킨다.

2 로프의 원가닥과 끝가닥을 잡아당겨서 조인다. (한 매듭)

3 로프의 끝가닥을 다시 한 번 한 매듭으로 묶는다.

4 로프의 원가닥과 끝가닥을 잡아당겨서 조인다. (두 매듭)

보라인 매듭 (bowline knot)

'매듭의 왕'이라고 불리며 다양한 상황에서 유용하게 쓰인다. 로프를 물체에 직접 묶기 위한 매듭으로, 배를 육지에 매어 놓을 때 많이 사용한다.

1 로프를 통나무에 건다.

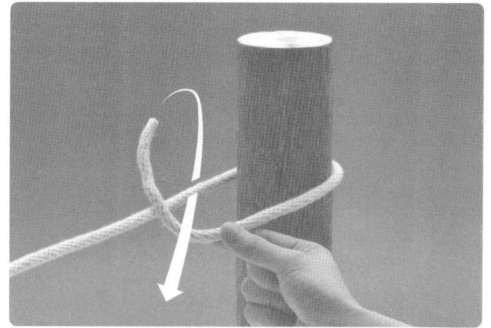

2 로프의 끝가닥을 사진과 같이 고리에 통과시킨다.

3 로프의 끝가닥을 앞으로 세게 잡아당긴다.

4 그러면 사진과 같이 매듭의 방향이 정반대로 바뀐다.

5 로프의 끝가닥을 화살표 방향으로 통과시킨다.

6 원가닥과 끝가닥을 잡아당겨서 매듭을 단단히 조인다.

기본 매듭법

클로브 히치 (clove hitch)

로프를 통나무나 지주대 등에 묶을 때 사용하는 매듭이다. 강도가 높고 묶는 방법도 다양해서 응용 범위가 넓다.

1 로프를 통나무에 두 번 감는다.

2 로프의 끝가닥을 화살표 방향으로 통과시킨다.

3 로프의 끝가닥과 원가닥을 잡아당겨서 매듭을 조인다.

알아두기

로프로 이중 고리를 만들어서 통나무에 씌우는 매듭법도 있다.

8자 매듭 (figure eight knot)
이중 8자 매듭
(double figure eight knot)

숫자 8을 그리듯이 로프를 묶으면 매듭 크기가 커진다. 로프 끝에 고리를 만들고 싶은 때는 로프를 한 번 접어서 묶는 이중 8자 매듭을 사용한다.

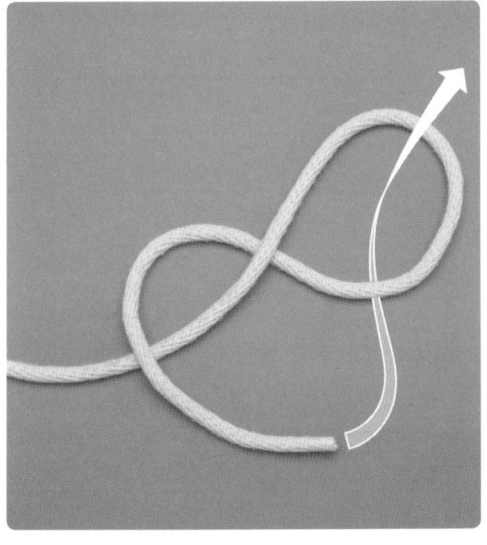

1 8자를 그리듯이 로프를 교차한다. 로프의 끝가닥을 고리 사이로 빼낸다.

2 로프의 끝가닥과 원가닥을 잡아당긴다.

3 매듭을 단단히 조인다. (8자 매듭)

▶ 알아두기

로프를 한 번 접은 뒤 8자 매듭을 하면 이중 8자 매듭이 된다.

기본 매듭법

피셔맨 매듭
(fisherman's knot)

로프 2가닥을 서로 연결하기 위한 매듭이다. 로프의 한쪽 끝과 다른 쪽 끝을 묶어서 고리를 만들 때에도 이 매듭을 자주 사용한다.

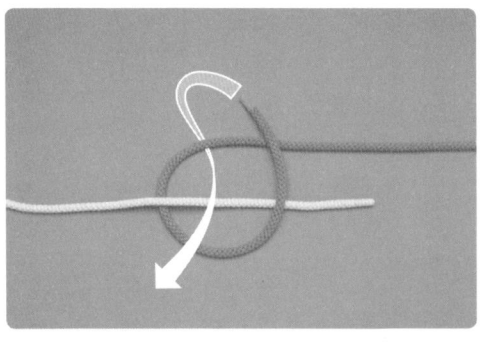

1 로프 두 가닥을 나란히 놓고 한쪽 로프를 화살표 방향으로 감는다.

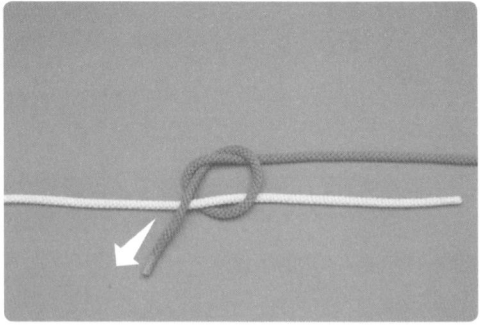

2 로프의 끝가닥을 잡아당겨서 옭매듭*으로 묶는다.
  * 오버핸드(Overhand) 매듭이라고도 한다.

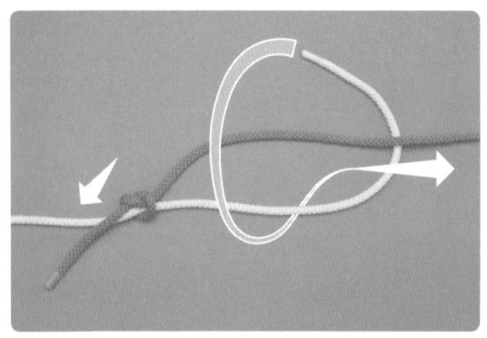

3 매듭을 조이고 다른 한쪽의 로프도 ❶과 같은 방법으로 감는다.

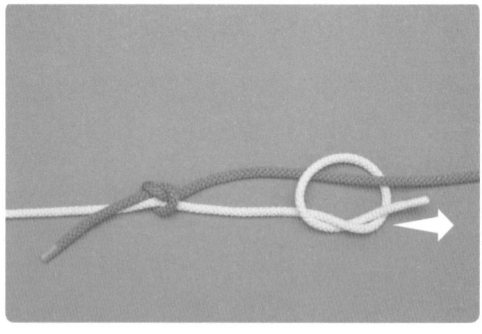

4 ❷, ❸의 요령과 같이 옭매듭으로 묶는다.

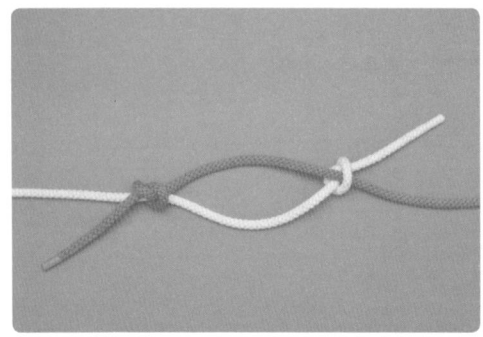

5 사진과 같이 매듭 두 개가 생긴다.

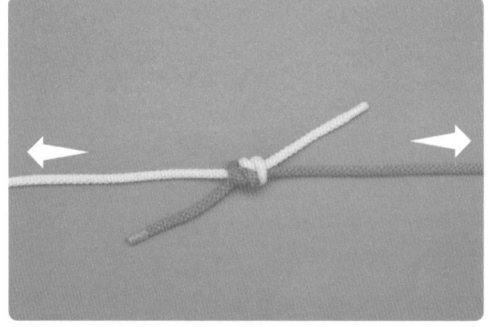

6 로프 두 가닥의 원가닥을 잡아당겨서 매듭 두 개를 한데 모은다.

사각 매듭 (square knot)

물건을 로프 한 가닥으로 한데 묶을 때 사용하는 매듭이다. 일상생활이나 야외의 다양한 상황에서 유용하게 쓰이며 가장 대중적인 매듭 중 하나다.

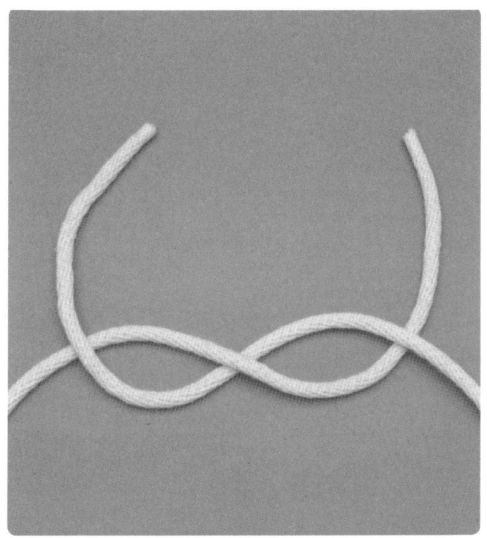

1 로프 한 가닥의 양끝을 사진과 같이 교차시킨다.

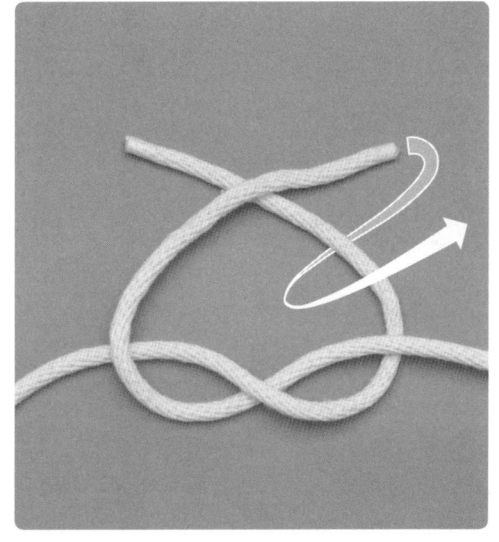

2 로프 한쪽을 화살표 방향으로 통과시킨다.

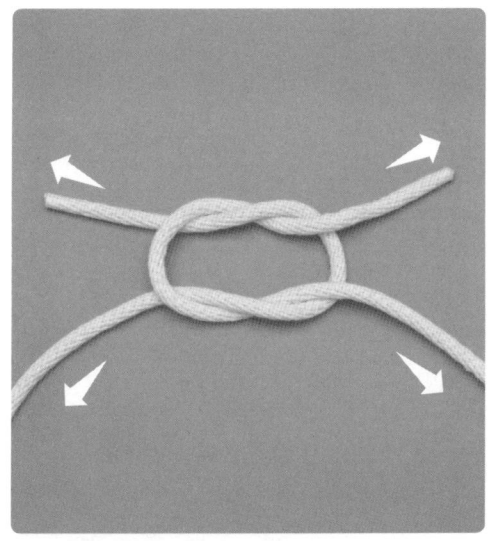

3 로프의 원가닥과 양끝을 잡아당긴다.

4 매듭을 단단히 조인다.

기본 매듭법

나비 매듭 (butterfly knot)

나비 매듭은 운동화 끈을 묶을 때 주로 사용한다. 풀기 쉽고 매듭이 화려해서 장식 매듭으로 사용할 때도 있다.

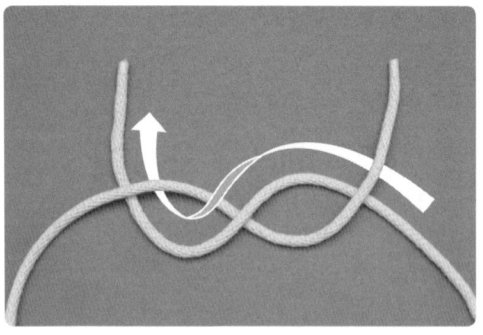

1 로프 한 가닥의 양끝을 사진과 같이 교차시킨다.

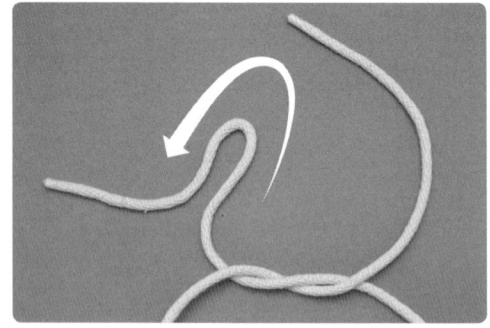

2 한쪽 로프의 끝가닥을 접어서 구부린다.

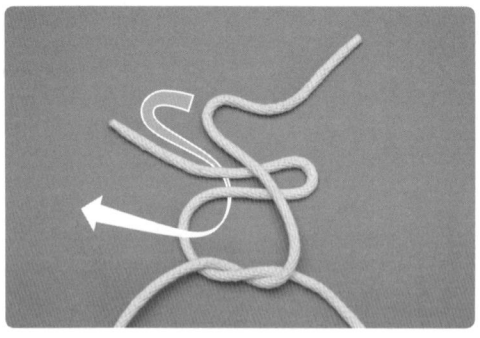

3 다른 한쪽 로프의 끝가닥도 똑같이 접어서 구부린 뒤 사진과 같이 화살표 방향으로 통과시킨다.

4 접어서 구부린 부분을 서로 잡아당겨 매듭을 조인다.

5 매듭 좌우 크기의 균형을 잡는다.

알아두기

로프의 양끝 중 한쪽을 잡아당기면 매듭이 쉽게 풀린다.

로프의 기초 지식

로프의 구조

로프는 '짠 로프'와 '꼰 로프'로 크게 나눌 수 있다.
각각의 특징과 구조의 차이를 살펴보자.

짠 로프

짠 로프는 스트랜드(Strand, 꼰 줄)나 섬유를 짜서 만드는데, 섬유를 짜서 엮은 심을 외피로 덮어 싼 것이 일반적이다. 이 밖에도 S 꼬임 로프 두 가닥과 Z 꼬임 로프 두 가닥을 교차해서 짠 스퀘어 로프 등이 있다. 짠 로프는 세 가닥 꼰 로프에 비해 부드럽고 형태가 잘 흐트러지지 않는 장점이 있지만 쉽게 늘어나는 단점도 있다. 시중에 판매되는 대부분의 화학섬유 로프는 짠 로프다.

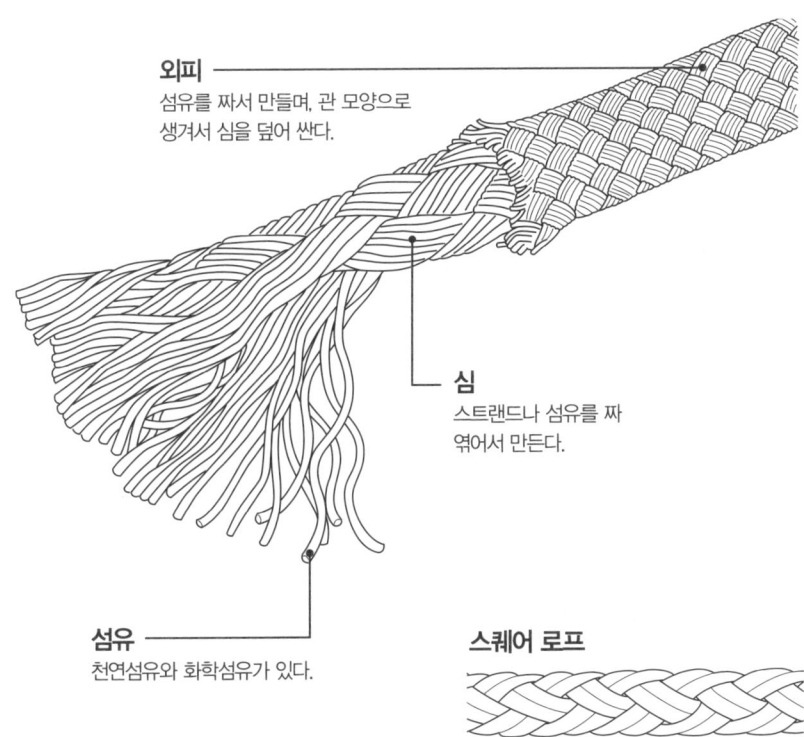

외피 — 섬유를 짜서 만들며, 관 모양으로 생겨서 심을 덮어 싼다.

심 — 스트랜드나 섬유를 짜 엮어서 만든다.

섬유 — 천연섬유와 화학섬유가 있다.

스퀘어 로프

세 가닥 꼰 로프

꼰 로프는 가는 섬유를 꼬아서 만드는데 그중에서도 스트랜드 세 가닥을 꼬아서 만든 '세 가닥 꼰 로프'가 일반적이다. 스트랜드란 섬유 여러 가닥을 꼬아 만든 실을 다시 꼬아서 합치는 것으로, 세 가닥 꼰 로프는 스트랜드 세 가닥을 꼬아서 만든다. 또한 스트랜드를 꼬는 방향에 따라 'S 꼬임 로프'와 'Z 꼬임 로프'로 나뉜다. 꼰 로프는 버티는 힘이 강하며 튼튼하다는 장점이 있으나 약간 딱딱하고 잘 뒤틀리는 단점도 있다.

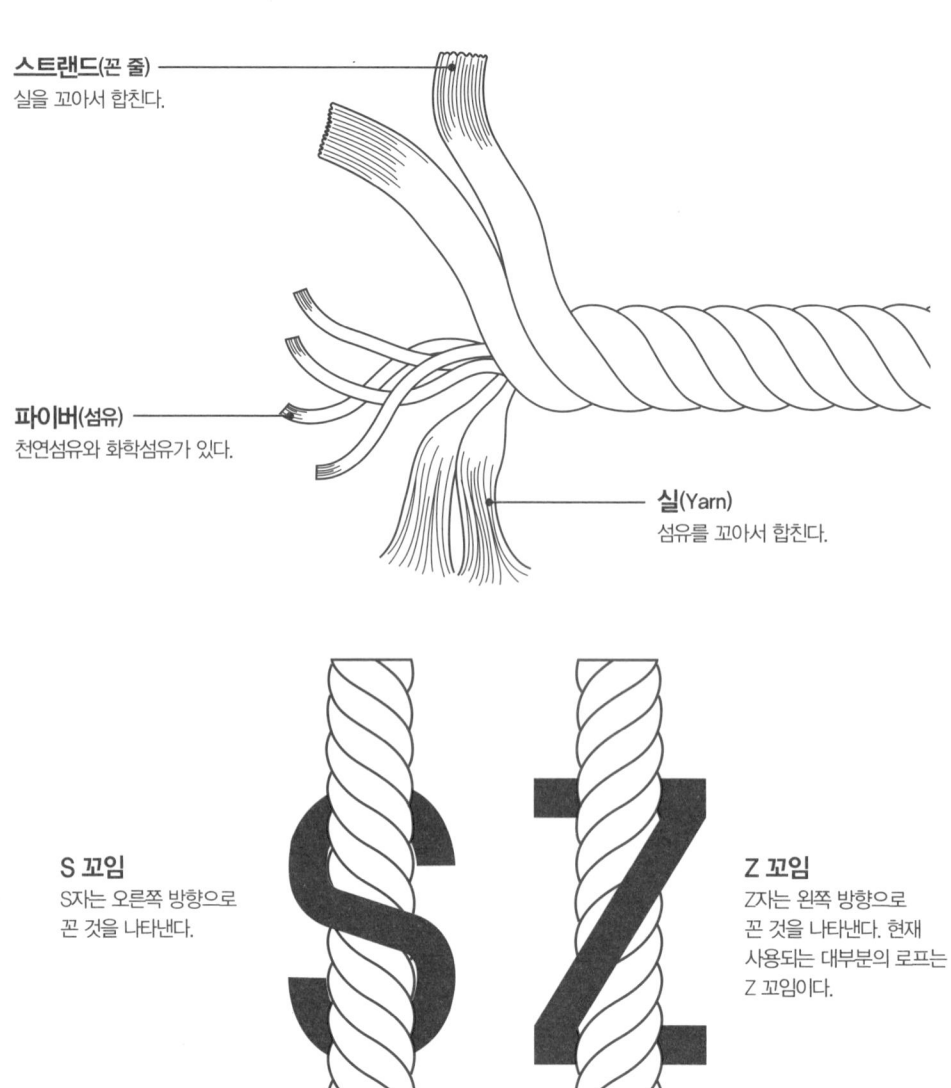

스트랜드(꼰 줄) — 실을 꼬아서 합친다.

파이버(섬유) — 천연섬유와 화학섬유가 있다.

실(Yarn) — 섬유를 꼬아서 합친다.

S 꼬임
S자는 오른쪽 방향으로 꼰 것을 나타낸다.

Z 꼬임
Z자는 왼쪽 방향으로 꼰 것을 나타낸다. 현재 사용되는 대부분의 로프는 Z 꼬임이다.

로프의 종류

로프의 종류는 천연섬유 계열과 화학섬유 계통 소재로 나눌 수 있다.
종류별로 각각의 특징을 기억하자.

천연섬유 로프

면이나 짚, 마, 야자 등의 천연섬유를 사용해서 만든다. 천연섬유 계통의 로프는 열이나 마찰에 강하고 잘 미끄러지지 않으며 가격이 저렴하다는 장점이 있다. 하지만 물에 약하고 강도가 떨어지는 단점이 있다.

천연섬유 계통의 주요 로프

종류	특징
햄프 로프	대마 섬유를 소재로 만든다. 천연섬유 로프 중에서 가장 강도가 높다. 물에 약해 쉽게 부식되어서 타르를 이용해서 방수 처리를 한 것도 있다.
마닐라 로프	마닐라삼 섬유를 소재로 만든다. 강도가 높은 편이며 가벼워서 물에 뜬다. 현재는 구하기 어려워서 사이잘삼을 염색한 것을 대용하는 경우가 많다.
면 로프	면 섬유를 소재로 만든다. 유연성, 신축성이 있고 가격도 저렴하다. 쉽게 부식되고 내구성이 없어서 주로 장식용으로 쓰인다.

화학섬유 로프

나일론이나 폴리에스테르, 폴리프로필렌 등을 사용해서 만든다. 화학섬유 계통 로프는 유연성과 내구성이 뛰어나며 가벼운 장점이 있으나, 마찰이나 자외선에 약하고 잘 늘어나는 단점이 있다.

화학섬유 계통의 주요 로프

종류	특징
나일론 로프	탄력성이 있고 쉽게 마모되지 않으며 물에 뜨지 않는다. 화학섬유 계통 로프 중에서는 가장 강도가 높다. 아웃도어용 로프의 대부분을 차지한다.
비닐론 로프	잘 늘어나고 사용하기 쉽다. 열에 약하고 강도도 낮다.
폴리에스테르 로프	내구성이 있고 쉽게 마모되지 않으며 물에 뜨지 않는다. 물에 젖으면 강도가 높아진다.
폴리에틸렌 로프	가볍고 흡수성이 없다. 바다나 강, 어업 등에서 쓰이는 경우가 많다.
폴리프로필렌 로프	단섬유와 다섬유 등 종류가 풍부하다. 가격이 저렴하며 물에 뜬다. 마찰이나 자외선에 약해서 실외에서 장시간 사용하기에는 적합하지 않다.

로프의 명칭과 이론

로프에는 부위나 상태에 따라 정해진 명칭이 있다.
로프 매듭법을 배우거나 설명할 때 사용하자.

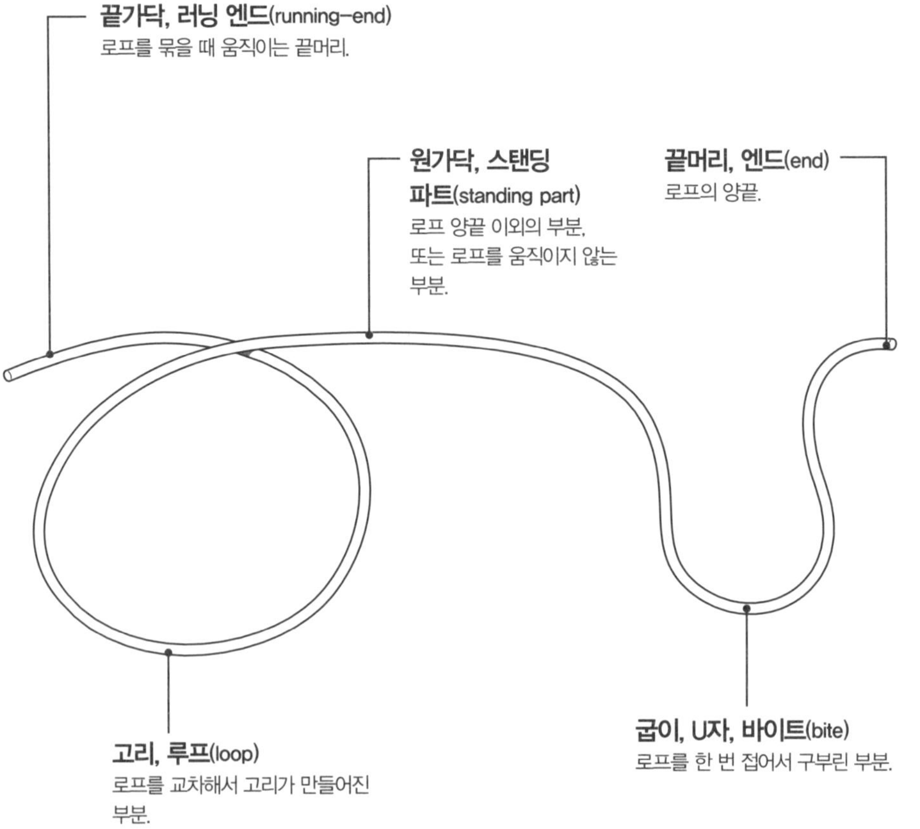

끝가닥, 러닝 엔드(running-end)
로프를 묶을 때 움직이는 끝머리.

원가닥, 스탠딩 파트(standing part)
로프 양끝 이외의 부분. 또는 로프를 움직이지 않는 부분.

끝머리, 엔드(end)
로프의 양끝.

고리, 루프(loop)
로프를 교차해서 고리가 만들어진 부분.

굽이, U자, 바이트(bite)
로프를 한 번 접어서 구부린 부분.

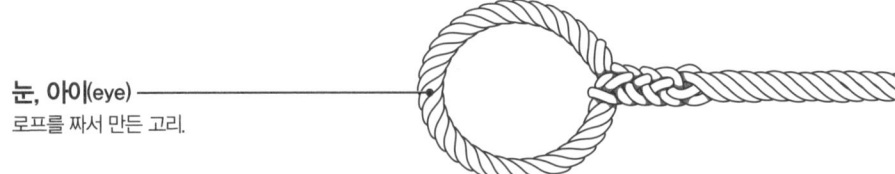

눈, 아이(eye)
로프를 짜서 만든 고리.

로프 선택하기

로프는 목적과 용도에 따라서 적합한 소재와 굵기, 길이를 선택한다.
전문점에서 점원의 조언을 듣고 구입하자.

캠핑
가볍고 강도 있는 폴리프로필렌이나 나일론 소재의 로프를 준비하자. 타프나 텐트를 칠 때와 같은 다양한 상황에서 사용할 수 있다. 물놀이를 할 때는 내수성이 있는 로프를 선택하자.

등산
등산에서는 자일이라고 부르는 전용 로프가 있다. 등반하는 방식에 따라 필요한 굵기와 길이가 달라진다. 또한 등산용 로프는 충격 하중도 중요하므로 반드시 확인한다.

낚시
낚싯줄은 라인이라고 부르는데, 낚을 물고기와 장소에 따라 낚싯줄의 종류와 크기도 다양하다. 낚시 장치나 낚싯대에 따라서 낚싯줄의 종류를 달리해야 한다. 낚시 장르를 선택한 후 전문점에서 구체적으로 상담하고 선택하자.

보트, 카누
보트나 카누에 사용하는 로프는 특수한 소재로 만든 것이 많으므로 반드시 전문점에서 구입하자. 135쪽에서 소개한 드로우백은 아웃도어 매장에서도 구입할 수 있다.

일상생활
면과 나일론 소재로 만든 로프는 대형 마트 등에서 구입할 수 있다. 굵기는 용도에 따라 다르지만 3~8밀리미터 정도가 편리하다. 길이는 부족한 경우를 고려해서 필요한 양의 20퍼센트 정도를 추가해서 구입하자.

로프 취급 시 주의점

로프를 안전하게 사용하려면 취급 방법에 충분한 주의를 기울여야 한다. 여기서는 로프 사용 시의 주의점에 대해서 소개한다.

손상된 로프는 사용하지 않는다

로프는 소모품이다. 특히 야외 활동에서 사용할 경우에는 살짝 닳거나 스트랜드가 느슨해지면 목숨을 앗아갈 수도 있다. 사용 전에 반드시 상태를 확인하자.

킹크가 생겼다

킹크(kink)는 로프가 똑바로 펴지지 않고 비틀어져서 꼬임이 생기는 상태를 말한다. 킹크가 생기면 작은 하중에도 로프가 끊어질 수 있다. 즉시 비틀어진 곳을 똑바로 편다.

스트랜드가 느슨하다
수명이 다했으므로 새 로프로 교환하자.

표면이 닳았다
수명이 다했으므로 새 로프로 교환하자.

로프를 젖지 않게 한다

로프는 물에 젖으면 부식된다. 비 오는 날 사용하는 것을 최대한 피하고, 만일 젖은 경우에는 사용 후 확실히 말리자. 매듭법에 따라 물에 젖으면 풀기 어려운 것도 있다.

로프를 땅 위에 놓지 않는다

로프를 땅 위에 직접 놓으면 모래나 자갈, 진흙 등의 오염 물질로 인해 로프의 수명이 단축된다. 야외에서는 비닐 시트 위에 올려놓는 습관을 갖자.

로프를 밟지 않는다

로프를 밟으면 신발 바닥에 붙어 있던 자갈이나 모래가 로프 속으로 들어가서 내부 섬유에 손상을 입힌다. 발로 차는 것 역시 좋지 않으니 주의하자.

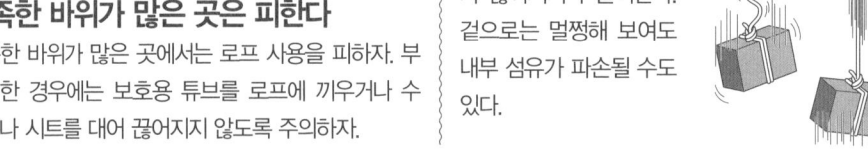

갑자기 힘을 가하지 않는다

갑자기 힘을 가하면 로프가 끊어지거나 늘어난다. 겉으로는 멀쩡해 보여도 내부 섬유가 파손될 수도 있다.

뾰족한 바위가 많은 곳은 피한다

뾰족한 바위가 많은 곳에서는 로프 사용을 피하자. 부득이한 경우에는 보호용 튜브를 로프에 끼우거나 수건이나 시트를 대어 끊어지지 않도록 주의하자.

로프 끝단 처리 방법

로프를 필요한 길이로 자른 뒤 반드시 '끝처리'를 하자.
끝머리를 자른 채로 그냥 두면 실이 풀려서 사용하기 어려워진다.

꼰 로프의 끝처리

점착력이 강한 비닐 테이프를 사용해서 끝처리를 한다.

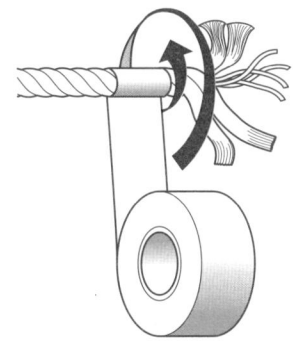

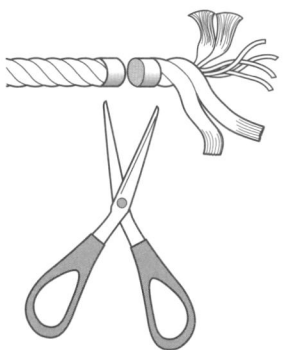

자르고 싶은 끝머리의 조금 앞에서 점착테이프를 단단히 감는다.

테이프 가운데 부분을 가위로 자른다. 험하게 사용할 때는 절단면에 에폭시 접착제를 발라서 굳힌다.

나일론 로프의 끝처리

나일론 로프는 끝단을 라이터 불로 그을려서 굳힌다.

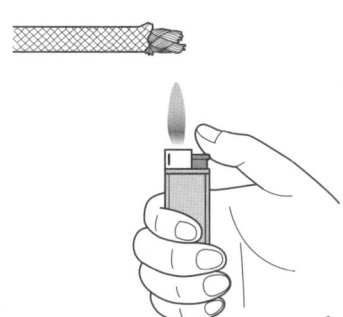

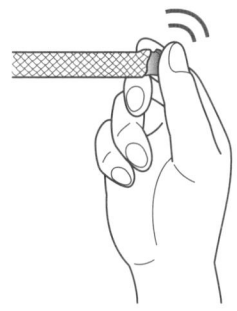

자른 로프의 끝단을 라이터 불로 그을린다.

화상을 입지 않도록 조심하면서 녹은 부분을 손가락 끝으로 만져서 굳힌다.

로프 보관 방법

사용한 로프는 방치하지 말고 확실히 보수한 뒤 보관하자.
올바른 보관 방법이 로프의 품질 저하를 예방한다.

오염 물질을 제거한다

사용한 로프는 오염 물질을 확실히 제거한다. 오염 물질은 물기를 꼭 짠 걸레로 닦아내면 좋다. 잘 지워지지 않을 경우에는 중성세제를 희석한 미지근한 물에 담근 뒤 브러시로 가볍게 문질러 제거한다.

그늘에 말린다

오염 물질을 제거하고 물기를 짠 로프는 그늘에서 제대로 말린다. 대부분의 로프는 자외선에 약하므로 직사광선은 피하자.

보수한다

로프가 마르면 손상이나 킹크(212쪽 참조)가 없는지 확인한다. 끝단이 풀어지거나 킹크가 생기는 등 고칠 수 있는 부분은 손보아 고친다.

통기성이 좋은 곳에서 보관한다

로프는 통기성이 좋고 직사광선이 닿지 않는 장소에서 보관하자. 장기간 보관할 경우에는 킹크가 생기지 않도록 최대한 로프를 크게 감아 묶어 놓는 것이 좋다.

로프 사리기

로프를 사용하지 않을 때는 사려 놓으면 로프가 얽히거나 수명이 단축되는 것을 예방할 수 있다.
로프를 사리는 방법은 로프의 길이에 따라 여러 가지가 있다.

팔꿈치와 엄지손가락을 사용해서 로프 사리기

가늘고 긴 로프를 사릴 때 적합하다.

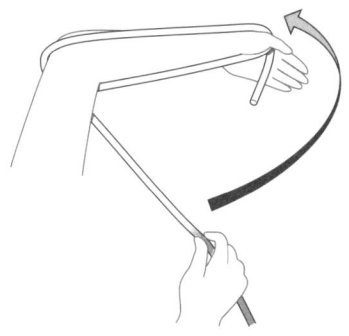

팔꿈치를 구부린 다음 그림과 같이 로프를 엄지손가락 뿌리 부분과 팔꿈치에 감는다.

로프를 감는 도중에 손목이 구부러지지 않도록 주의하자.

무릎을 사용해서 로프 사리기

굵고 긴 로프를 사릴 때 적합하다.

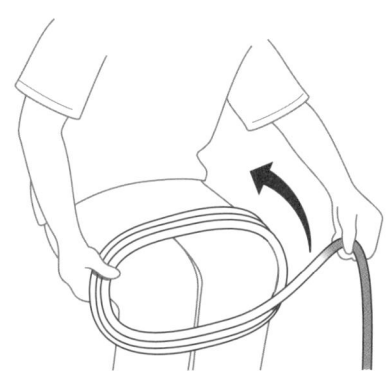

양 무릎을 구부려서 로프를 친친 둘러 감는다.

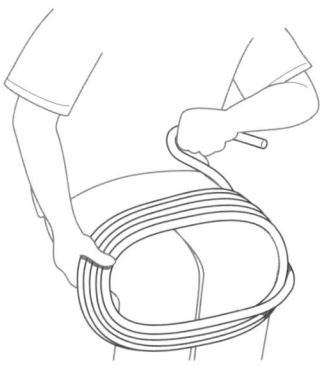

감은 로프는 코일 모양 그대로 빼낸다.

로프 다발 만들기

플레이크

가늘고 길지 않은 로프를 사릴 때 적합하다.

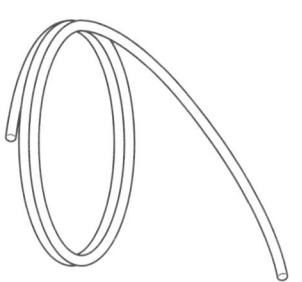

1 로프를 감는다.(215쪽 참조)

2 로프 끝을 그림과 같이 한 번 감는다.

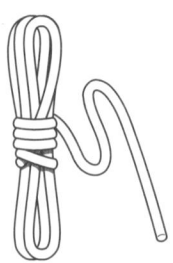

3 다시 위쪽으로 3~5회 감는다.

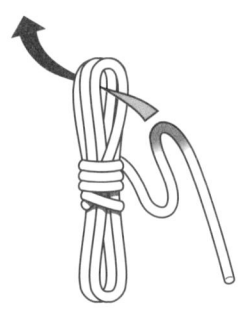

4 남은 로프의 끝을 한 번 접은 다음 위쪽 고리 안으로 통과시킨다.

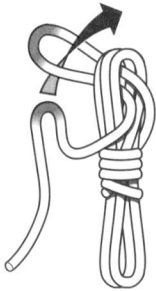

5 통과시킨 고리 안에 다시 로프 끝을 한 번 접어 통과시킨다.

6 고리를 잡아당겨서 매듭을 조이면 완성된다.

곤봉 감기

가늘고 어느 정도 길이가 있는 로프를 늘어놓을 때 적합하다.

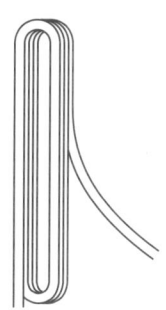

1 로프를 감을 부분을 남기고 3~4회 접는다.

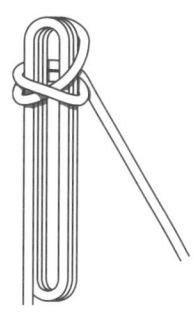

2 그림과 같이 로프를 감아서 풀어지지 않게 한다.

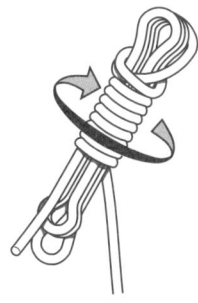

3 그림과 같은 방법으로 로프를 위쪽에서 아래쪽으로 감는다.

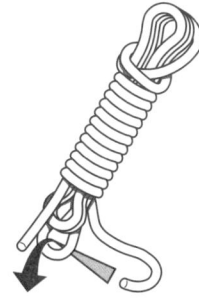

4 아래쪽에서 감은 뒤 로프 끝을 그림과 같이 아래쪽 고리 하나에 통과시킨다.

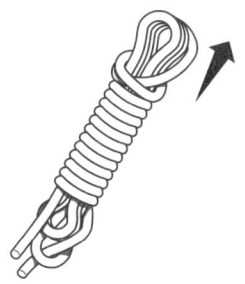

5 위쪽에 생긴 고리를 잡아당겨서 로프 끝단 부분을 조인다.

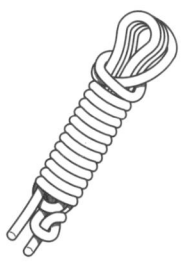

6 보기에 예쁘고 휴대가 편리하지만, 로프를 풀 때 킹크(212쪽 참조)가 생기기 쉬우므로 주의하자.

로프 다발 만들기

세일러맨스 코일(sailorman's coil)
긴 로프를 고리 모양으로 묶기 위한 간단하고 확실한 방법이다.

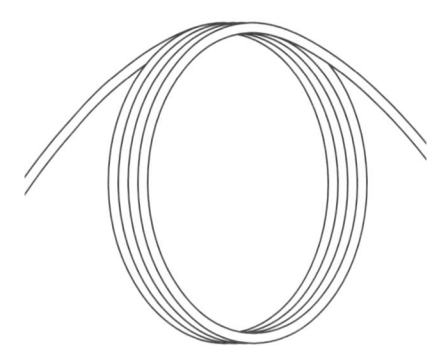

1 로프를 감는다. (215쪽 참조)

2 로프 끝가닥을 코일 모양으로 감은 뒤 그림과 같이 로프 다발에 휘감는다.

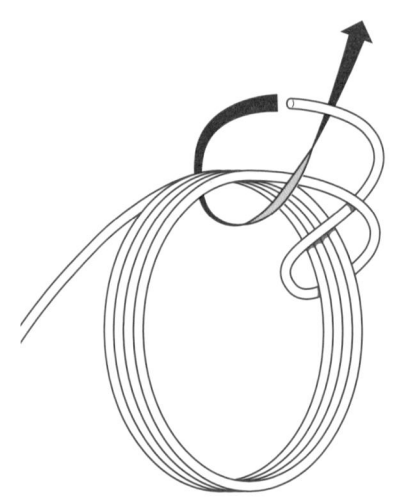

3 로프 끝가닥을 당겨서 매듭을 단단히 조인다.

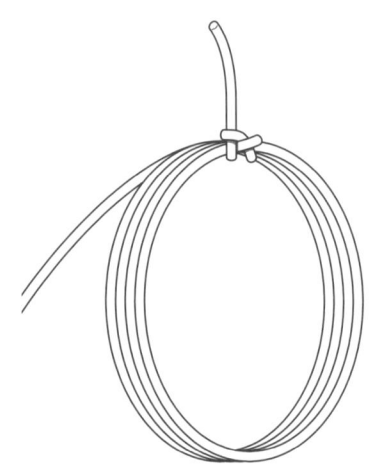

4 ❷에서 로프 끝가닥을 접어 두 겹으로 묶으면 고리가 만들어져서 걸어 놓을 수 있다.

셸 코일(shell coil)
가늘고 짧은 로프는 손바닥에 감아서 사린다.

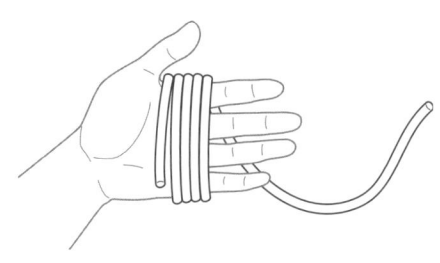

1 로프를 왼손에 감는다.

> **알아두기**
> 손바닥보다 크게 감고 싶을 경우, 그림과 같이 로프 다발에 손가락을 걸고 늘려서 모양을 정리한다.

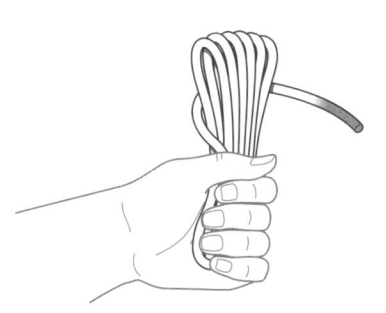

2 로프가 20~30센티미터 정도 남으면 그림과 같이 손에 감은 로프를 빼서 잡는다.

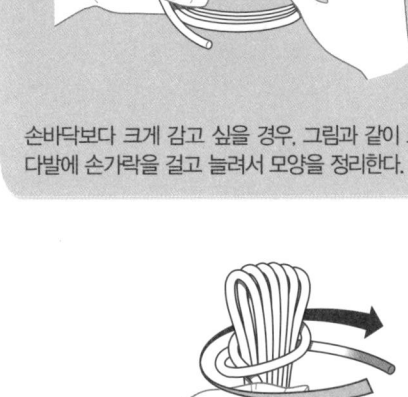

3 로프 끝가닥을 두 번 감는다.

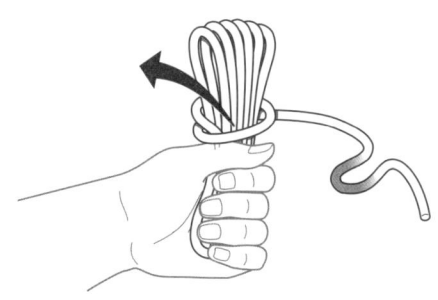

4 한 번 접은 로프 끝가닥을 ❸에서 감은 로프 사이로 통과시켜서 고정한다.

5 작아서 수납이 가능하다. 로프 끝을 당기면 즉시 풀 수 있다.

로프 다발 만들기

긴 등산용 로프 다발 만들기

굵고 긴 등산용 로프를 사릴 때는 양팔을 사용해서 좌우로 반씩 나누어 묶는다.

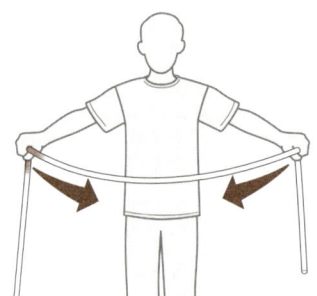

1 그림과 같이 양팔을 벌려서 로프 끝가닥은 왼손에 쥐고 로프 원가닥은 오른손에 쥔다.

2 오른손에 쥔 로프를 왼손으로 넘긴다.

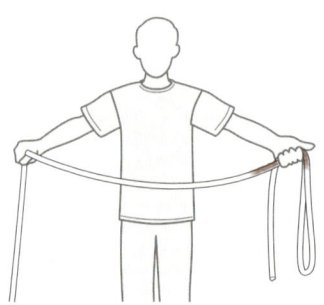

3 ❷의 동작을 반복한다.

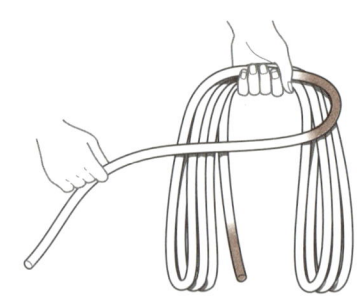

4 왼손으로 잡는 로프는 좌우로 번갈아 배분한다.

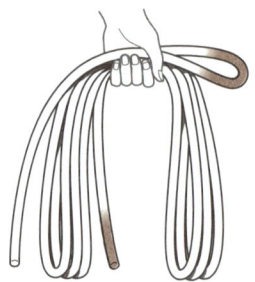

5 양쪽으로 다 배분하면 로프 끝을 그림과 같이 접어서 고리를 만든다.

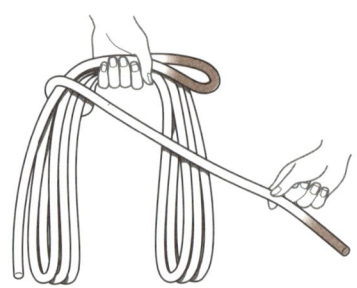

6 다른 한쪽 끝을 그림과 같은 방법으로 감는다.

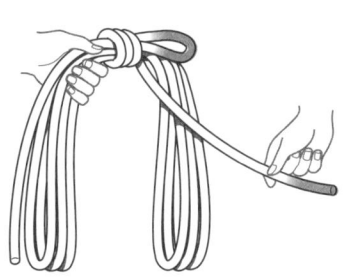

7 그림과 같이 계속 감는다.

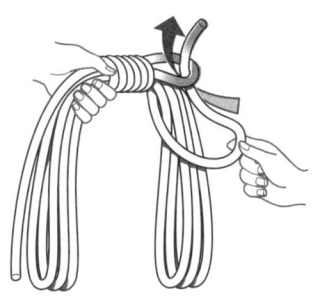

8 ❺~❻회 감으면 끝가닥을 ❺에서 만든 고리에 통과시킨다.

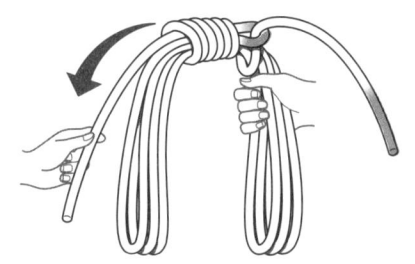

9 반대쪽 끝가닥을 잡아당겨서 고리를 조인다.

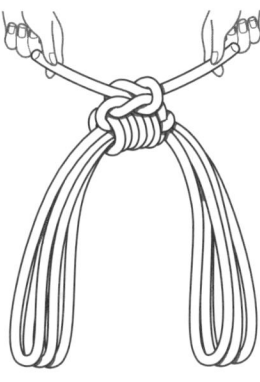

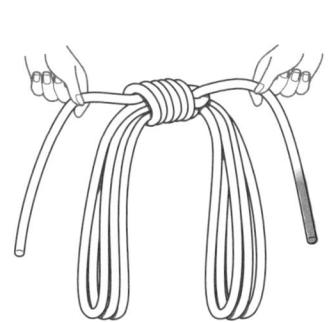

10 로프 양끝을 양손으로 잡는다.

11 풀어지지 않도록 사각 매듭(205쪽 참조)으로 묶는다.

매듭법 찾아보기

8자 매듭 17, 114, 203
FG 노트 106
PR 노트 110
SF 노트 108
가마니 매듭 148
가방 만들기 164
가짓줄 113~115
간이 안전벨트 70
감아 싸기 160
거스 히치 24, 42, 67, 84, 101, 173
걸상 매듭 76
고리 옭매듭 172
곤봉 감기 217
긴 등산용 로프 다발 만들기 220
끈으로 입구 묶기 152
나란히 얽기 52, 54, 55
나비 매듭 62~65, 165, 206
네모 얽기 48, 144, 147
닻 매듭 130
더블 오버핸드 노트 136, 142
더블 클린치 노트 99
도래 묶기 101
두 매듭 16, 18, 22, 25, 30, 31, 34, 45, 57, 82, 83, 200
라운드 턴 34, 83
로프 다발 사용하기 90, 197, 216, 218, 220
루프 노트 119
말뚝 매듭 126
맞모금 얽기 50, 146
물 매듭 69
바깥 돌리기 94
변형 보라인 매듭 78, 131
보라인 매듭 34, 58, 128
부상자 업기에 슬링 사용하기 196

붕대로 관절 감기 186
붕대로 다리 감기 187
붕대로 손가락 감기 184
붕대로 손바닥, 손등 감기 185
붕대의 마무리 감기 183
붕대의 시작 감기 182
블러드 노트 103
비닐봉지 묶기 153
비틀어 매기 29, 41
사각 매듭(스퀘어 매듭) 42, 64, 90, 138, 154, 160~165,
    181, 183, 184, 190, 191, 193, 194, 196, 205
사슬 매듭 156
삼각건 사용 전 처리 방법 188
삼각건으로 다리 고정하기 195
삼각건으로 팔 고정하기 194
삼각건으로 팔 매달기 193
삼각건을 머리, 뺨, 턱 부분에 사용하기 190
삼각건을 발목에 사용하기 192
삼각건을 손바닥, 손등, 발바닥, 발등에 사용하기 191
삼중 8자 매듭 105
세일러맨스 코일 218
셸 코일 219
손가락 돌려 묶기(핑거 노트) 97
수박 차갑게 식히기 46
스퀘어 로프 207
스페인 보라인 매듭 38
안 돌리기 95
어깨걸이 현수 하강 88
어부 매듭(완전 매듭) 96
연속 8자 매듭 79
연속 옭매듭 80
올브라이트 노트 109
옭매듭 26, 66, 68, 69, 116, 164, 172, 181, 193, 204

옭매듭 잇기 66, 67, 89
와인병 감싸기 (1병) 161
와인병 감싸기 (2병) 162
외과의 매듭 149, 150
울타리 매듭 143
웨거너스 히치 176
유니 노트 102, 104, 108, 114, 117, 119, 121
이중 8자 매듭 14, 46, 74, 85, 101, 135, 138, 203
이중 나비 매듭 63
이중 보라인 매듭 158
이중 십자 묶기 150, 158
이중 접친 매듭 133, 188
이중 피셔맨 매듭 72, 178
인라인 8자 매듭 81
접친 매듭 132
줄임 매듭 157
중간자 매듭 36
지레 매듭 170
클렘하이스트 매듭 37, 87

클로브 히치 18, 30, 48, 49, 51, 53, 55, 58, 82, 127, 144, 147, 177, 202
클리트 히치 129
클린치 노트 98, 104, 115, 118, 120
토트라인 히치(당김 매듭) 20
통나무 매듭 40, 41, 48, 50, 52, 54
트럭커스 히치 32, 38
팔로마 노트 100
풀매듭 15
프루지크 매듭 86
프리 노트 116
플레이크 216
피셔맨 매듭 26, 68, 84, 104, 204
하니스 루프(멜빵 매듭) 35
한 매듭 20, 22, 25, 31, 200
한쪽 나비 매듭 154
히빙라인 매듭 137
히칭 타이 56

[참고문헌]

《즉시 사용할 수 있는 바다낚시 완전 매뉴얼》, 니시노 히로아키 감수 (오이즈미쇼텐)
《그림으로 금방 알 수 있는 매듭 설명서: 바다낚시 편》, 쓰리비토샤 서적편집부 편 (쓰리비토샤)
《그림으로 금방 알 수 있는 매듭 설명서: 강낚시 편》, 쓰리비토샤 서적편집부 편 (쓰리비토샤)
《완전 도해 누구든지 쉽게 할 수 있는 '매듭법, 얽기' 편리 사전》, 유유한 라이프스타일 연구회 편 (니혼분게이샤)
《곤란할 때 반드시 유용한 로프와 끈 매듭법》, 고구레 미키오 저 (스이요샤)
《사진과 그림으로 보는 로프와 끈 매듭법》, 로프 워크 연구회 (세이토샤)
《누구나 쉽게 묶고 푸는 매듭법》, 이케다 출판사 저, 하네다 오사무 감수
《유용하고 즐길 수 있으며 장식도 할 수 있는 로프 테크닉》, 하네다 오사무 감수 (세이비도슛판)
《DVD로 배우는 매듭법》, 하네다 오사무 저·감수 (야마토케이코쿠샤)
《처음이라도 안심할 수 있고 확실하다. 끈과 로프의 매듭법 사전》, 도리우미 료지 저 (니혼분게이샤)
《매일의 생활에 유용한 매듭법, 포장법, 접기》, 하네다 오사무·주식회사 시모지마·스하라 히로코 감수 (나가오카쇼텐)
《루어 낚시에 대해 알 수 있는 책》 (지큐마루)
《매듭법의 기본》, 젠요지 스스무 저 (에이슛판)
《매듭법》, 하네다 오사무 저

매듭 교과서
베테랑을 위한 캠핑, 낚시, 등산 간단 매듭법

1판 1쇄 펴낸 날 2015년 6월 25일
1판 7쇄 펴낸 날 2023년 11월 30일

지은이 | 니혼분게이샤
감 수 | 하네다 오사무
옮긴이 | 박재영

펴낸이 | 박윤태
펴낸곳 | 보누스
등 록 | 2001년 8월 17일 제313-2002-179호
주 소 | 서울시 마포구 동교로12안길 31 보누스 4층
전 화 | 02-333-3114
팩 스 | 02-3143-3254
이메일 | bonus@bonusbook.co.kr

ISBN 978-89-6494-216-1 14690

• 책값은 뒤표지에 있습니다.